BIBLIOTHÈQUE
DE PHILOSOPHIE CONTEMPORAINE

LES PRINCIPES

D'UNE

SOCIOLOGIE OBJECTIVE

PAR

ADOLPHE COSTE

Ancien président de la Société de Statistique
de Paris

PARIS

ANCIENNE LIBRAIRIE GERMER BAILLIÈRE ET Cⁱᵉ

FÉLIX ALCAN, ÉDITEUR

108, BOULEVARD SAINT-GERMAIN, 108

1899

LES PRINCIPES

D'UNE

SOCIOLOGIE OBJECTIVE

AUTRES OUVRAGES DE M. Ad. COSTE

FÉLIX ALCAN, ÉDITEUR

Les conditions sociales du bonheur et de la force. 3e édit. 1 vol. in-18, de la *Bibliothèque de philosophie contemporaine.* . .   **2 50**

Nouvel exposé d'économie politique et de physiologie sociale. 1 vol. in-18. . . . .   **3 50**

Hygiène sociale contre le paupérisme (couronné au concours Pereire). 1 vol. in-8°. . . . .   **6 »**

Les questions sociales contemporaines (en collaboration avec MM. Burdeau et Arréat). 1 vol. in-8°. . . . .   **10 »**

La richesse et le bonheur, simple exposé des moyens les plus sûrs pour y parvenir. 1 vol. in-32 de la *Bibliothèque utile,* broché 0 fr. 60. Cartonné à l'anglaise.   **1 »**

Alcoolisme ou épargne, le dilemme social. 5e édit. 1 vol. in-32 de la *Bibliothèque utile,* broché 0 fr. 60, cartonné à l'anglaise .   **1 »**

Pour paraître prochainement :

L'expérience des peuples et les prévisions qu'elle autorise. 2e partie de la *Sociologie objective.* (I. L'évolution du gouvernement. — II. L'évolution de la croyance. — III. L'évolution de la production. — IV. L'évolution de la solidarité. — V. L'école et l'église de l'avenir).

Librairie REINWALD (SCHLEICHER FRÈRES, Successeurs)

Dieu et l'âme, essai d'idéalisme expérimental, 1880, in-18. . .   **2 50**

Librairie GUILLAUMIN et Cie

Une lacune dans l'organisation du crédit; le crédit industriel à long terme. 1884. Brochure in-8°. **1 50**

L'hypothèque mobilière et l'organisation du crédit mobilier, 1889, brochure. **0 75**

La question monétaire en 1889, in-8°. **3 50**

Études statistiques : Une ferme de cent hectares. — Les salaires des travailleurs et le revenu de la France. — La richesse comparative des départements de la France. — L'avenir de la richesse agricole en France. — Les bénéfices comparés du travail et du capital dans l'accroissement de la richesse depuis 50 ans. Brochures grand in-8°.

Pourquoi trente ans de monopole ? Observations sur la Banque de France. Brochure . . . .   **1 »**

IMPRIMERIE NATIONALE

Rapport général présenté au nom de la commission extraparlementaire de l'*Impôt sur les revenus.* (Procès-verbaux de la commission extraparlementaire ; 2 vol. in-4°, 1895.)

LES PRINCIPES

D'UNE

SOCIOLOGIE OBJECTIVE

PAR

Adolphe COSTE

Ancien président de la Société de Statistique
de Paris.

PARIS

ANCIENNE LIBRAIRIE GERMER BAILLIÈRE ET Cⁱᵉ

FÉLIX ALCAN, ÉDITEUR

108, BOULEVARD SAINT-GERMAIN 108

1899

PRÉFACE

Dans cet essai, je le déclare franchement, je voudrais réagir contre le flot montant de la psychologie, qui menace d'envahir la sociologie et de la confondre avec les sciences morales et politiques.

La sociologie est une science des faits, qui peut très utilement servir à contrôler la science des idées, mais à la condition d'en être indépendante. Sa base doit être, non pas psychologique et subjective, mais objective et expérimentale.

On a prétendu qu'une société n'est qu'une entité, une abstraction personnifiée, parce que, seuls, les individus qui la composent sont réels. Il y a là une équivoque. Les individus sont des réalités, cela va sans dire, mais dans l'ordre biologique seulement ; une société, quoiqu'elle ne soit ni un animal ni un végétal, n'en est pas moins une réalité d'un autre ordre, et même fort redoutable, qui sait rudement se faire sentir à tous ceux qui tentent de se révolter contre elle. Des individus mis à côté les uns des autres, accumulés

comme des grains de sable dans un tas, ne formeraient pas une société ; et l'on pourrait dire d'eux
qu'ils n'ont aucune réalité sociale : dans l'ordre
sociologique, ce ne seraient que des abstractions, et
plutôt des débris que des éléments. Combien n'a-t-il
pas fallu d'artifices législatifs, lentement et laborieusement institués, pour procurer aux individus l'indépendance dont ils jouissent dans nos civilisations modernes! Ils restent, malgré tout, tellement solidaires
du fait social que, dès que la société périclite, leur
liberté s'évanouit, la servitude reparaît.

Si, comme je le soutiens, la sociologie est une science
objective, elle doit puiser ses enseignements dans
l'expérience des peuples, c'est-à-dire dans l'histoire et
la démographie. Je dirai quelques mots, d'après
Auguste Comte et Stuart Mill, de la méthode qui lui
convient, mais sans m'y attarder longuement. J'avoue
très humblement que beaucoup d'esprits éminents me
semblent avoir consacré trop de temps à ces questions
préliminaires. Ce n'est point ainsi que les autres
sciences ont marché. Elles se sont formées, par lambeaux plus ou moins larges, d'observations directes et
de généralisations successives. Les critiques avisés sont
venus ensuite, qui ont formulé les méthodes suivies
plus ou moins spontanément par les inventeurs ; mais
ce n'est point la méthodologie qui a fait découvrir la
science : elle l'a légitimée seulement. Si même des
savants de premier ordre ont traité de la méthode (par
exemple, Descartes, Auguste Comte, Claude Bernard),
ce fut après leurs découvertes et non avant.

Il s'agit donc d'aborder les faits. Mais lesquels ?
Ceux-là évidemment qui ont le plus d'importance, qui
sont les conditions de notre vie sociale et qui n'échappent souvent à nos yeux que par leur vulgarité même
et leur nécessité. Il me paraît fort douteux que ce soit
sur l'archéologie préhistorique, sur les anecdotes des
voyageurs, sur les discussions du matriarcat ou du
patriarcat, de la polyandrie ou de la polygamie, de la
communauté primitive des biens ou de leur appropriation individuelle et autres questions subtiles, que
l'on parvienne jamais à établir les grandes lois de la
sociologie.

Je ne vois de faits probants que dans les données
les plus larges, les plus incontestées de l'histoire, et
dans l'étude comparative des peuples dont nous pouvons pénétrer à fond la civilisation. Là seulement est la
vie, l'information complète, la possibilité continuelle
des vérifications. Est-ce sur l'observation des fossiles et
l'hypothèse des primates que les médecins ont fondé la
science anatomique et physiologique de l'homme ? Il
me semble que c'est sur l'observation et la dissection
des contemporains. Ainsi voudrais-je que l'on procédât
pour les sociétés. Avant de remonter aux cavernes,
étudions les civilisations qui sont sous nos yeux ou qui
nous ont laissé des documents certains.

En attendant que d'autres le fassent mieux que moi,
je l'ai tenté résolûment. J'ai tracé mon esquisse avec
une précision voulue qui semblera probablement très
imprudente ; mais ma seule ambition, si j'ai commis
des erreurs, est de les avoir rendues assez claires pour

qu'il soit aisé de les rectifier. Je crois qu'il est toujours permis de se tromper, pourvu que ce soit nettement. Je souhaiterais pourtant de n'avoir pas trop abusé de la permission.

AD. C.

Paris, février 1899.

L'ouvrage comporte deux parties : la première, publiée aujourd'hui, est consacrée aux questions de principe et à l'esquisse générale d'une science sociale ; la seconde, plus étendue, contiendra les questions de fait et le développement des principes. Elle suivra à bref délai la présente publication, s'il est fait quelque accueil à cette première partie.

LES PRINCIPES

D'UNE

SOCIOLOGIE OBJECTIVE

CHAPITRE PREMIER

LA SOCIOLOGIE FONDÉE SUR LA CORRÉLATION DES FAITS SOCIAUX

1. — La science limitée aux faits sociaux corrélatifs.

Depuis l'antiquité, un grand nombre de philosophes et de publicistes ont disserté sur l'histoire et l'économie des sociétés humaines : Platon, Aristote, Polybe, Cicéron, Machiavel, Bossuet, Vico, Montesquieu, Voltaire, Rousseau, Turgot, Hume, Adam Smith, Kant, Condorcet, Hegel, etc. Mais ce n'est que de 1826 à 1842 qu'Auguste Comte, dans son système de philosophie positive, constitua véritablement une science des sociétés, qu'il avait d'abord appelée « physique sociale », et qu'il nomma ensuite *sociologie*, parce que le mot de physique sociale avait été pris par Quételet, en 1835, pour désigner une branche de la statistique [1].

En abordant l'étude des phénomènes sociaux, Auguste Comte ne se flattait pas de « donner immédiatement à la physique sociale le même degré de perfection qu'aux

---

(1) *Cours de philosophie positive*, 3e édition (Paris, J.-B. Baillière et fils, 1869); t. IV, p. 15 et 185, en note.

branches antérieures de la philosophie naturelle » ; mais il prétendait du moins « imprimer à cette dernière classe de nos connaissances le caractère positif déjà pris par toutes les autres [1] ».

Pour comprendre cette vue d'Auguste Comte, il faut se reporter au principe de sa philosophie positive :

« Dans l'état positif, dit-il, l'esprit humain, reconnaissant l'impossibilité d'obtenir des notions absolues, renonce à chercher l'origine et la destination de l'univers, et à connaître les causes intimes des phénomènes pour s'attacher uniquement à découvrir, par l'usage bien combiné du raisonnement et de l'observation, leurs lois effectives, c'est-à-dire leurs relations invariables de succession et de similitude. L'explication des faits, réduite alors à ses termes réels, n'est plus désormais que la liaison établie entre les divers phénomènes particuliers et quelques faits généraux dont les progrès de la science tendent de plus en plus à diminuer le nombre [2]. »

« Ainsi, continue-t-il, pour en citer l'exemple le plus admirable, nous disons que les phénomènes généraux de l'univers sont *expliqués*, autant qu'ils puissent l'être, par la loi de la gravitation newtonienne, parce que, d'un côté, cette belle théorie nous montre toute l'immense variété des faits astronomiques, comme n'étant qu'un seul et même fait envisagé sous divers points de vue ;... tandis que, d'un autre côté, ce fait général nous est présenté comme une simple extension d'un phénomène qui nous est éminemment familier, et que, par cela seul, nous regardons comme parfaitement connu, la pesanteur des corps à la surface de la terre. Quant à déterminer ce que

(1) *Cours de philosophie positive*, 1re leçon, t. 1, p. 22.
(2) *Ibid.*, p. 9.

sont en elles-mêmes cette attraction et cette pesanteur, quelles en sont les causes, ce sont des questions que nous regardons tous comme insolubles [1]. »

En partant de ce point de vue, pour rendre positive la science des sociétés, il y avait donc à démontrer le lien qui rattache entre eux les phénomènes sociaux, c'est-à-dire qu'il fallait étudier une société comme un organisme, comme un ensemble de fonctions dont la combinaison seule est réelle et dont tout démembrement est factice.

« Contrairement aux habitudes philosophiques actuelles, dit à ce sujet Auguste Comte, chacun des nombreux éléments sociaux, cessant d'être envisagé d'une manière absolue et indépendante, [sera] toujours exclusivement conçu comme relatif à tous les autres, avec lesquels une solidarité fondamentale doit sans cesse le combiner intimement [2]. »

Tel est, en effet, le principe fécond de la sociologie. Mais, s'il marque la condition de la science, il en pose aussi les limites.

Toute science positive doit être exactement circonscrite. Pour traiter efficacement des sociétés humaines, de leurs conditions d'existence et de développement, sujet déjà si vaste et à vrai dire colossal, il importe de s'en tenir aux phénomènes qui lui sont propres ; il faut bien se garder de sortir du terrain que l'on peut utilement explorer. Or, le fondateur du positivisme me paraît avoir beaucoup trop étendu le domaine de la sociologie. Lorsqu'il trace à grands traits son remarquable tableau des états sociaux successifs des nations civilisées, en les rapportant à sa grande loi du progrès humain, il étudie non seulement l'évolution

(1) *Cours de philosophie positive*, 1ʳᵉ leçon, t. I, p. 17.
(2) *Ibid.*, 48ᵉ leçon, t. IV, p. 235.

sociale proprement dite, mais l'évolution intellectuelle chez les différents peuples. Dans l'évolution sociale, il comprend : 1° le développement politique du pouvoir temporel et du pouvoir spirituel ; 2° le développement de la morale sous sa triple forme, personnelle, domestique et sociale. Dans l'évolution intellectuelle, il envisage : 1° les sciences et la philosophie, 2° la poésie et les arts, 3° l'industrie. Si c'est là le champ sociologique, que reste-t-il en dehors ? Tout s'y trouve : politique, religion, morale, science, arts idéaux et arts utiles. La sociologie devient l'encyclopédie des choses humaines ; et alors elle est tentée d'affirmer une prépondérance philosophique qui, non seulement choque beaucoup de savants, mais éveille jusqu'à la méfiance des esprits sensés, pour lesquels toute ambition démesurée est un motif de suspicion légitime.

Il y a eu là, ce me semble, une exagération nuisible à la science même qu'il s'agissait de fonder. La sociologie, d'après le principe d'Auguste Comte, doit embrasser les phénomènes sociaux *corrélatifs*, attestant une solidarité et démontrant l'existence d'un organisme ; mais elle ne doit comprendre que ceux-là. Si donc, parmi les faits concernant l'humanité, il y en avait qui eussent un caractère soit individuel soit extérieur ou supérieur aux nationalités, s'il se trouvait des faits qu'on pourrait appeler sporadiques, ne se rattachant pas aux phénomènes sociaux proprement dits par une étroite corrélation, il me paraît qu'ils devraient être laissés en dehors de la sociologie, sauf à être rattachés, bien entendu, à quelque autre domaine scientifique[1].

---

(1) Il faut entendre par *corrélation* toute connexité constante entre plusieurs phénomènes, résultant soit d'une filiation, soit d'une fraternité, soit d'une identité secrète. — 1° Il y a filiation entre les phénomènes quand

2. — Deux ordres de faits historiques.

Eh bien, dans les faits recueillis par l'histoire, on peut assez facilement distinguer deux ordres de phénomènes, qui se présentent à nous avec des caractères très distincts.

Tout ce qui a trait au développement de la population, à l'accroissement de la force militaire et de la richesse, à la diversification des fonctions, au progrès des institutions politiques, à l'extension de la religion, à la solidarisation de toutes les parties d'un État et de toutes les classes d'une société, forme un groupe bien homogène, dont les éléments obéissent à une sorte de cause finale qui n'est autre que l'intérêt social. Les arts qui favorisent le développement de ces phénomènes sont nécessairement utilitaires et ne servent les intérêts privés qu'à la condition de répondre à l'intérêt collectif. Comme le disait Adam Smith, l'individu, « tout en ne cherchant que son intérêt personnel, travaille souvent d'une manière bien plus efficace pour l'intérêt de

l'un est cause et l'autre effet; par exemple, la phase de la lune et la marée. — 2° Il y a fraternité ou collatéralité entre les phénomènes quand, malgré leur diversité, ils procèdent tous d'une même cause; par exemple, les mouvements des planètes, qui sont dictés par l'attraction solaire. Ce cas se complique d'ordinaire d'une interdépendance des phénomènes entre eux, par suite de l'action secondaire qu'ils exercent réciproquement les uns sur les autres : nous l'observerons dans les phénomènes sociaux au cours de l'évolution. — 3° Il y a enfin identité secrète des phénomènes particuliers quand ils ne sont, au fond, que des aspects divers d'un phénomène général, comme on peut le croire, par exemple, du mouvement, de la chaleur et de l'électricité. Tout arrêt d'un corps en mouvement détermine, en effet, dans un ou plusieurs autres corps, soit du mouvement, soit de la chaleur, soit de l'électricité, soit tous les trois à la fois. — Dans les exemples nᵒˢ 1 et 2, la corrélation des phénomènes entre eux ou avec leur cause est directe et se manifeste par une simultanéité de progression ou de décroissance. Dans l'exemple n° 3, la corrélation est inverse et se manifeste par une alternance des phénomènes, l'un disparaissant quand l'autre se produit.

la société que s'il avait réellement pour but d'y atteindre[1] ». D'une façon ou d'une autre, directement ou indirectement, on est ici en plein sur le terrain de l'Utilitarisme social.

En opposition à ce groupe de faits sociaux, il en est un autre d'un caractère très différent. Diversement et quelquefois soudainement, les arts et les procédés sociaux se transforment : ils se dépouillent en quelque sorte de leur utilitarisme et ils aboutissent, tantôt à des œuvres esthétiques ou littéraires, tantôt à des doctrines métaphysiques ou scientifiques, tantôt, par l'exaltation des sentiments, à des exemples extraordinaires de vertu ou d'héroïsme. Beaux-arts, poésie, philosophie, science pure, sublimité des sentiments, magnanimité des actions : tout cela se résume en un mot, l'Idéalisme, qui signifie précisément le contraire de l'utilitarisme. Alors, le monument de l'architecte n'est plus élevé dans un but pratique d'abri et de protection, mais de manifestation et de glorification luxueuse ; la sculpture et la peinture ne cherchent plus uniquement à signifier des choses utiles, à fournir des commémorations, elles visent à embellir la réalité ; le langage ne sert plus à traiter des affaires, à formuler des règlements, à soutenir des conclusions, il s'emploie à charmer les esprits, en rappelant et en combinant harmonieusement les souvenirs, de manière à susciter des rêves plus beaux que la vie ; la conduite même de quelques hommes rares ne se borne plus à l'accomplissement des fonctions qu'une longue tradition sociale a rendu nécessaires et louables, elle dépasse l'approbation des hommes et, par conséquent, la mesure de l'utilité sociale, elle provoque l'étonnement et l'admiration par le sacrifice que

(1) *Recherches sur la nature et les causes de la richesse des nations*, liv. IV, chap. II. (Édition Joseph Garnier, t. II, p. 209.)

l'individu fait de lui-même, par la magnificence de son désintéressement, ce que l'on pourrait prendre pour le comble de l'utilité sociale mais ce qui positivement n'en est pas, puisqu'en généralisant ce sacrifice on détruirait la société. Enfin, les procédés techniques les plus immédiatement voués d'ordinaire à l'application pratique, le calcul, le mesurage, la mécanique, la navigation, la culture des plantes alimentaires, l'élevage du bétail, la préparation des aliments, le traitement des malades, etc., parviennent aussi à l'idéalisme en se dépouillant de l'intérêt direct, en s'épurant par des abstractions successives et en mettant en évidence des causes cachées, dont ensuite l'on s'amuse ou l'on se passionne à poursuivre les innombrables combinaisons et les résultantes inattendues, sans aucune préoccupation d'utilité sociale.

Tel nous apparaît l'idéalisme sous ses multiples manifestations : plastique ou esthétique, poétique ou dramatique, héroïque, philosophique, scientifique.

Cette première opposition de caractères entre l'utilitarisme social et l'idéalisme est accompagnée d'une seconde opposition. Les faits utilitaires du premier groupe sont toujours particuliers à une race ou à une nation; ils changent avec la société, ce qui est naturel, puisque c'est la prospérité même de cette nation, puisque c'est le plus grand avantage de cette société qui est, au fond, le mobile déterminant et l'on peut dire la cause finale des phénomènes sociaux. Au contraire, les faits du second ordre, les faits d'idéalisme, ne sont ni aussi particuliers ni aussi variables. Ils conviennent plus ou moins à toutes les races, à tous les pays. Sous la condition préalable d'un minimum de préparation, ils peuvent se propager d'un peuple à un autre : en définitive, ils manifestent une aptitude à se généraliser qui en fait vite l'apanage de l'humanité tout entière.

Enfin, une troisième opposition de caractères ne paraîtra pas moins significative. Tandis que les faits marqués au coin de l'utilitarisme et du nationalisme sortent de la collaboration active de tous les membres de la société et se développent suivant une progression régulière et continue, avec l'accroissement même de la population et de la richesse et la diversification des fonctions, les faits du second groupe, les faits d'idéalisme et d'internationalité, semblent se produire çà et là et sans ordre apparent ; ils surgissent souvent à l'improviste d'une spontanéité individuelle qui atteint presque d'emblée à une perfection relative, à laquelle les successeurs ne se maintiennent pas toujours ou qu'ils ne dépassent guère. Alors que, dans toutes les fonctions proprement sociales, dans la guerre, dans la politique, dans le droit, dans la religion, dans l'instruction, dans l'industrie, dans la finance, tout ce qui se pratique de nos jours est si supérieur à ce qui se faisait il y a quatre cents ans sous la renaissance, il y a mille ans au moyen âge, il y a deux mille ans à Rome, il y a trois mille ans en Troade ou en Judée, qui peut dire que notre esthétique architecturale soit en progrès sur celle du Parthénon, du Panthéon, des basiliques romaines ou des cathédrales gothiques ? notre esthétique sculpturale sur celle de Phidias, de Praxitèle ou de Michel-Ange ? notre esthétique picturale sur celle de Léonard, de Raphaël ou du Titien ? Qui peut dire que nos récitatifs d'opéra soient supérieurs à ceux d'Alcée, de Simonide ou de Pindare, tels que nous les devinons d'après l'hymne à Apollon ? que notre poésie soit supérieure à celle d'Homère, d'Eschyle, de Virgile ou du Dante ? notre théâtre à celui

de Sophocle, d'Aristophane ou de Plaute ? notre philosophie à celle de Platon, d'Aristote, d'Épicure ou de Zénon?
notre science pure à celle de Pythagore, d'Euclide,
d'Archimède ou d'Apollonius de Perga ? N'est-il pas dès
lors évident que, dans ce domaine de l'idéalisme, le temps
fait moins que le génie, et que la création due aux grandes
personnalités clairsemées est plus importante que la collaboration continue du grand nombre des intelligences
ordinaires et même supérieures ?

3. — Deux sciences distinctes correspondant aux deux ordres de faits.

Ces deux ordres de faits si différents, même si opposés
par leurs caractères, s'entremêlent dans l'histoire comme
dans la réalité, et cela est inévitable ; mais ce qui n'est pas
rationnel, à mon sens, c'est qu'on veuille prolonger ce
mélange et cette confusion dans la science sociale, telle
que du moins l'ont esquissée les historiens de la civilisation.

Auguste Comte, avec grande raison, a voulu fonder la
sociologie sur la corrélation des phénomènes sociaux,
l'organisme social n'étant révélé que par le *consensus*,
comme il dit, de ces phénomènes, c'est-à-dire par leur
concert. Or, une telle corrélation ne s'observe, à ce qu'il
me paraît, qu'entre les faits du premier ordre, non entre
ceux du second. Les premiers (population, force militaire,
richesse, culte, solidarité) forment seuls dans l'histoire
une série régulière, ce que Comte appelait une filiation ;
ils s'expliquent les uns par les autres, parce qu'ils sont
corrélatifs ; ils s'appellent les uns les autres et donnent
ainsi matière à prévision. Les seconds, au contraire (beaux-

arts, poésie, vertu, héroïsme, métaphysique, science pure),
ne forment pour ainsi dire pas de série, ou du moins leur
chaîne est lâche et souvent rompue ; ils semblent irréguliers,
sans connexion précise entre eux ni avec les précédents,
sans chronologie ni localisation certaines. Ils apparaissent
comme des comètes, lumineuses par elles-mêmes, au milieu
de l'honnête système des planètes qui, sans éclat personnel, mais en s'appropriant le rayonnement du soleil,
arrivent néanmoins à plus de splendeur que toutes les
comètes réunies. Il y a évidemment des lois pour tous
les phénomènes historiques quels qu'ils soient, mais
celles qui régissent les faits individuels de l'idéalisme
ne sont pas les mêmes que celles qui gouvernent les faits
collectifs de l'utilitarisme social, en sorte que, pour nous
autres, simples spectateurs, les faits idéaux semblent dus
en grande partie au hasard.

Je propose de séparer ces deux ordres de faits et de les
attribuer à deux sciences distinctes.

Les premiers, dont l'orbite et la révolution peuvent être
définis et que je viens de comparer aux planètes de notre
univers, formeraient le domaine de la *Sociologie*. Ils
rentrent tous, en effet, dans le phénomène général de
société, qui se développe et se différencie avec le nombre
des membres de la société, c'est-à-dire suivant l'importance, l'homogénéité et la concentration de la population.

Les seconds, qui sont excentriques, et dont les phases
échappent au calcul, comme celles des comètes, formeraient le domaine de l'*Idéologie*, cette branche supérieure
de la psychologie que Platon a inaugurée, que Descartes a
renouvelée et que les philosophes français du xviiie siècle
ont beaucoup trop rétrécie. Les faits idéaux sont tous, en

effet, depuis les œuvres d'art jusqu'aux œuvres de science pure, depuis la poésie, cet héroïsme spéculatif, jusqu'à l'héroïsme et à la vertu, cette poésie réalisée, des manifestations du grand phénomène de conscience, qui est le trait fondamental de la personnalité humaine.

La distinction des faits sociologiques et des faits idéologiques une fois admise, tout devient plus clair et se range plus facilement sous ses lois propres. On comprend, en outre, plus aisément la nature des perturbations, heureuses ou malheureuses, qui résultent de l'entre-croisement des deux séries. On est alors conduit à définir l'histoire : le tableau de l'intervention des grandes personnalités humaines dans le développement des forces sociales. C'est, en quelque sorte, tantôt le conflit de la sociologie avec l'idéologie, tantôt le renforcement de la première par la seconde ; mais c'est toujours quelque chose de nouveau et d'inattendu qui échappe à toute prévision. L'histoire ne se recommence pas ; tandis que la sociologie, c'est-à-dire l'histoire dégagée des précipitations ou des arrêts dus à l'intervention des individualités exceptionnelles, l'histoire, s'il y en avait une, des peuples anonymes, obéit à une évolution régulière et peut certainement être prévue.

Nous verrons, au cours de ce travail, comment, dans l'ordre sociologique, peut se concevoir l'étroite dépendance des faits ; mais je veux insister d'abord, dans l'ordre idéologique, sur la large indépendance des esprits créateurs.

CHAPITRE II

1. — Le très petit nombre des vrais intellectuels.

Depuis trois mille ans, c'est-à-dire durant une centaine de générations environ, dix ou douze milliards d'hommes se sont probablement succédé sur cette partie de l'ancien continent qui forme l'Europe actuelle, l'Asie occidentale et l'Afrique méditerranéenne. Je défie qu'on trouve mille noms d'hommes ayant marqué dans la philosophie, la morale, la science spéculative, la littérature, les beaux-arts et la musique. En compulsant les manuels et les dictionnaires, et en mettant sur ma liste beaucoup de talents secondaires, des continuateurs, des imitateurs, des vulgarisateurs, qui n'auraient rien créé sans le très petit nombre des vrais inventeurs, je suis resté bien au-dessous de ce chiffre.

Si ces quelques centaines d'intellectuels avaient été indispensables au progrès social, il aurait donc suffi de cette minime proportion d'esprits originaux : une unité pour dix millions d'individus, peut-être moitié moins, peut-être dix fois moins, pour faire parvenir la civilisation au point où elle est parvenue ! N'y a-t-il point, je le demande, dans cette étrange disproportion, une présomption que l'élément purement idéologique, si considérable soit-il, n'a pu être le seul moteur du progrès, et que le génie de quelques individus, dans la sphère de l'idéal, ne rend pas compte du développement des sociétés, bien qu'il ait assurément contribué à leur donner un grand éclat?

Mais ce n'est là qu'une remarque préjudicielle, et mes observations principales sont les suivantes :

1° Les plus grands intellectuels de l'humanité n'apparaissent pas toujours, ni même ordinairement, chez les peuples les plus puissants ;

2° Dans chaque pays, les grands hommes naissent à une époque quelconque, qu'ils soient ou non favorisés par les circonstances, et il arrive souvent que la plus grande poussée intellectuelle ne coïncide pas avec la plus grande puissance ou la plus grande prospérité sociale ;

3° La race, l'époque, le milieu ne sont pas, comme on l'a prétendu, les facteurs de la production intellectuelle, car les effets en sont très irréguliers et très variables : la même race, la même époque et le même état social donnant simultanément naissance aux génies les plus divers et les plus inégaux ;

4° Le mouvement intellectuel ne suit pas une progression continue, au moins dans toutes ses parties ; il est essentiellement intermittent et, de siècle en siècle, change de prédilection.

2. — L'apparition des grands intellectuels ne semble pas déterminée par l'état social.

Je reprends successivement et sommairement mes quatre propositions.

1° Les plus grands intellectuels n'appartiennent pas aux peuples les plus puissants.

Cela veut dire que les progrès sociaux ne déterminent pas nécessairement les progrès idéaux, et ne les limitent pas non plus. Réciproquement, des progrès intellectuels extraordinaires ne suffisent pas à produire des progrès sociaux correspondants.

Exemples :

Les plus sublimes doctrines morales, qui constituent le bouddhisme et le christianisme, et qui sont des œuvres essentiellement personnelles, émanées de personnalités si hautes, de consciences si lumineuses qu'on les a considérées comme divines, ces admirables et définitives doctrines sont écloses il y a 2.500 ans, il y a 1.900 ans, chez des peuples offrant un développement social très peu avancé.

Un tout petit État, la Grèce (Macédoine non comprise), dont l'influence politique a, en somme, été peu considérable, a produit la plus belle floraison philosophique, littéraire et artistique dont le monde ait gardé le souvenir. Ses poètes, ses architectes, ses sculpteurs font encore notre admiration ; nous les considérons comme nos maîtres. Un petit nombre de penseurs a deviné dès lors presque tout ce qu'on a découvert péniblement depuis : ils ont fait, pour ainsi dire, la philosophie des sciences avant que les sciences fussent constituées, avant même que les arts techniques les fissent nettement pressentir. Eh bien ! ce splendide mouvement esthétique et philosophique a été presque de nul effet sur le développement national, politique, religieux ou économique du pays.

A l'opposite en quelque sorte, le peuple romain qui, au regard des Egyptiens, des Carthaginois et des Grecs, était

ignorant, superstitieux et grossier, par conséquent très
inférieur au point de vue intellectuel, a su organiser une
discipline militaire, administrative et juridique qui a donné
au progrès social une impulsion extraordinaire, en sorte
que les Romains ont servi la civilisation plus que les
Grecs.

Plus tard, l'Italie et la France, qui eurent tant d'éclat
du xv⁰ au xvii⁰ siècle, ont été devancées commercia-
lement, politiquement, religieusement par l'Allemagne,
les Pays-Bas et l'Angleterre, trois pays dont la mentalité
fut moins brillante, mais dont la socialité fut plus efficace.

2⁰ *Les grands hommes naissent à une époque quelconque,
qu'ils soient ou non favorisés par l'état social.*

Quelquefois, il est vrai, un certain éclat artistique
accompagne le développement d'un empire. Ainsi les
monuments égyptiens et assyriens semblent avoir eu pour
objet de célébrer la gloire des dynasties conquérantes, et
les plus beaux édifices de la Grèce et de l'empire romain
se sont multipliés aux siècles de Périclès, d'Auguste et
d'Hadrien ; mais il faut remarquer que, de toutes les productions artistiques, c'est l'architecture, comme de toutes
les productions littéraires, c'est l'histoire, et de toutes les
productions philosophiques, c'est le droit, qui ont le plus
de rapport avec les arts utilitaires et qui, par conséquent,
sont le moins indépendants de l'état politique et social.
Quant aux autres libres productions de l'esprit humain,
en morale et en philosophie, dans les sciences spéculatives, dans les lettres, la musique ou les arts du dessin,
peut-on vraiment soutenir que le succès politique du pays
où elles fleurissent leur soit particulièrement favorable ?

Je ne le crois guère, à moins que la conquête ou la prospérité n'ait occasionné un déplacement, une importation de savants et d'artistes étrangers, auquel cas il faut bien reconnaître que ces artistes et ces savants étaient nés et s'étaient formés dans des pays qui ne se trouvaient ni les plus riches ni les plus puissants.

Ce qui me fait ainsi prendre le succès politique ou militaire pour une circonstance presque indifférente, c'est que, dans beaucoup d'autres cas, le mouvement intellectuel débute en plein désordre social. Il semble alors que ce soit en haine de l'oppression politique, en dégoût de l'état de choses environnant que l'esprit humain se réfugie dans un monde idéal de vérités spéculatives, de rêves et de fictions.

Ainsi, à quel moment se produit la grande floraison de la poésie et de l'éloquence bibliques ? Est-ce au temps de la splendeur de Salomon (1016-976 av. J.-C.) ? Non, c'est à l'époque de l'anarchie juive, quand Israël a déjà succombé sous les coups des Assyriens et que Juda est sur le point de périr à son tour. Alors Isaïe (750-700) fait entendre ses sublimes imprécations, et vers la même époque, apparaissent le plus grand nombre des psaumes mis sous le patronage de David, les proverbes attribués à Salomon et enfin les écrits de la plupart des prophètes.. « Le viiie et le viie siècle avant notre ère nous apparaissent ainsi, dit Renan, comme l'âge d'or de la littérature hébraïque [1]. »

<hr>

[1] *Histoire générale des langues sémitiques*, p. 131-133. L'œuvre poétique de David a péri presque tout entière ; les ouvrages de Salomon sont perdus. (Maspéro, *Hist. ancienne des peuples de l'Orient*, p. 320, 329.) Le livre d'Esther, l'Ecclésiaste paraissent avoir été écrits sous les Achéménides, la dynastie de Cyrus (Renan, *Vie de Jésus*, 13e édition, p. 53). Le livre de Daniel n'est que du iie siècle avant J.-C. (*Hist. des langues sémitiques*, p. 58.)

En Grèce, la plus belle époque de la philosophie sera celle des plus grands déchirements de la patrie. Athènes perd son hégémonie, puis son indépendance, les villes helléniques tombent sous la brutale domination de Sparte, Thèbes les soulève contre cette oppression, mais Philippe et Alexandre s'emparent des républiques, et la Grèce ressent ensuite tous les contre-coups du démembrement de l'empire macédonien : c'est au cours de ces graves événements que Socrate, Platon, Aristote, Épicure, Zénon apparaissent et fondent définitivement la dignité de la pensée.

En Italie, c'est au bruit des guerres sociales, des guerres serviles et des guerres civiles, à la fin du II⁰ siècle et au I⁰ʳ avant J.-C., qu'Ennius, Plaute, Cicéron, Lucrèce, Catulle, Virgile, Horace font fleurir les lettres romaines. Puis, avec l'Empire, arrivent les oppressions, les répressions impitoyables, les persécutions sanglantes, qui ne s'apaisent que pour faire place aux invasions terribles : ces trois ou quatre siècles de souffrances, de désordres et d'angoisses ont produit le christianisme.

Après la longue nuit du moyen âge, où le génie se cache dans les solitudes et se blottit dans les monastères, voici venir le XIII⁰ et le XIV⁰ siècles, précurseurs de la renaissance : on ne prétendra pas que Roger Bacon, Arnauld de Villeneuve ou le Dante aient été favorisés par les pouvoirs du temps et qu'ils aient doucement vécu leurs pensées ; il y a peu d'existences aussi tourmentées.

Enfin se lève le fécond XVI⁰ siècle. « A ne voir, dit Michelet, que la suite des guerres et des événements politiques, le XVI⁰ siècle est un siècle de sang et de ruines. Il s'ouvre avec la dévastation de l'Italie par les troupes mercenaires de François I⁰ʳ et de Charles-Quint, avec les affreux ravages de Soliman qui dépeuple annuellement la Hongrie. Puis viennent ces luttes terribles des croyances religieuses, où la guerre n'est plus seulement de peuple à peuple, mais de ville à ville et d'homme à homme, où elle s'introduit jusqu'au foyer domestique, et jusque entre le fils et le père. Celui qui laisserait l'histoire dans cette crise croirait que l'Europe va tomber dans une barbarie profonde. Et loin de là, la fleur délicate des arts et de la civilisation grandit et se fortifie au milieu des chocs violents qui semblent près de la détruire. Michel-Ange peint la chapelle Sixtine, l'année de la bataille de Ravenne. Le jeune Tartaglia sort mutilé du sac de Brescia pour devenir le restaurateur des mathématiques. La grande époque du droit chez les modernes, l'âge de l'Hôpital et de Cujas est celui de la Saint-Barthélemy [1] ». Ajoutez à ces noms ceux de Rabelais, obligé de déguiser la hardiesse et l'indépendance de sa raison sous des bouffonneries scatologiques; de Servet, brûlé à Genève; de Vésale, dérobant au péril de sa vie les corps des suppliciés pour en étudier l'anatomie: de Ramus, massacré à la Saint-Barthélemy ; de Bernard Palissy, mort dans sa prison, seul refuge où il fût en sûreté contre la fureur des catholiques ; et vous aurez la mesure de la protection que la société du xvie siècle, en proie aux guerres de religion, procurait aux intellectuels..

On pourrait, je crois, soutenir sans paradoxe que les productions de l'art ou de la pensée qui s'observent parfois aux grandes époques de prospérité, ne doivent à cette prospérité même que leur épanouissement, mais qu'elles ont leurs racines dans les temps d'agitation qui ont précédé le triomphe social. Là encore, s'accentuerait le caractère individuel de l'intellectualisme, puisque, en

____

(1) Michelet. *Précis de l'histoire moderne.*

religion, en philosophie, en droit, en science, en littérature ou en art, sa cause fréquente, sinon principale, serait la réaction de la conscience humaine contre un état oppressif.

En tout cas, nous constatons qu'il n'est pas possible d'établir de corrélation constante entre les manifestations de l'esprit et les conditions sociales ou ethniques d'une nation.

3° *La même race, la même époque et le même état social donnent simultanément naissance aux génies les plus divers.*

Ce fut l'erreur de Taine de vouloir rendre compte des phénomènes proprement psychiques au moyen de données suffisantes pour caractériser une collectivité d'hommes, mais insuffisantes pour caractériser des individualités comme, celles des réformateurs, des philosophes, des savants, des poètes et des artistes. D'après lui, la race, l'époque, le milieu, seraient les trois facteurs du génie. En dépit de son vigoureux talent, il semble bien qu'il ait échoué dans la démonstration de sa théorie, et aujourd'hui son système est ouvertement combattu.

En appliquant aux grands esprits de la littérature et de l'art sa psychométrie rigoureuse, Taine n'a trouvé que des motifs de ressemblance, presque d'identité; il n'a pas rendu compte de ces dissemblances infinies qui font précisément le mérite des artistes et des écrivains. « Son système, dit M. Angellier, a faussé et rétréci l'image de la littérature anglaise. Il a fait comme le bûcheron qui équarrit des arbres; à la condition d'élaguer les rameaux et de faire tomber une partie des feuilles et des fleurs, il leur donne une indiscutable ressemblance et un air de famille évident.

Mais où sont le port, la physionomie de chaque arbre, les racines innombrables, l'expansion du feuillage vers les quatre coins du ciel, les fines branches aériennes, celles qui frémissaient aux brises et sur lesquelles était l'oiseau chanteur? Il est sorti de cette critique à coups de hache une littérature anglaise monotone, alourdie, à plans peu nombreux et grossiers, sans variété et sans mouvement[1] »

Si l'on poussait d'ailleurs le système de Taine jusqu'au bout de ses conséquences, comment expliquer ce fait si fréquent dans l'histoire, de l'apparition d'un grand génie, dans l'ordre philosophique, moral ou esthétique, qui, au lieu d'amener le ralliement de tous les esprits supérieurs de la même époque, nés dans les mêmes conditions sociales, provoque au contraire des contradictions nombreuses et des divergences extrêmement prononcées? Après Socrate, les écoles les plus opposées se forment parmi ses disciples. Après Jésus, les schismes et les hérésies se multiplient à l'infini. Au xvie siècle, sous des faveurs pareilles et dans des circonstances presque identiques, les grandes poussées artistiques se produisent dans des directions très divergentes. Au xviie siècle, la philosophie de Descartes donne naissance, même en France, aux interprétations les plus contradictoires. Il faut véritablement que l'influence sociale ait été bien peu puissante sur tous ces héros de l'idéal, ces penseurs et ces artistes, pour ne point aboutir à une homogénéité plus complète, à une concordance plus évidente.

4° Le mouvement intellectuel ne suit pas une progression continue.

(1) Auguste Angellier. *Robert Burns;* introduction du tome II, p. 11. Voir aussi, dans le même ordre d'idées, un article de M. Albert Sorel sur *Taine et Sainte-Beuve* (*Temps* du 30 mars 1898).

Une dernière remarque que l'on peut faire lorsqu'on dresse la liste chronologique des penseurs et des artistes, a trait à la variabilité des applications de leur puissance intellectuelle. On voit, sur les pelouses qui garnissent les flancs des montagnes, les plantes se grouper naturellement par familles, parce qu'une plante-mère a répandu ses semences tout autour d'elle, en sorte que les fleurs y sont disposées par massifs, comme si un jardinier mystérieux avait présidé à leur ordonnance. Eh bien, en parcourant les pentes de l'histoire, on observe ainsi, de siècle en siècle, des massifs de floraisons intellectuelles variées, qui se succèdent sans motif appréciable. Il y a des siècles d'architecture et de sculpture en Égypte et en Chaldée, puis un siècle ou deux d'éloquence ou de poésie en Judée, un siècle de drame, d'architecture et de sculpture en Grèce, suivi d'un siècle de philosophie et d'un siècle de science, après quoi, pendant deux siècles, viennent la grande poésie latine et l'histoire ; puis, plus rien que les controverses religieuses, d'une part, et la science juridique, d'autre part, et cela pendant quatre cents ans. Au xiiie siècle, l'originalité se partage entre la philosophie scolastique et l'architecture religieuse ; la peinture se développe du xive au xviie siècle ; au xvie, ce sont les mathématiques et la médecine ; au xviie, la philosophie, les sciences physiques, le théâtre ; au xviiie et au xixe, les sciences naturelles et biologiques, le roman et la musique. Il y a évidemment sur l'ensemble une certaine progression, puisque chaque époque profite des progrès des époques précédentes ; mais cette progression se confine dans une sorte de série arithmétique qui procède par sommation, par accumulation, plutôt que par multiplication, parce que les génies créateurs se succèdent peu dans la même ligne, n'ayant d'ordinaire pour héritiers que des hommes de talent [1]. Dans chacune de ces manifestations de l'esprit humain, on observe d'abord une période malhabile de préparation et de croissance, puis un apogée rapide et éclatant, ensuite une seconde phase de développement où l'originalité déjà moindre est compensée par un plus grand savoir technique, enfin une longue période de stagnation et de déclin où l'école ne fait que continuer, commenter et imiter les grands maîtres. Il semble alors que l'originalité créatrice, fatiguée de cultiver un jardin où la perfection relative a été obtenue, s'en détourne et se porte ailleurs, sur les terrains où il y a encore place pour l'émulation des chercheurs. Nouvelle démonstration, à mon avis, du caractère personnel de la création idéale et, dans cet ordre de faits, de l'impuissance de la collectivité.

Ce qui nous fait illusion sur l'influence sociale, c'est le progrès des communications, qui ne multiplie pas les hommes de génie, mais qui les fait découvrir plus aisément et qui les met en rapport les uns avec les autres. Jadis ce fut un des bienfaits des grandes conquêtes militaires et commerciales : l'unification des peuples permettait aux intelligences éparses de se connaître et de collaborer à travers la distance. Maintenant, avec l'imprimerie, les chemins de fer et le droit des gens, la conquête

---

(1) M. Lacombe, dans un ouvrage remarquable (*Introduction à l'histoire littéraire*, Paris, Hachette, 1898 ; voir p. 191 et 205) attribue au progrès en général et au progrès littéraire en particulier le caractère d'une « accumulation ». Je me permets de lui faire observer que, toutes les fois qu'il y a transformation du point de vue, c'est-à-dire novation géniale, c'est une multiplication plutôt qu'une addition qui se produit : la progression devient géométrique. C'est ce qui arrive dans les arts visuels quand l'architecture se complète par la sculpture, puis par la peinture; dans les arts auditifs, quand le rythme se complète par la mélodie, puis par l'harmonie ; dans la science, comme nous le verrons ci-après, quand le point de vue mathématique se complète par le point de vue physique, puis organique.

est superflue : le cosmopolitisme de la pensée et de l'art s'est définitivement établi ; la conscience humaine plane au-dessus de toutes les nationalités et n'épouse qu'accidentellement et très superficiellement leurs querelles.

3. — La mentalité est distincte de la socialité.

De toutes ces observations, je conclus que l'intellectualité ou la mentalité des hommes est distincte de leur socialité.

Tout être social n'est pas nécessairement un intellectuel, c'est-à-dire un être dont la conscience est assez éveillée pour contrôler ses instincts et ses sentiments. La chose est parfaitement évidente pour les animaux sociaux décrits par M. Espinas[1]. Elle est non moins vraie pour les hommes, même au sein de nos sociétés les plus avancées : M. Tarde, dans ses *Lois de l'imitation*[2], M. Le Bon, dans sa *Psychologie des foules*[3], en ont chacun donné la preuve à leur manière.

Inversement, tout être intellectuel n'est pas nécessairement social, du moins au même degré. Sa mentalité acquiert parfois une indépendance qui l'entraîne à réagir contre la société, soit sous la forme d'un isolement volontaire, soit sous la forme d'une hostilité déclarée contre les lois usuelles ou contre les opinions courantes. Les plus hautes consciences de l'humanité, Çakya-Mouni, Socrate, Jésus, ont condamné la société de leur temps. Le premier

(1) *Des sociétés animales* (F. Alcan, éditeur, 2ᵉ édition, 1878.)

(2) G. Tarde, *Les lois de l'imitation* (Paris, F. Alcan, 1890). Voir aussi du même auteur : *Les lois sociales, esquisse d'une sociologie* (in-18, 1898).

(3) Gustave Le Bon. *Psychologie des foules* (Paris, F. Alcan, 2ᵉ édition, 1896).

en date, qui était un contemplatif et un fils de roi, a échappé aux persécutions ; les deux derniers, qui méprisaient le monde et qui propageaient leur mépris, ont succombé à la haine des pouvoirs établis.

Cependant l'être intellectuel peut être aussi un être social : l'aptitude sociale peut égaler en lui la force mentale. Ce ne sont pas toujours les plus grands génies qui réunissent les deux aptitudes, mais ce sont, à coup sûr, ceux que le plus grand succès récompense. On s'est demandé quelquefois, non sans amertume, pourquoi des grands hommes ont été méconnus, tandis que tant d'hommes médiocres avaient joui d'une réputation qui nous paraît surfaite. Je crois qu'en voilà la raison. Les uns sont de purs intellectuels qui ne se trouvent pas dans le courant du fleuve social ; ils sont arrêtés dans quelque remous contre lequel ils luttent obstinément. Ce n'est que plus tard, après leur mort, qu'une crue du fleuve viendra déséchouer leur barque et l'entraîner en plein flot. Les autres, au contraire, plus habiles ou plus heureux, obéissant à la préoccupation du succès plus qu'à la passion du vrai ou du beau, — sociaux, en un mot, plus que mentaux, — savent se placer tout de suite dans la bonne veine ; et la foule inconsciente, en les applaudissant, ne fait que s'applaudir elle-même.

En définitive, plus on entre dans le détail des faits et plus on reconnaît la double série des phénomènes historiques ; plus on se convainc qu'il y a vraiment deux domaines à explorer, deux sciences distinctes à établir : la Sociologie, fondée sur la communauté des instincts, sur la tradition collective des sentiments et des idées ; l'Idéologie ou psychologie supérieure, qui étudie la conscience, la raison humaine, dans son indépendante personnalité.

Pour être distinctes, ces deux sciences n'en sont pas moins limitrophes : l'une agit sur l'autre, et la seconde réagit puissamment sur la première. Elles ont donc entre elles des relations qu'il importe tout au moins d'indiquer avant de passer outre.

CHAPITRE III

LA SOCIOLOGIE EST INDÉPENDANTE DES SCIENCES MORALES ET POLITIQUES

1. — Définitions de la sociologie et de l'idéologie.

Nous venons de reconnaître que la sociologie et l'idéologie sont distinctes. Précisons les rapports qui existent entre ces deux sciences, et tout d'abord définissons-les.

J'entends par sociologie la science qui, en général, étudie les phénomènes d'agrégation des êtres vivants et qui, principalement, s'occupe des sociétés humaines à tous leurs degrés de développement.

Ces phénomènes, afférents à des collectivités, impliquent chez les individus qui les composent une simultanéité d'instincts ou de sentiments spontanés qui exclut évidemment, dans une grande mesure, l'indépendance des volontés particulières. Des sociétés animales aux sociétés humaines les plus avancées, il n'y a, pour ainsi dire, pas de discontinuité ; or, dans les sociétés animales, l'inconscience, l'irréflexion est certaine; tout est impulsif. Il y a similitude de besoins, d'impressions et de réactions chez les individus. Dans le nombre, quelques-uns sont doués, et parmi ces quelques-uns, l'un d'entre eux est doué d'une impressionnabilité plus grande et d'une faculté de réaction plus vive ; il est par cela même un initiateur, et

les autres le suivent. Ils le suivent, non par contrainte,
mais par identité de nature, par sympathie, parce qu'il est
leur *semblable supérieur* [1] et que la suggestion exercée
par lui ne fait que devancer et renforcer leur propre sentiment. Dans une compagnie d'oiseaux, il y en a toujours
un qui s'envole le premier aux bruits suspects ou qui,
le premier, reprend confiance pour s'abattre sur un champ
propice ; les autres le suivent, et l'habitude en fait un chef.
Dès lors, une double différenciation se produit : d'une
part, la priorité habituelle se transforme en attention
plus vive, en autorité, en commandement, parfois même
en contrainte à l'égard du reste de la bande ; d'autre part,
la postériorité habituelle, si je puis ainsi parler, se transforme en inattention relative, en inertie, en obéissance.

Ce double fait se reproduit et s'amplifie à tous les degrés
sociaux. Il forme le fond du phénomène social, qui ne
peut se définir que par une discipline ayant pour conditions : d'un côté, l'initiative et l'autorité des chefs ; de
l'autre, l'imitation et la subordination de la foule ; des
deux côtés, spontanéité, irréflexion, inconscience, nulle
trace de ce qu'on a pu concevoir après coup sous le nom
de contrat social.

Passons maintenant à la définition de l'idéologie.

« L'idéologie, dans le sens complet et légitime du mot,
est la science des idées considérées en elles-mêmes, c'est-
à-dire comme simples phénomènes de l'esprit humain [2]. »
J'emploie ce mot de préférence à celui plus en faveur de
« psychologie », parce que cette dernière expression est
devenue vraiment très équivoque. « On appelle ainsi,

(1) Expression de M. Paul Desjardins (*Revue bleue*, 20 février 1897).

(2) *Dictionnaire des sciences philosophiques*, publié sous la direction de
M. Franck, 2ᵉ édition (Paris, Hachette, 1895).

disait M. Franck, cette partie de la philosophie qui a
pour objet la connaissance de l'âme et de ses facultés considérées en elles-mêmes *et étudiées par le seul moyen de
la conscience*[1]. » Ainsi comprise, la psychologie était
l'objet des plus judicieuses critiques, notamment de la part
d'Auguste Comte qui prétendait que « l'observation intérieure engendre presque autant d'opinions divergentes
qu'il y a d'individus croyant s'y livrer[2]. » Mais, à son
tour, Comte tombait dans un autre excès lorsqu'il subs-
tituait à la psychologie, un peu trop simplement, la physiologie cérébrale et la phrénologie[3]. Depuis ce débat,
il s'est institué une grande école de psychologie physiologique qui mène de front l'étude des opérations mentales
et celle des organes y afférents, aussi bien chez les animaux que chez les hommes. Une telle étude rentre évidemment dans l'ordre des connaissances positives ; mais,
si l'on se borne aux opérations élémentaires de la sensation et de la réaction motrice ou inhibitoire, on ne sort pas
du domaine de la biologie ; et si l'on étudie les idées abstraites et les sentiments délicats qui intéressent seuls la
civilisation, on n'a presque rien à voir avec la biologie,
parce que tout se passe dans la sphère des choses fonctionnelles et non dans celle des choses organiques. Ce n'est
pas, en effet, l'anatomie du cerveau, si peu différente d'un
individu à un autre, qui nous renseignera jamais sur le

---

(1) *Dictionnaire des sciences philosophiques* précité.

(2) *Cours de philosophie positive*, 1re leçon.

(3) A l'époque où Comte élabora son système, la phrénologie était une
tentative prématurée et d'ailleurs inexacte de localisation des facultés cérébrales. De nos jours, le problème a été repris et en partie résolu, d'une
tout autre manière et avec une bien autre certitude, par les belles observations de Broca, Bouillaud, Ferrier, Wernicke, Kussmaul, Charcot, Magnan
et autres éminents physiologistes. Voir en particulier, sur la nécessité de

groupement des idées et des sentiments qui constitue la personnalité des sujets observés.

Il faut donc distinguer, sous cette désignation devenue aujourd'hui trop large de psychologie : d'une part, ce qui réclame le secours de l'analyse biologique, c'est proprement la psychologie physiologique [1] ; et, d'autre part, tout ce qui dépasse cette analyse biologique.

Cette partie supérieure de la psychologie, qui est indépendante de la physiologie cérébrale, je considère qu'elle forme le domaine de l'idéologie, et je crois qu'il y a avantage à la désigner sous ce nom pour bien indiquer qu'il ne s'agit point cependant d'une science subjective, établie par la seule observation interne, mais d'une science en grande partie objective et fondée sur l'observation des manifestations extérieures de la pensée humaine. En effet, les concepts de l'esprit humain sont dans un rapport étroit avec leurs signes, collectionnés et catégorisés par la grammaire, la linguistique, la rhétorique, etc. ; et les sentiments sont dans un rapport étroit, soit avec leurs expressions symboliques qui constituent les œuvres artistiques, soit avec les actes qu'ils provoquent et qui font l'objet des sciences morales et politiques.

L'idéologie peut donc être aussi réelle que la sociologie et la biologie ; et son titre exprime avec précision qu'elle s'applique essentiellement aux actes intellectuels

l'observation interne, la critique de Stuart Mill dans l'ouvrage intitulé : *Auguste Comte et le positivisme* (Bibliothèque de philosophie contemporaine), traduction Clémenceau, pages 67 à 69.

(1) Nous en avons des modèles dans les *Fonctions du cerveau* de David Ferrier (ouvrage traduit par Henri de Varigny en 1878), dans le *Langage intérieur et les diverses formes de l'aphasie* de M. Gilbert Ballet (exposé du système du professeur Charcot) et dans les ouvrages de M. Th. Ribot : *les Maladies de la mémoire, de la volonté, de la personnalité, la Psychologie de l'attention*, etc. — Tous ces ouvrages, chez Félix Alcan, éditeur.

ou moraux des hommes *civilisés*, parce que, chez eux seuls,
se dégage suffisamment le phénomène supérieur de la
conscience dans la volonté, autrement dit de la personnalité individuelle, d'où procède toute l'idéalité.

Ainsi comprises, l'idéologie et la sociologie sont irré-
ductibles l'une dans l'autre.

D'une part, il est clair que l'idéologie n'explique pas
le fait social. Les sociétés animales, les sociétés humaines
primitives, hordes à peine organisées, tribus sorties par
amplification de la famille physiologique, n'ont rien à voir
avec la conscience. Les sociétés ultérieures même, beaucoup plus développées, où l'on découvre tant de phénomènes d'imitation, autrement dit tant de résultats de
l'instinct, de l'habitude et de l'inconscience, ne procèdent pas non plus de la volonté personnelle.

D'autre part, il me paraît non moins certain que la
sociologie est impuissante à expliquer le fait de l'idéalisme. Dans la phase purement sociale, les hommes sont
pareils ; leurs idées, leurs sentiments, leurs mobiles sont
très ressemblants ; les intelligences peuvent différer en
force, en intensité, ce qui distingue les chefs des sujets,
mais elles ne diffèrent pas en qualité.

Néanmoins, ce fait social qui précède le fait psychique,
en est la préparation, la condition initiale. L'homme des
sociétés primitives et moyennes commence par se préoc-
cuper du jugement de ses compatriotes avant de se juger
lui-même ; il possède ainsi une conscience extérieure, sur
laquelle il cherche à se modeler, avant d'acquérir une
conscience intérieure qui lui constitue une personnalité
indépendante. Ce n'est peut-être que par les luttes des
partis, sous le conflit des intérêts contraires, que naît la
réflexion, la critique. A ce moment, l'esprit homogène de

la collectivité fait place aux individualités diverses ; la
mentalité prend naissance. Et c'est probablement dans ce
sens que M. Izoulet a dit, dans une brillante formule, que
« l'âme est fille de la cité[1] ». Je comprends par là que
l'âme individuelle est l'étincelle qui jaillit du choc des
partis de la cité. L'étincelle s'avive, se propage et peu à
peu devient un foyer. Alors se produisent ces grandes
créations idéales de la personnalité humaine, dans la
métaphysique, dans la morale ou dans l'art, ces créations
qui font la gloire et la félicité des hommes, qui n'ont pu
naître qu'à partir d'un certain état social et qui marquent
justement l'émancipation de l'individu hors des liens de
la société. Émancipation d'ailleurs bien relative ! car,
pendant longtemps et de nos jours encore, les intellectuels, les créateurs psychiques, ne trouvent le succès
qu'à la condition pénible de se conformer aux préjugés
sociaux, faute de quoi ils sont, ou méconnus, ou raillés,
ou persécutés, ou tués ; témoins : Pythagore, Socrate,
Jésus et, plus près de nous, Giordano Bruno, Jean Huss,
Savonarole et beaucoup d'autres.

La socialité est donc la condition de la mentalité ; elle
permet son éclosion, mais elle ne la commande pas et ne
la mesure pas non plus.

Une fois la conscience humaine constituée et protégée
contre les empirismes sociaux par les formules impéris-
sables des doctrines, le fait pyschique devient de plus en
plus indépendant du fait social. Tandis que celui-ci évolue
régulièrement et se transforme nécessairement dans toutes
ses manifestations, suivant l'accroissement du nombre
des hommes et l'extension d'une même discipline à une

____

(1) Jean Izoulet, *La Cité moderne* (Paris, Alcan, 1894).

plus grande quantité de sujets, le fait pyschique se développe irrégulièrement et capricieusement au hasard de la naissance des grands hommes, mais avec cette particularité consolante que toute création intellectuelle est définitivement acquise au profit de l'humanité entière. C'est comme un ciel qui se développe au-dessus des sociétés diverses et qui se peuple d'astres soudainement apparus, dont la lueur ne s'éteindra jamais plus. Les nations pourront se transformer ou disparaître, ce ciel psychique demeurera et éclairera tout le genre humain, sans distinction de races ni de pays.

Tout cela démontre surabondamment que le fait social et le fait idéal suivent chacun des voies distinctes, appelées nécessairement à se rencontrer, mais par moments assez divergentes. Conclure de l'état psychique à l'état social est fort imprudent. Une nation pourrait, par son élite, être supérieure intellectuellement et, par sa multitude, inférieure socialement. On en a la preuve lorsque les intellectuels prétendent agir sur l'état social d'un pays : ils n'y réussissent que dans la mesure exacte où la société est parvenue à un degré de développement tel qu'elle puisse être un réceptacle fertile. Quand, dans une fleur, les ovules sont mûrs, il suffit de quelques grains de pollen pour la féconder. Ainsi d'une société. Si elle n'est point mûre, vous aurez beau secouer sur elle le pollen psychique le plus abondant, rien n'y fera, elle restera stérile, les meilleures importations d'institutions et de constitutions ne réussiront jamais à s'y implanter. Faute de discernement sociologique, l'intervention de l'idéologue n'aura alors abouti qu'à une tentative vaine, parfois même ridicule ou nuisible, de pédantocratie : la science échouera piteusement et devra s'incliner une fois de plus devant l'empirisme des praticiens sociaux.

2. — La sociologie n'est pas une mosaïque de sciences sociales.

Il résulte de ce qui précède qu'on ne saurait identifier la sociologie avec l'idéologie, et qu'on ne saurait, par conséquent, faire de la sociologie une mosaïque des sciences morales et politiques.

Ici, je me heurte à la thèse qui est, aujourd'hui le plus en faveur parmi les psychologues ; mais je soutiens fermement que la sociologie est une science *sui generis*. Ce n'est point là une question de scolastique, c'est une question de principe et qui aboutit pratiquement à des conséquences fort importantes. Elle mérite donc qu'on la discute sérieusement.

Qu'est-ce que les sciences morales et politiques ?

Sans rechercher quelle en est l'énumération la plus complète, je me borne à rappeler qu'une des cinq académies de l'Institut de France y est consacrée, et qu'elle se subdivise en cinq sections : 1° philosophie ; 2° morale ; 3° législation, droit public et jurisprudence ; 4° économie politique, statistique et finances ; 5° histoire générale et philosophique.

Laissons de côté la philosophie et l'histoire générale qui ne sortent guère du domaine spéculatif ; nous restons en présence de la morale, du droit, de la politique ou droit public et de l'économie politique. En tant que sciences philosophiques, ces quatres doctrines s'éclairent à la lumière de la psychologie, s'efforcent de ramener toute la diversité des actes humains à des principes fondamentaux et cherchent à en déduire un système de lois.

De ce double caractère psychologique et déductif, il résulte certes de la grandeur et de la cohésion, mais aussi une sorte de raideur dogmatique qui empêche ces sciences d'offrir la représentation exacte des réalités et des actualités sociales. Ce sont les sciences de ce qui doit être beaucoup plus que de ce qui est.

La Morale est la science du devoir : devoir de l'homme envers lui-même, envers sa famille, envers sa patrie, envers tous les autres hommes, ses semblables ; peut-être aussi faudrait-il ajouter envers les animaux ou les plantes qui sont ses auxiliaires dans le travail de chaque jour. La morale nous instruit sur tout cela, elle nous fait sentir « l'impératif catégorique » qui, sans elle, sommeillerait souvent au fond de nos cœurs ; mais elle ne nous dit pas d'où nous est venu cet « impératif », ni pourquoi il a déjà tant varié et variera encore. Jadis, le devoir envers l'esclave n'était pas du même ordre que le devoir envers le citoyen libre, égal du maître ; aujourd'hui, combien n'avons-nous pas de peine à nous figurer que notre devoir envers le serviteur ou l'ouvrier est identique à notre devoir envers les personnes que nous appelons « de notre monde » ? Le devoir envers l'animal fait sourire beaucoup de gens cultivés, tandis qu'un artiste ira quelquefois bien au-delà et se montrera tout à fait convaincu du devoir de l'homme envers un bel arbre ou un pittoresque rocher. Si le devoir est ce qui se trouve inscrit dans notre conscience, il importe évidemment d'étudier le mécanisme de cette inscription.

Le Droit a un champ plus limité. C'est la science des sanctions légales que la société attache à l'accomplissement de certains devoirs sociaux, familiaux ou contractuels, sanctions qui constituent en faveur des bénéficiaires des droits effectifs. L'objet du droit paraît dès lors bien positif ; mais pourquoi, suivant les époques, le nombre des devoirs placés sous des sanctions légales a-t-il varié ? Pourquoi cette partie de la morale qui forme le domaine du droit s'est-elle tantôt restreinte et tantôt étendue ? Pourquoi les droits n'offrent-ils pas la contre-partie exacte des devoirs ? Sur tous ces points, la science de la législation reste muette, et la jurisprudence se borne à justifier les faits par la légalité.

La Politique est la science de l'organisation des pouvoirs publics en vue de garantir les droits de tous les citoyens par l'exacte application des sanctions légales, et en vue aussi d'assurer l'accomplissement de certaines fonctions sociales. Dans ce but, la politique a reconnu la nécessité de diviser les pouvoirs, de séparer l'exercice et la responsabilité du pouvoir législatif, du pouvoir exécutif et du pouvoir judiciaire, en les soumettant tous à l'intérêt public, autrement dit à la sanction suprême du souverain quel qu'il soit. Mais cette doctrine de droit public ne nous explique pas pourquoi le souverain varie, pourquoi la division des pouvoirs est tantôt une fiction, tantôt une réalité, pourquoi les devoirs publics ont parfois un caractère facultatif et parfois un caractère obligatoire, et mille autres choses qui montrent les applications de la science politique souvent si peu d'accord avec ses principes.

Enfin, l'Économie politique peut se définir la science de la production et de la circulation des richesses : la division du travail et l'échange sont, en effet, les deux principaux phénomènes sociaux qu'elle étudie. Ces deux phénomènes s'expliquent sans doute en gros par des lois psychologiques (la tendance au moindre effort, la hiérarchie des besoins et la substitution des satisfactions aboutissant à l'équilibre entre l'offre et la demande, la concordance de l'intérêt privé avec l'intérêt collectif, etc.) ; mais on ne peut, dans l'application, abstraire ces phénomènes généraux des circonstances particulières, extrêmement variables, au milieu desquelles ils s'accomplissent. Pas plus que le droit ou la politique n'expliquent les dérogations à leurs propres principes, la science économique ne rend suffisamment compte des raisons qui limitent la division du travail et qui restreignent ou faussent l'échange. Dans sa sérénité, elle tend à méconnaître ou mépriser les obstacles ; et elle oppose imperturbablement son principe de la liberté sans réserve aux coutumes les plus résistantes. Aussi considère-t-elle que toutes les violations de ses prescriptions résultent de la faute ou de l'erreur des hommes, comme si une infraction prolongée à une loi naturelle pouvait être autre chose que l'effet de quelque loi naturelle se heurtant à la première.

En définitive, ces quatre sciences morales et politiques, rattachées l'une à l'autre par le lien trop lâche de la psychologie, restent beaucoup trop isolées, et aboutissent souvent à des conclusions qui ne sont concordantes ni entre elles ni avec les faits, tout en étant vraies d'une vérité plus ou moins absolue, en dehors des conditions de temps et de lieu.

Pour faire cesser ces désaccords, il ne suffirait pas de compléter ou de corriger les sciences morales et politiques l'une par l'autre ; il faut plus. Comme toutes ces sciences ne sont adéquates aux réalités qu'en tant qu'elles sont relatives à un certain état social, c'est donc l'état social et ses transformations successives qu'il est nécessaire d'étudier en premier lieu.

Par conséquent, il y a place pour une science comme
la sociologie, qui fournisse la contre-partie objective et
inductive des sciences morales et politiques, qui leur
offre un contrôle et une vérification, et détermine, dans
tous les cas, les conditions sociales qui s'imposent à la
réalisation de leurs conclusions.

J'ajoute enfin que cette sociologie objective, sortie de
l'expérience des peuples, peut seule aboutir à un art,
c'est-à-dire à l'utile application des vérités conquises.

Une telle considération pratique semblera peut-être
prodigieusement méprisable à quelques philosophes, qui
se contentent de la pure spéculation, mais il n'en paraîtra
pas de même à la généralité des hommes qui est avide de
puissance. On n'explore péniblement les domaines de la
nature que pour les mettre en valeur. Toute science,
aboutit à un art : « Science, d'où prévoyance ; prévoyance,
d'où action », disait Auguste Comte[1]. Or, qu'on veuille
bien y prendre garde, ce n'est point là uniquement une
préoccupation d'ordre inférieur, de lucre semblerait-il ;
c'est la sanction véritable, la preuve incontestable qu'on
est en possession des lois de la nature, puisqu'on peut en
connaître et en utiliser les effets.

Mais toute application exige une science précise, faite
de limitations et de mensurations : qui ne peut mesurer
les phénomènes ne sera jamais en état de les maîtriser.
Ce n'est donc point une doctrine spéculative et vague,
comme celle qui sortirait d'une combinaison des sciences
morales et politiques, qui pourrait jamais aboutir à un art
sociologique. Il y faut une science beaucoup plus terre-à-
terre, qui ne craigne point de se commettre avec les faits.

---

[1] *Cours de philosophie positive*, 2ᵉ leçon, t. Iᵉʳ, p. 51.

En résumé, dire que la sociabilité, fait spontané, précède la mentalité, fait réfléchi, c'est énoncer implicitement que les arts utiles ont toujours précédé les sciences ; c'est affirmer en même temps que la sociologie est indépendante des sciences morales et politiques, dont elle diffère par le caractère objectif et évolutif et par les méthodes d'investigation.

CHAPITRE IV

LA SOCIOLOGIE EST INDÉPENDANTE DE LA BIOLOGIE

1. — Qu'est-ce qu'un organisme ?

Nous venons d'établir que la sociologie est indépendante de l'idéologie ; nous allons maintenant nous heurter à une autre difficulté. Soit par métaphore, soit par assimilation positive, on a tellement rapproché la sociologie de la biologie qu'on peut sé demander aujourd'hui si elle en est réellement bien distincte et dans quelle mesure, tout au moins, elle s'en détache.

Cela revient à discuter la question suivante : une société est-elle un organisme vivant ?

Si une société était un organisme vivant, elle serait nécessairement soumise aux lois biologiques. Connaissant la biologie, on connaîtrait virtuellement la sociologie ; il n'y aurait plus d'autres problèmes que des problèmes d'application, consistant à faire sortir de la biologie la sociologie qui s'y trouverait contenue.

Je suis contraire à cette thèse ; mais, pour en démontrer le mal fondé, il faut s'entendre d'abord sur ce que c'est qu'un organisme et sur ce qui caractérise la vie.

Qu'est-ce qu'un organisme ? Je m'arrête à la définition suivante : Tout système de parties solidaires, tel qu'on n'en puisse retrancher une sans nuire à l'ensemble ou même, quand la solidarité est étroite, sans détruire le système.

Cette définition se rapproche de celle que l'on attribue à Cuvier ou à son école : « un organisme est un système clos dont toutes les parties sont réciproquement moyens et fins les unes pour les autres[1]. »

La condition essentielle de l'organisme est ainsi l'action réciproque des parties les unes sur les autres et leur concours en vue d'une action commune; quant à la quantité ou à la qualité des parties, elle peut varier considérablement.

Variations quantitatives. Une plantule herbacée passe à l'état d'arbuste, puis d'arbrisseau et enfin d'arbre sans que son organisme ait changé. Une armée est doublée ou triplée par l'incorporation des réserves dans ses cadres permanents sans cesser pour cela d'être la même armée.

Variations qualitatives. Dans une machine, on peut changer les rouages, les faire d'un métal différent; dans un édifice, on peut substituer une pierre à une autre, sans détruire ni la machine ni l'édifice. De même, dans un corps vivant, les parties se renouvellent incessamment, de sorte que, par périodes successives, la matière comprise dans le réseau des tissus est intégralement remplacée.

---

(1) Cité par M. Henri Joly dans son étude : « Sociologie et sociologues » (*Réforme sociale*, 16 janvier 1897, p. 124). — Je préfère l'une ou l'autre des définitions ci-dessus à celle de M. Stein adoptée par M. Tarde au Congrès de sociologie de Paris en 1897 : « L'organisme est une multitude de parties constituant une unité tendant vers le même but »; je vois bien dans cette formule la communauté ou la simultanéité d'action des éléments, je n'y vois pas la réciprocité de l'ensemble sur les parties ni des parties entre elles. Quant à la définition proposée par M. René Worms dans son livre *Organisme et société* (Paris, Giard et Brière, 1896), je me permets de la repousser. Dire qu'un organisme est « un tout vivant formé de parties vivantes elles-mêmes », c'est prétendre, comme le reconnaît M. Worms (p. 18), « qu'un organisme est un être vivant »; c'est commencer par affirmer ce qui est en discussion et qu'il aurait fallu démontrer.

D'après ces exemples mêmes, on reconnaîtra qu'il y a des organismes de nature différente compris dans notre définition. Les uns sont des organismes artificiels, dus à un agent extérieur, tels sont les mécanismes, les édifices et, en général, toutes les « organisations » volontaires, du fait de l'homme; les autres sont des organismes naturels, qu'on ne peut rattacher à aucune intervention étrangère et qu'on est conduit à attribuer au développement d'un « principe intérieur d'action », suivant l'expression de Kant.

Nous n'avons à considérer ici que les organismes naturels: et j'en citerai trois ou quatre sortes : les univers célestes, les êtres vivants, les sociétés animales et humaines, les consciences humaines.

Notre univers solaire est-il un organisme? La réponse est dubitative, parce que, si nous connaissons bien l'action du soleil sur les planètes et l'action de celles-ci entre elles et sur leurs satellites, nous ne savons pas encore s'il y a une réaction utile des satellites sur les planètes et des planètes sur le soleil ; nous ignorons, en tout cas, quelle est la fin commune à laquelle tous ces éléments concourent. Dans le cas où une action réciproque des astres composant le système serait bien établie, il ne faudrait pas hésiter à y reconnaître un organisme. Cette réciprocité étant incertaine, la qualification d'organisme reste douteuse.

Pour les êtres vivants, il y a réciprocité évidente de l'ensemble sur les parties, des parties entre elles et sur l'ensemble. Supprimez ou paralysez chez un animal le cœur, le poumon, l'estomac, le rein, le cerveau, vous tuerez l'animal. Ici, la notion de solidarité organique est d'une clarté saisissante.

Quoique moins évidente dans les sociétés humaines, elle n'en est pas moins certaine. Quantitativement, une nation se compose de provinces, de districts, de communes, de familles dont les individus sont les éléments. Qu'un certain nombre de familles soient éprouvées par une épidémie, toute l'activité de la région en sera ralentie ; qu'une province souffre, toute la nation s'en ressentira. Qualitativement, l'activité sociale est militaire et politique, religieuse et scientifique, industrielle et commerciale, et, dans chaque branche, elle se subdivise en un certain nombre de fonctions diversement groupées et hiérarchisées. Que l'une d'elles vienne à faiblir ou à s'arrêter, le contre-coup s'en fera sentir sur toutes les autres. En cas de guerre, quand la capitale d'un État est prise, la nation entière se trouve paralysée ; elle est presque toujours forcée de traiter avec son vainqueur. D'autre part, les révolutions et les contre-révolutions démontrent la résistance du corps social à l'égard des tentatives politiques ou autres que son état présent ne comporte pas. Il est donc difficile de nier que toute société nationale soit un système de parties solidaires, autrement dit un organisme.

Enfin, j'ai présenté la conscience, la personnalité humaine comme étant aussi un organisme naturel. On ne saurait méconnaître qu'elle résulte d'une systématisation d'idées et de sentiments, les uns acquis par expérience directe, les autres reçus par tradition, les uns et les autres associés, combinés au moyen du langage, exerçant entre eux une action réciproque et imposant à notre miroir interne une courbure particulière. Cette courbure constitue notre personnalité ; c'est elle qui transforme toutes les influences du dehors en une impression individuelle et qui détermine notre action volontaire. Il y a là un orga-

nisme qui diffère d'un individu à l'autre, en raison de la
constitution cérébrale, de la situation sociale, de l'éducation et de l'expérience personnelle des sujets. Cependant,
bien que les conditions matérielles ne doivent pas être
méconnues, les conditions morales deviennent ici prépondérantes : ce qui le prouve, c'est que notre caractère
s'altère par les passions, le chagrin ou l'ennui, et s'amé-
liore au contraire par la joie et l'activité, sans que notre
cerveau, notre éducation ou l'état social ait changé.

Il y a donc, à ce qu'il me paraît, trois catégories bien
avérées d'organismes naturels : les organismes vivants,
les organismes sociaux, les organismes mentaux. Nous
venons de reconnaître ce qui fait leur ressemblance, à
savoir : la complexité de leurs éléments, la réciprocité
entre les parties et l'ensemble ; insistons maintenant sur
ce qui fait leur différence.

2. — Qu'est-ce que la vie ? — Différence des organismes.

Dans les plantes, dans les animaux, la caractéristique
principale est la vie. « La vie, disait Bichat, est l'ensemble
des fonctions qui résistent à la mort. » Claude Bernard
a mieux précisé en disant : « l'ensemble des propriétés
vitales qui résistent aux propriétés physiques[1] ». En effet,
tout être vivant est soumis à un grand nombre d'influences délétères : à la pesanteur, qui tend à disjoindre
ses éléments ; à la chaleur ambiante, qui tend à les des-
sécher ; à l'humidité, qui tend à les dissoudre ; aux actions
chimiques des corps environnants, qui tendent à les

---

(1) Claude Bernard. *La science expérimentale*, p. 161 (Paris, J.-B. Bail-
lère, 1878.)

décomposer ; aux lésions des insectes ou des microbes, qui les rongent et les altèrent incessamment... Dès que la vie s'arrête, les opérations destructives de ces agents extérieurs se manifestent avec une rapidité effrayante.

Claude Bernard a montré d'ailleurs que les « propriétés vitales » qui résistent à ces agents meurtriers, ne sont pas différentes en soi des propriétés mécaniques, physiques et chimiques en général ; mais que, dans l'organisme vivant, elles se trouvent combinées défensivement, de manière à faire équilibre à l'attaque. A l'altération incessante de ses organes, à la désassimilation de ses tissus, l'être vivant oppose une assimilation, une reconstitution réparatrice. Les myriades de cellules qui le composent sont continuellement occupées, comme les défenseurs d'une ville assiégée, à réparer la multitude des petites brèches faites par les assaillants aux remparts du corps vivant. C'est ce qu'on nomme la nutrition, laquelle n'est qu'une prolifération incessante des cellules à l'aide des matériaux organiques fournis par l'alimentation.

Mais, chez les êtres vivants et surtout chez les plus perfectionnés d'entre eux, il y a une circonstance qui s'oppose à la continuation indéfinie de cet entretien : les éléments de l'organisme sont à la fois spécialisés dans des fonctions immuables, et asservis les uns aux autres par une contiguïté matérielle. Il en résulte que, dès que la nutrition faiblit sur un point, dès que la reproduction cellulaire n'est plus aussi active dans un organe particulier, tout l'organisme en pâtit, parce que les autres organes, immobilisés dans leurs fonctions propres, ne peuvent suppléer à ce vieillissement partiel. Alors, par l'action réciproque des parties, la maladie ou la vieillesse se propage d'un organe à l'autre, et la mort arrive par le fait originaire d'un seul organe défaillant.

Tout organisme vivant est ainsi nécessairement mortel ; et, si la vie se perpétue, c'est grâce à un procédé particulier aux êtres vivants : la reproduction par germes. Des cellules particulières sont produites qui, comme des microcosmes ou des abrégés de l'organisme, arrivent à le reconstituer tout entier, rajeuni, renouvelé.

En résumé, la vie a pour condition la nutrition, d'abord surabondante pendant la période de croissance, puis strictement réparatrice, et à la fin insuffisante : la conséquence est la mort. Le remède à cet équilibre instable ou temporaire est la production de germes reproducteurs.

Dans les organismes sociaux, nous observons la même solidarité des parties, la même résistance commune aux agents destructifs, le même entretien organique par la reproduction des éléments individuels, analogue à la nutrition des tissus chez les êtres vivants ; mais nous découvrons immédiatement une différence fondamentale. Les éléments sociaux, individus ou familles, ne sont point immobilisés dans leur fonction et leur situation ; ils ne sont point enchaînés les uns aux autres par une inéluctable contiguïté matérielle. Sans doute, ils sont spécialisés ; mais, au rebours du perfectionnement des êtres vivants qui tend à la spécialisation de plus en plus stricte des parties, les éléments sociaux acquièrent avec le progrès une variété d'aptitudes, une mobilité de fonctions de plus en plus grandes. Dans l'animal supérieur, la cellule du tissu musculaire n'engendre jamais qu'une cellule musculaire, ici dans le biceps ou là dans le fessier ; la cellule du tissu cellulaire ne reproduit qu'une autre cellule de même espèce, la cellule du tissu nerveux qu'une autre semblable. Dans une société supérieure, au contraire, l'individu agricole engendrera un fils industriel, ou commerçant, ou administrateur, qui pourra aller s'établir loin de ses générateurs. Il en résulte que la cause du vieillissement local d'un organe et le mécanisme ordinaire de la mort dans les organismes vivants ne s'imposent pas nécessairement aux organisme sociaux. Une société peut, il est vrai, succomber à un accident, comme l'animal égorgé par un fauve ; mais elle n'est pas inévitablement vouée à la mort et n'a dès lors pas besoin de se reproduire par germes [1].

Ainsi, dans l'organisme social, l'unité de l'ensemble, la solidarité et la réciprocité des parties, ne sont plus dues à la communication matérielle et obligatoire des organes, mais à la communauté coutumière des sentiments et des intérêts, entretenue par la permanence des relations entre les nationaux, fortifiée et developpée de génération en génération par les leçons des parents et des éducateurs. La tradition est le moyen d'organisation sociale par excellence, qui triomphe aisément de la mobilité des parties aussi bien que de la brièveté des générations successives.

Par cette analyse, on a pu se rendre compte des différences capitales qui distinguent les organismes sociaux

---

(1) Cette reproduction par germes s'observe cependant sous forme de colonisation ; mais ce ne sera là qu'une phase temporaire dans l'histoire de l'humanité, phase qui ne durera que jusqu'à l'occupation complète du globe, laquelle paraît devoir être assez prochaine au train dont va la conquête des territoires à peu près disponibles. Durant le temps qu'elle se sera produite, la colonisation aura eu d'ailleurs cet avantage de propager des organismes supérieurs en les délivrant dans une large mesure du poids mort des institutions vieillies et des coutumes surannées. Quand la colonisation se ralentira, les nations étant devenues plus libérales et plus aptes à se renouveler d'elles-mêmes, l'avantage de la novation coloniale sera bien amoindri.

des organismes vivants. Ici, contiguïté des parties ; là, au contraire, discontinuité des parties. Ici, spécialité obligatoire et héréditaire des fonctions de chaque élément ; là, spécialité mobile des éléments. Ici, vieillissement inévitable des organes, mortalité fatale de l'organisme, nécessité de la reproduction par germes pour perpétuer la synthèse organique ; là, rajeunissement toujours possible des organes, aucune fatalité de mort, point de nécessité non plus de recourir à la reproduction par germes, c'est-à-dire à la colonisation, pour la perpétuation de l'organisme, enfin, ce qui n'existe pas chez les êtres vivants, perfectionnement indéfini de l'organisme par la tradition continue de tous les progrès réalisés au cours des générations antérieures. — Il est impossible de concevoir deux systèmes plus opposés quoique homologues.

Je ne reviendrai pas sur la troisième catégorie d'organismes : les organismes mentaux. Là encore, bien entendu, nous trouverions des différences essentielles avec les organismes sociaux et les organismes vivants.

Si donc l'on donne ce même nom d'organisme à ces trois sortes de systèmes d'éléments solidaires et réciproques, il faut bien établir que ce terme générique s'applique à des phénomènes très distincts, observables par des procédés différents et motivant trois sciences séparées, lesquelles se superposent hiérarchiquement dans l'ordre suivant :

En premier lieu, la Biologie ou science de la *vie*, parce qu'il s'agit là d'un phénomène élémentaire qui peut se manifester isolément ;

En deuxième lieu, la Sociologie ou science de l'*agrégation sociale*, parce qu'il s'agit d'un phénomène additionnel, mais qui pourtant se révèle fréquemment dès le commencement de la série des êtres vivants et se rattache, par conséquent, assez étroitement à la biologie ;

En troisième et dernier lieu, l'Idéologie ou science de la *conscience humaine*, parce qu'il s'agit d'un phénomène ultime, qui ne peut se produire qu'au sein des sociétés humaines et sous la condition d'un développement social déjà très prononcé.

Ces trois sciences, distinctes par leur objet, différentes par leur méthode, indépendantes dans leur évolution, font néanmoins partie d'une même famille scientifique, en ce sens qu'elles étudient toutes les trois des phénomènes systématisés, des phénomènes organiques. C'est ce qui explique qu'on les ait assez souvent, ou confondues, ou interverties, ou entremêlées.

3. — Du danger de raisonner par analogie sur des organismes différents.

Les différences des organismes étant ainsi nettement établies, on comprendra combien toute comparaison de l'un à l'autre est dangereuse. En pareil cas, l'on commence d'ordinaire par proclamer insidieusement qu'il ne s'agit que d'analogies, et ensuite, oubliant les réserves du début, on conclut comme si l'on avait constaté des iden-- tités.

La comparaison du moins peut-elle être instructive ? Je ne le crois même pas.

Toute induction par analogie de l'organisme vivant à l'organisme social, repose presque toujours sur une comparaison anatomique d'où nous tirons des conclusions physiologiques. Exemple. L'animal le plus perfectionné, l'homme, est constitué par un système digestif, un système respi-

ratoire et circulatoire, un système locomoteur composé
d'os et de muscles, et un système nerveux qui relie tous
les organes de la sensation et du mouvement à des gan-
glions et à des centres médullaires et encéphaliques. Si
nous voulions construire une société sur ce type d'animal supérieur, nous n'aboutirions qu'à une combinaison
d'hindouisme et de byzantinisme : des castes professionnelles étroitement et héréditairement attachées à leur
fonction, tous les individus asservis à autant de glèbes
(chaque caste représentant le tissu particulier d'un organe) ;
au-dessus, une féodalité également héréditaire commandant aux castes (les chefs féodaux représentant les gan-
glions et centres nerveux secondaires) ; cependant, des
sortes de *missi dominici* contrôlant tout le fonctionnement
social (ce seraient les nerfs et les cordons médullaires),
faisant leurs rapports au suzerain et transmettant ses
ordres aux feudataires ; enfin, au sommet, le chef suprême
ou l'oligarchie directrice (le cerveau) délibérant et ordonnant en souverain.

Voilà un maximum biologique qui ressemblerait singulièrement à un des pires *minima* sociologiques. Ce qui
forme la perfection actuelle des animaux ne serait comparable qu'aux plus primitives civilisations de l'Egypte,
de l'Inde ou de l'Assyrie.

Ce désaccord vient, je le répète, de ce que, en biologie,
il y a un lien étroit entre l'organe et la fonction : connaissant l'anatomie, on peut en inférer la physiologie, et
vice versâ. En sociologie, au contraire, les fonctions sont
fort loin d'être dans la même dépendance des organes. Ce
qui serait un signe d'infériorité biologique est un signe
de supériorité sociologique, qui prouve la plus haute valeur
individuelle des éléments sociaux, le développement de

leurs aptitudes et de leurs facultés d'accommodation, somme toute, la liberté et l'efficacité de plus en plus grandes des personnes. Vouloir importer dans le domaine social des institutions que j'appellerai biologiques, ce serait faire litière de toute l'émancipation humaine et, sous couleur d'analogie, marcher aux conclusions les plus monstrueuses.

Cette redoutable analogie ne pourrait être invoquée sans trop de risques que pour les états embryonnaires, vitaux et sociaux. Une société animale, un empire barbare ont, en effet, quelque rapport avec un organisme de plante, de mollusque ou d'annelé. Les sociologues qui s'intitulent « organicistes » remontent encore plus haut et font preuve de grande érudition biologique en comparant les rudiments sociaux aux protozoaires, aux métazoaires, etc. Mais en quoi, je le demande, ces systèmes ultra-simples d'éléments primitifs peuvent-ils fournir des analogies instructives pour l'étude de nos sociétés civilisées, qui seules intéressent la science, et qui sont au moins des organismes à la sixième puissance, puisqu'ils impliquent : 1° la cellule ; 2° l'organe, système de cellules ; 3° l'individu, système d'organes ; 4° la cité, système d'individus ; 5° la province, système de cités ; 6° la nation, système de provinces ? Et je passe bien des intermédiaires entre la cellule et l'organe, l'individu et la cité, etc., etc.

Je conclus donc qu'il n'y a jamais identité entre l'organisme social et l'organisme vivant, et que, s'il y a parfois des ressemblances anatomiques, elles n'entraînent pas de similitudes fonctionnelles correspondantes ; en sorte que les analogies ne peuvent être, ni instructives, ni même suggestives.

Il faut ainsi renoncer à l'espoir d'instituer la sociologie

par un emprunt total ou partiel aux enseignements
de la biologie. Les biologistes feront bien de renoncer à
la pensée, s'ils l'ont jamais eue, de faire de leur science
une science maîtresse et inspiratrice des autres ; tout
autant que les sociologues doivent se limiter sur leur
terrain et abandonner le rêve, que semblait avoir caressé
Auguste Comte, de dicter leurs lois ou leurs suggestions
aux autres disciplines intellectuelles.

CHAPITRE V

LA SÉRIE ENCYCLOPÉDIQUE DES SCIENCES
ET LA PLACE HIÉRARCHIQUE DE LA SOCIOLOGIE DANS CETTE SÉRIE

**1. — La hiérarchie des sciences d'après Auguste Comte;
la science finale qui en est le couronnement.**

Des conceptions philosophiques d'Auguste Comte, la plus simple, la plus grande et la plus féconde fut certainement sa série encyclopédique des sciences, par laquelle il montra que l'infinie variété des connaissances humaines, — tous les arts et toutes les sciences, — se ramène à six ou sept sciences fondamentales, dont le classement suivant un ordre rationnel retrace le développement logique de l'esprit humain.

Je viens de dire : six ou sept sciences, parce que, vers la fin de sa vie, le philosophe positiviste fut amené à compléter sa série primitive, qui se terminait à la sociologie, en y adjoignant une septième science : la morale ou l'anthropologie.

« La division entre la sociologie et la morale, disait-il à cette occasion, n'est pas moins réelle ni moins utile que celle de la biologie envers la sociologie... Une conception trop vague de la biologie conduit à représenter l'étude de notre existence individuelle comme déjà comprise dans la théorie générale de la vitalité. La vraie biologie n'a nullement pour objet la connaissance individuelle de l'homme, mais seulement l'étude générale de la vie... [La véritable appréciation de l'homme] se trouve aujourd'hui dépecée irrationnellement entre trois classes de penseurs, les médecins qui n'étudient que le corps, les philosophes qui croient étudier l'esprit, et les prêtres qui surtout étudient le cœur. Il résulte de ce déplorable morcellement que pas une de ces trois sortes d'intelligence ne comprend réellement la nature humaine dont l'ensemble reste nécessairement indivisible, malgré nos séparations anarchiques...

« En regardant la biologie comme ébauchant l'étude de l'existence humaine, d'après celle des fonctions végétatives et animales, la sociologie fait seule connaître ensuite nos attributs intellectuels et moraux, qui ne deviennent assez appréciables que dans leur essor collectif. Dès lors, la véritable science finale, c'est-à-dire la morale, peut systématiser la connaissance spéciale de notre nature individuelle, suivant une combinaison convenable entre les deux points de vue, biologique et sociologique, qui s'y rapportent nécessairement...

« L'anthropologie proprement dite est à la fois plus spéciale et plus compliquée que la sociologie elle-même. Néanmoins, en la qualifiant de morale, on se dispose heureusement à n'y jamais chercher que les bases normales de la conduite humaine, en écartant inexorablement des spéculations oiseuses, qui seraient en effet, les plus difficiles de toutes [1]. »

Auguste Comte n'a pas eu le temps de développer sa science finale, et il est permis de trouver quelque obscu-

____

(1) *Système de politique positive*, statique sociale, ch. VII, t. II, p. 433 439.

rité dans l'exposé qu'il fait si sommairement d'une anthropologie restreinte à la morale. Il semble néanmoins que, par une sorte de scrupule insuffisamment expliqué, il se soit arrêté à moitié route du but qu'il entrevoyait.

A cet égard, Littré, qui fut à la fois le disciple et le critique respectueux mais ferme d'Auguste Comte, me paraît avoir conclu plus logiquement que son maître.

« S'il faut, a-t-il dit, une science de la morale, il en faut au même titre, une de l'esthétique et de la psychologie. Si la lacune que présente la philosophie positive est évidente quant à la morale, elle l'est aussi quant à l'esthétique et quant à la psychologie.

« Dans l'ordre de la méthode positive, continue-t-il, c'est d'abord par l'objet que se construit le savoir humain : et l'on termine par le sujet. La *théorie subjective de l'humanité* a donc, dans la philosophie positive, un lieu tout assigné[1]. »

Ce que Littré désigne sous l'expression de « théorie subjective de l'humanité », ce n'est pas autre chose, en définitive, que l'idéologie, sous son triple aspect moral, esthétique et psychologique. Comte lui-même avait montré les liens étroits de l'esthétique et de la morale. En lisant, dans son discours préliminaire du Système de politique positive, son chapitre sur l'aptitude esthétique du positivisme, on serait disposé à croire qu'il va comprendre aussi l'esthétique dans sa science finale. Littré l'a fait pour lui. Toutefois, il n'a point osé qualifier de science sa « théorie subjective de l'humanité ».

Je ne comprends pas bien, pour ma part, ce scrupule ou cette subtilité. Toute science est, si l'on veut, subjective,

[1] *Auguste Comte et la philosophie positive:* conclusion, p. 677

même la science du monde, car nous n'atteignons et ne
définissons la réalité que par des formules humaines dont
on ne peut pas dire qu'elles soient adéquates aux choses.
Mais toute science peut aussi être dite, avec raison, objective, quand elle s'applique à des phénomènes réels et
emploie, pour les déterminer, des procédés méthodiques
et positifs. Eh bien, les faits mentaux de sentiment, de
raison et de volonté sont, aussi bien que les autres,
matière à science objective quand on les étudie, comme le
dit Littré lui-même, « dans les règles de morale personnelle, domestique, sociale, qui interviennent parmi les
hommes, dans les œuvres poétiques, architecturales,
pittoresques, sculpturales, que produisent les génies
créateurs, dans les méthodes qu'enfantent les sciences
en se développant, dans les idées et les raisonnements dont
on examine les conditions [1]. »

Il peut donc y avoir une idéologie objective, et c'est là,
me semble-t-il le véritable nom de la science terminale
qui doit couronner la série encyclopédique d'Auguste
Comte [2].

(1) E. Littré, *Auguste Comte et Stuart Mill*, p. 32 (réimpression d'un article
de la *Revue des Deux Mondes*, 15 août 1866.)

(2) Qu'on ne s'étonne pas trop de me voir placer l'idéologie après la
sociologie, dans l'ordre logique et chronologique du développement des
sciences. Outre les raisons déjà indiquées précédemment, on peut
faire valoir les motifs que voici : 1° L'état fragmentaire de l'idéologie.
Ses diverses parties n'ont pu encore être réunies en un même corps de
doctrine : la logique, la grammaire, la linguistique, la rhétorique, l'esthétique, la morale, pour ne citer que celles-là, ressemblent plutôt à des
arts séparés qu'à des branches régulières d'une science unique. 2° L'inégalité très grande du développement des branches de l'idéologie. La psychologie des sentiments et des caractères est notamment dans une période
d'enfance et de tâtonnements, qui se reflète de la manière la plus fâcheuse,
dans le désarroi de la pédagogie et de la criminologie. En sorte que,
malgré l'état rudimentaire de la sociologie et l'avancement déjà très grand
de certaines parties de l'idéologie, on peut, je crois, soutenir sans trop
de présomption que la sociologie est plus près de sa constitution que
l'idéologie.

Ceci posé, nous sommes maintenant en mesure de situer exactement la sociologie à son rang hiérarchique.

2. — Les neuf sciences fondamentales.

Je dois avertir ici le lecteur que je vais me permettre de présenter la série des sciences un peu différemment que son auteur ne l'a fait. Comte rangeait les mathématiques sous un seul numéro d'ordre ; il m'a semblé que ce n'était point altérer essentiellement la pensée du philosophe que de les détailler sous trois numéros, puisqu'elles comprennent trois sciences distinctes : ce développement démontre mieux, à mon avis, la nature des familles de sciences, comme je l'indiquerai tout à l'heure.

Si l'on admet cette modification de pure forme, la série des sciences fondamentales sera de neuf et se divisera en trois groupes ternaires, comme suit :

I. SCIENCES MATHÉMATIQUES :

    1. Arithmétique et analyse. . . . . . *Quantité.*
    2. Géométrie . . . . *Étendue.*
    3. Mécanique . . . . *Mouvement.*

II. SCIENCES PHYSIQUES :

    4. Astronomie. . . . . *Gravitation.*
    5. Physique. . . . . *Mouvement moléculaire.*
    6. Chimie. . . . . *Affinité.*

III. SCIENCES ORGANIQUES :

    7. Biologie . . . . *Vie.*
    8. Sociologie . . . . *Société.*
    9. Idéologie. . . . . *Conscience.*

On retrouvera ci-contre la même série figurée dans un graphique qu'il m'a paru utile de dresser pour bien montrer que chaque science, dans l'ordre de succession sus-indiqué,

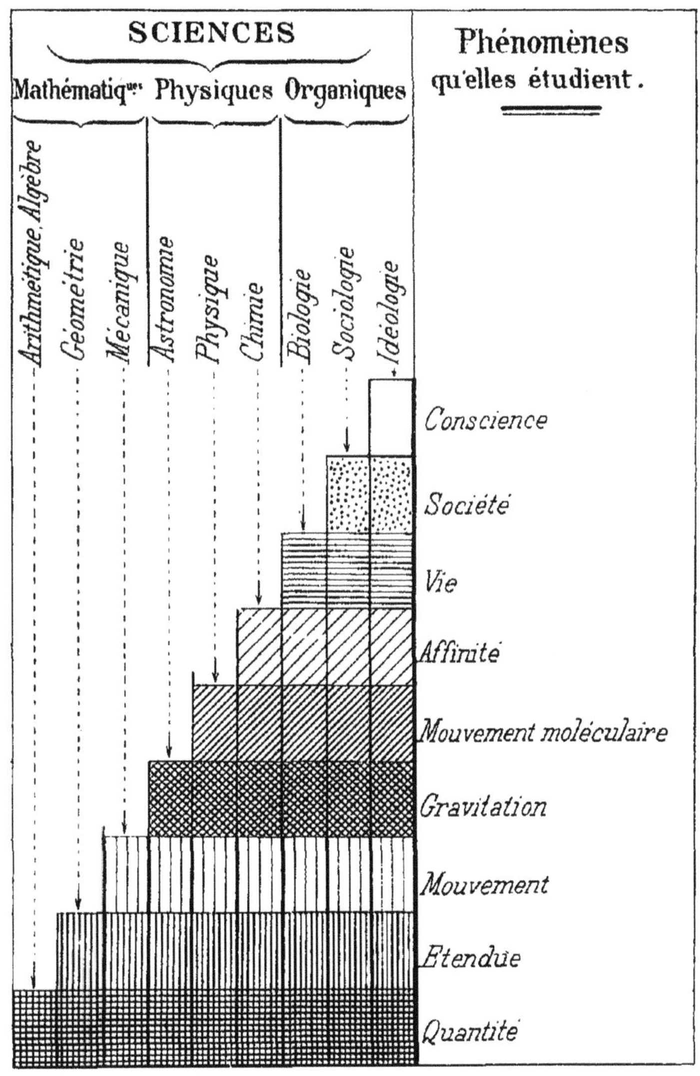

se complique progressivement de tous · les phénomènes déjà étudiés par les sciences antérieures.

Ainsi, le phénomène de quantité, qui fait l'objet unique de l'arithmétique ou de l'algèbre, se trouve implicitement compris dans les objets plus complexes des huit autres sciences. Le phénomène de l'étendue, qui n'est étranger qu'à la science des nombres, ne peut être ignoré par aucune des autres sciences ; et, quoiqu'il soit étudié spécialement par la géométrie, il ne peut se disjoindre du phénomène de quantité. La considération du mouvement ne peut non plus se séparer ni de celle de l'étendue ni de celle de la quantité. Et ainsi de suite. Enfin, le phénomène ultime de conscience, qui est spécial à l'idéologie, n'est impliqué dans l'objet d'aucune autre science ; mais, par contre, il implique tous les autres phénomènes, auxquels il se superpose, comme on le voit indiqué au diagramme dans la colonne de l'idéologie [1].

Par cette sériation, on acquiert le sentiment plus juste de ce qu'est la science. Toute science n'est qu'un artifice nous permettant d'aborder la réalité des choses sous un de ses aspects. La réalité est une ; mais, pour notre esprit, les aspects sont multiples, et les procédés qu'il nous faut employer pour approcher de la réalité sont aussi très divers. Il importe d'avoir toujours présent à l'esprit que la multiplicité des sciences, tout en étant très nécessaire, est pourtant factice. Auguste Comte a démontré que la multitude des arts techniques et des sciences concrètes pouvait se ramener à un petit nombre de sciences fondamentales ; nous voyons, dans le tableau ci-dessus, que les neuf sciences fondamentales se réduisent, en définitive, à trois catégories, à trois formes essentielles de la pensée : la vue mathématique, la vue physique, la vue organique.

(1) Le diagramme est purement indicatif et n'a pas la prétention, bien entendu, de doser l'importance proportionnelle des phénomènes.

La série ci-dessus rappelle donc bien l'unité des choses, mais elle fait entrevoir aussi la diversité des procédés d'investigation, des méthodes d'observation et de démonstration, qui deviennent forcément plus indirectes à mesure que les phénomènes sont plus complexes, c'est-à-dire à mesure que nous les envisageons plus près de la réalité.

Nous allons caractériser brièvement, d'après Auguste Comte, le procédé spécial à chaque science et nous nous rendrons compte par là de la méthode qui convient plus particulièrement à la sociologie[1].

[1] Les lecteurs que la philosophie des sciences et la méthodologie intéressent moins vivement que la sociologie en particulier, pourront ajourner la lecture des deux chapitres suivants, vi et vii, et passer tout de suite au chapitre viii, p. 83.

CHAPITRE VI

1. — La méthode particulière à chaque science.

Il n'y a point de science absolument indépendante des
autres sciences; il n'y a point non plus de méthode
exclusive pour chacune d'elles. La collection des procédés
logiques est un fonds commun où chacune peut et doit
puiser suivant ses besoins. Néanmoins il est vrai que
chaque science fondamentale est l'illustration d'une
méthode particulière ; en sorte que, au point de vue de
l'investigation et de la preuve, la série des sciences ci-dessus
représente la succession des chapitres de la logique
universelle.

Dans la science la plus simple, l'analyse mathématique
ou science des équations, l'observation de la réalité se
trouve réduite à une vue si élémentaire qu'une fois l'équation établie, tout n'est plus que *déduction*. On arrive aux
formules les plus diverses en faisant subir aux deux termes
de l'équation des variations aussi considérables que l'on
veut pourvu qu'elles soient équivalentes, c'est-à-dire que
l'équation n'en soit pas troublée. Sous cette unique condition, vous pouvez des deux parts ajouter ou retrancher,
multiplier ou diviser, élever à toutes les puissances ou

revenir aux racines, sans sortir de la déduction ; elle comporte les transformations les plus inattendues de la formule primitive. La part de l'observation est plus grande en géométrie, plus grande encore en mécanique ; mais, une fois les données des équations recueillies, c'est toujours le procédé du calcul qui reste prépondérant : il serait d'ailleurs superflu de rechercher ici les particularités de méthode qui différencient entre elles les trois sciences mathématiques. D'une manière générale, on peut dire que les sciences de ce groupe sont celles qui mettent le mieux en lumière le procédé logique de la déduction, l'abstraction préalable ayant débarrassé les phénomènes de toutes les circonstances de fait qui auraient pu contrarier les conclusions du calcul.

L'Astronomie, qui a tant de rapports avec la géométrie et la mécanique, n'en diffère que parce qu'il faut nécessairement introduire dans les calculs les conditions de fait suivant lesquelles s'applique la gravitation. En d'autres termes, la déduction ne peut plus se poursuivre là comme sur une figure de géométrie qu'auraient tracée des mobiles animés de mouvements simples et identiques : il est nécessaire de tenir compte des éléments des astres : distance du soleil, forme de l'orbite, volume, masse, vitesse, etc. Il faut donc observer ces éléments qui sont appelés à fournir les données des équations. Néanmoins l'observation, quoique minutieuse et délicate, se trouve confinée à un petit nombre de faits assez simples et naturellement soustraits aux influences perturbatrices qui se font sentir sur tous les faits terrestres. C'est pourquoi l'on trouve dans les recherches astronomiques le modèle le plus parfait et le plus pur de l'*observation* proprement dite : et c'est là qu'on en peut faire le meilleur apprentissage.

La Physique se rattache étroitement à l'astronomie, puisque l'un de ses objets les plus importants, la pesanteur, n'est qu'un aspect particulier de la gravitation universelle, de même que la chaleur, la lumière, l'électricité y rentreront clairement bientôt. Mais, ici, nous abordons de plus près la réalité complexe ; et les circonstances qui accompagnent, qui déguisent et adultèrent quelquefois les phénomènes naturels, sont si nombreuses que l'observation directe devient de plus en plus difficile. Il faut alors instituer des expériences, c'est-à-dire user d'artifices variés pour faire naître les phénomènes dans des circonstances connues, simplifiées, mesurées d'avance. L'*expérimentation* apparaît alors comme un nouveau procédé logique, non pas spécial à la physique, mais d'une application plus facile et plus décisive en physique que nulle part ailleurs.

La Chimie se rattache de très près à la physique et, par elle, à l'astronomie. En effet, l'affinité des corps l'un pour l'autre n'est qu'une conséquence de l'attraction universelle ; mais, pour nous, cet aspect particulier de la loi commune devient un phénomène nouveau, que nous avons longtemps étudié isolément. C'est depuis peu qu'en observant les quantités constantes de chaleur et d'électricité dégagées par les combinaisons des mêmes corps, nous en avons inféré l'identité intime des phénomènes physiques et chimiques, et, par conséquent, l'étroite parenté des deux sciences. Néanmoins, logiquement, la chimie se distinguera toujours de la physique par sa méthode particulière, qui résulte elle-même des conditions dans lesquelles se produisent les phénomènes qui lui sont propres. Ceux-ci consistent en des transformations matérielles dont le processus complet nous échappe :

nous connaissons les éléments que nous mettons en présence, nous constatons le résultat de leur action réciproque, voilà tout : le passage de l'antécédent au conséquent reste, pour nous, un mystère ; nous ne pouvons suivre l'opération pas à pas comme dans les expériences de physique. Nous sommes sûrs pourtant de pouvoir rapporter les résultats aux antécédents parce que, d'une part, nous voyons par l'identité des poids, après comme avant, qu'il y a équivalence entre la matière des éléments et la matière du composé, et parce que, d'autre part, nous pouvons généralement renverser l'expérience et, en décomposant la combinaison obtenue, retrouver les éléments primitifs. Cette possibilité de vérifier l'analyse par la synthèse et réciproquement, porte à son plus haut degré la valeur de l'expérimentation. L'*expérimentation réversible*, rare en physique, habituelle en chimie, est donc la caractéristique de cette science. Elle aboutit à un système de nomenclature et de notation symbolique qui inaugure des équations d'un nouveau genre, et qui concentre dans des formules extrêmement brèves les renseignements essentiels relatifs à la genèse et à la parenté des corps au point de vue chimique. Le nom, la notation d'une substance suffit à la définir. C'est là un procédé logique d'une extrême fécondité, dont la chimie a donné l'exemple, mais qui peut être utilisé plus ou moins par toutes les sciences parvenues à la définition précise de leurs phénomènes.

La Biologie, ou étude des êtres vivants, implique toutes les connaissances que je viens d'indiquer : quantité, étendue, mouvement, gravitation, pesanteur-chaleur-électricité, affinité chimique ; elle exige une condition de plus : la vie, c'est-à-dire l'unité finale dans la multiplicité et la diversité des parties solidaires. La science biologique possède plus ou moins tous les moyens d'investigation des sciences précédentes, mais l'organisme vivant est une réalité si complexe qu'elle se prête peu à l'expérimentation directe : témoin l'usage restreint des vivisections. Si le biologue ne peut que difficilement procéder lui-même à des expériences, il peut tout au moins profiter des expériences que la nature se charge d'instituer pour lui. C'est, en effet, parmi les organismes vivants que se produisent, spontanément en quelque sorte, le plus grand nombre de dérogations individuelles ou temporaires aux lois habituelles de la nature ; de sorte que l'observation des maladies et des monstruosités équivaut presque à une expérimentation : c'est ce qu'on nomme l'expérimentation indirecte. Quelque instructive qu'elle puisse être, elle ne vient guère que comme une confirmation et une application d'un procédé spécial à la biologie et extrêmement efficace entre ses mains : il s'agit de la *méthode comparative*. Puisque nous ne pouvons guère modifier les êtres vivants et que nous ne pouvons pas les décomposer sans les tuer, force est bien de les prendre tels que la nature ou les accidents naturels les présentent. Alors on les compare sous un aspect particulier : on les classe, on les série, en les ordonnant selon la manifestation progressive ou dégressive de telle ou telle propriété, de tel ou tel caractère ; et, par les différences concomitantes de structure ou de conditionnement, on en infère les corrélations constantes et nécessaires qui constituent des lois physiologiques ou anatomiques. L'art de comparer, de sérier, de classer (qui se complète ensuite par une application de l'art de nommer) est ainsi un nouveau chapitre fourni à la logique par la biologie.

La Sociologie, comme la biologie, étudie des organismes naturels ; elle doit donc pouvoir se servir des mêmes moyens d'investigation que la science précédente. Elle emploiera l'observation, l'expérimentation indirecte [1] et la comparaison sérielle ; mais une différence considérable dans les organismes étudiés exigera la modification de ces procédés logiques, ainsi que l'a fait observer Auguste Comte avec une profonde justesse [2]. Les organismes vivants qu'étudiait la biologie accomplissent leur croissance et parviennent au terme de leur existence dans un temps relativement court, qui permet à l'observateur d'embrasser l'ensemble de leur évolution et de ne point comparer, par exemple, un végétal ou un animal à l'état d'enfance avec un autre végétal ou animal à l'état adulte. Il n'en est pas de même pour les sociétés qui sont des organismes dont l'évolution est fort lente, puisque, au lieu de se mesurer par saisons ou par années, elle se mesure à la succession des générations humaines ou des siècles. Cette seule différence rend les méthodes scientifiques de la biologie insuffisantes pour la sociologie. Faute d'avoir égard à l'évolution des sociétés, à la transformation naturelle des états sociaux, on serait exposé à comparer des

(1) M. Léon Donnat, dans sa *Politique expérimentale*, avait imaginé que l'on pourrait instituer dans le domaine social de véritables expériences directes, en établissant par régions, dans un même pays, des régimes législatifs différents. Outre la difficulté d'une telle institution qui se heurterait au bon sens national, il est probable que les enseignements en seraient fort peu concluants, vu la complexité des faits sociaux et l'impossibilité d'attribuer à la seule différence législative les résultats qui seraient constatés. Il semble donc bien qu'on ne puisse profiter sociologiquement que de l'expérimentation indirecte, c'est-à-dire de l'observation des cas pathologiques, autrement dit des phénomènes sociaux d'un caractère exceptionnel dans l'ordre politique, économique ou religieux, parmi lesquels il faut comprendre les excès de pouvoir, les désordres populaires, les usurpations, les guerres civiles, les révolutions et les crises de toutes sortes.

(2) *Cours de philosophie positive*, 48e leçon ; t. IV, p. 294 à 336, voir notamment la p. 320. — Dans le *Résumé* de Jules Rig, t. II, p. 99-100.

civilisations d'un âge différent et à attribuer au climat, ou à la race, ou à quelque autre influence secondaire, ce qui ne serait dû qu'à une inégalité de développement. Montesquieu notamment, en dépit de son esprit si judicieux, tombe perpétuellement dans cette méprise, au cours de son *Esprit des lois*. Les investigations sociologiques, quelle qu'en soit la forme, doivent donc être subordonnées à une méthode principale : la *méthode historique*, qui permet d'établir la filiation des faits sociaux et qui, en rendant compte de l'état évolutif des sociétés, peut seule mettre à même de corriger les autres indications tirées, soit de l'observation simple, soit de l'expérimentation indirecte, soit de la comparaison des sociétés étrangères [1].

Nous arrivons enfin à l'Idéologie (la morale ou l'anthropologie d'Auguste Comte, la théorie subjective de l'humanité de Littré). Ici le champ est plus vague, et les auteurs ne sont pas d'accord sur ses limites. En définitive, il s'agit de découvrir, dans la conscience humaine, les idées générales, les sentiments universels, les principes constants d'action, qui s'y sont en quelque sorte sublimés sous la lente poussée sociale, et que l'on pourrait comparer à ces pierres précieuses, à ces pépites d'or que l'on trouve

---

(1) Combien de publicistes et même de sociologues actuels s'en tiennent encore à la manière artificielle du XVIIIᵉ siècle, et comparent, sans sourciller, les sociétés les plus disparates, sans avoir égard à leur inégalité de croissance et à la dissemblance des phases évolutives où elles se trouvent parvenues ! — Combien aussi de statisticiens qui ne craignent pas de comparer, à de longs intervalles, des années *isolées*, au lieu de moyennes quinquennales ou décennales, sans prendre garde qu'ils peuvent mettre en parallèle des années appartenant à l'*exaltation* qui précède les crises commerciales périodiques avec des années appartenant à la *dépression* qui succède aux crises ! (Voir : Clément Juglar. *Des crises commerciales et de leur retour périodique en Angleterre, en France et aux États-Unis.* Paris, Guillaumin. 2ᵉ édition. 1889.) On ne saurait être trop attentif, en sociologie, en statistique, en économie politique, en droit comparé, etc., à la règle formulée par Auguste Comte de la prédominance de la méthode historique ou dynamique dans toutes les matières sociales.

au milieu des roches éruptives. Idées innées, disait Descartes après Platon. Généralisations absolues, répondons-nous, des vérités partielles et inductives qui ont peu à peu pris corps dans le symbolisme de notre langage et se sont épurées à travers les transmissions successives d'une longue série de générations humaines [1]. Quoi qu'il en soit, ces idées premières sont à la source de toutes nos sciences morales ; il importait donc avant tout de les formuler, et les philosophes n'ont pu le faire, ni par la seule observation, ni par l'expérimentation directe ou indirecte, ni par la comparaison, ni par l'histoire, mais par une méthode en grande partie *subjective*, qu'Auguste Comte, à la fin, a bien été obligé d'admettre. Cette méthode qu'on pourrait plus justement qualifier d'objectivo-subjective consiste essentiellement dans l'analyse psychologique ou observation interne, appuyée sur le témoignage du langage et, en général, de tous les moyens d'expression qui conservent les traces et enregistrent les preuves de notre pensée. Ainsi, la psychologie, l'idéologie, interprète les projections des idées, comme l'astronomie interprète les projections des mouvements célestes.

Dans cette science idéologique, la plus complexe de toutes, la déduction, illustrée par les mathématiques, semblerait devoir être réduite à son minimum d'efficacité : elle renaît cependant sous une certaine forme. Comme l'a fait observer Stuart Mill (dans la partie de son *Système de logique déductive et inductive* consacrée aux sciences morales [2]), la déduction explique les lois empiriques en les rattachant aux lois générales de la psycho-

(1) Je demande la permission, pour le développement de cette théorie, de renvoyer à mon étude sur *Dieu et l'âme* (Paris, Reinwald, 1880.)

(2) Voir, dans la traduction de M. Louis Peisse (Paris, Ladrange, 1866), le tome II, p. 432, 446, 448 et 488-492.

logie, ou bien elle suggère des conclusions hypothétiques et provisoires qu'il s'agit ensuite de vérifier par les constatations expérimentales [1].

Qu'est-ce, en effet, qu'une loi empirique? C'est « une uniformité, soit de succession, soit de coexistence, qui se trouve vraie dans tous les cas observés, mais qui par sa nature n'offre aucune garantie qu'elle serait vraie au-delà des limites de l'observation... Une loi empirique est une généralisation dont il nous faut savoir, non pas seulement qu'elle est vraie, mais aussi pourquoi elle est vraie ». Il faut donc que les généralisations de cette sorte « soient rattachées déductivement aux lois naturelles dont elles résultent, qu'elles soient ramenées aux propriétés des causes dont les phénomènes dépendent. »

Stuart Mill en conclut que la science sociale (et cette conclusion est, *à fortiori*, bien plus vraie de l'idéologie) est une science déductive, non pas sans doute à la manière de la géométrie, où l'effet étudié ne dépend que d'une seule cause, mais à la manière des sciences physiques les plus complexes, où l'effet observé obéit à un concours de plusieurs causes qui exercent conjointement leur influence.

« Le fondement de notre confiance dans une science déductive concrète, ajoute Stuart Mill, n'est pas le raisonnement *à priori* même, mais l'accord de ses résultats avec ceux de l'observation *à posteriori*. La valeur de chacun de ces procédés pris isolément diminue à mesure que la complication du sujet augmente, mais la confiance au concours de ces deux sortes de preuves ne diminue pas dans la même proportion... Il n'en résulte qu'un

---

(1) Malheureusement, les sciences morales s'en tiennent quelquefois à ces conclusions provisoires et conjecturales, en négligeant de les contrôler.

trouble apporté dans l'ordre de priorité des deux procédés, qui va quelquefois jusqu'à un renversement complet, c'est-à-dire qu'au lieu de déduire les conclusions par le raisonnement et de les vérifier par l'observation, il faut, dans certains cas, commencer par les obtenir sous forme de conjectures au moyen de l'expérience scientifique et les rattacher ensuite aux principes de la nature humaine par des raisonnements *à priori*, qui deviennent ainsi en réalité une vérification...

« M. Comte considère cet ordre renversé comme absolument inhérent à la nature de la théorie sociologique. Pour lui, la science sociale consiste essentiellement en des généralisations de l'histoire, qui sont vérifiées, et non primitivement suggérées, par déduction des lois de la nature humaine. Quoique cette opinion contienne une vérité, je ne puis, dit Mill, m'empêcher de croire que cette vérité est énoncée d'une manière trop absolue... Il y a certaines recherches sociologiques auxquelles, en raison de leur prodigieuse complication, la méthode de déduction directe est tout à fait inapplicable, tandis que, par une heureuse compensation, c'est précisément dans les cas de ce genre que nous pouvons obtenir les meilleures lois empiriques. La méthode inverse est donc exclusivement applicable à ces recherches. Mais il y a aussi d'autres cas où il est impossible d'obtenir par l'observation directe rien qui mérite le nom de loi empirique ; et heureusement ces cas sont précisément ceux où la méthode [de déduction] directe offre le moins de prise à l'objection *dont elle est toujours passible à quelque degré.* »

J'ai tenu à citer ces passages importants de la logique des sciences morales esquissée par Stuart Mill, parce que sous cette distinction de la méthode inverse et de la méthode directe dans la déduction concrète , il me paraît avoir indiqué ce qui différencie méthodologiquement la sociologie de l'idéologie. Dans la sociologie, l'expérience suggère et la déduction explique ; dans l'idéologie, la déduction produit d'emblée la théorie que les faits expérimentaux doivent illustrer et vérifier. Dans toutes les deux d'ailleurs, il y a, entre la généralisation empirique et la théorie déductive, une réciprocité d'action qui fait acheminer à la vérité scientifique par des approximations successives.

2. — Les trois familles de sciences et, dans chaque famille, la réplique des sciences supérieures aux sciences inférieures.

Les procédés logiques que mettent successivement en évidence les diverses sciences fondamentales : la déduction, l'observation, l'expérimentation directe et plus ou moins réversible, l'expérimentation indirecte, la comparaison sérielle, la filiation historique, la méthode objectivo-subjective, ne sont, je le répète, le privilège exclusif d'aucune de ces sciences ; ils forment le patrimoine progressif des sciences successives ; de sorte que, au point de vue logique, les sciences sont toutes plus ou moins solidaires. Mais c'est dans l'intérieur des familles scientifiques, dans chacun des trois groupes ternaires de la série encyclopédique, que la solidarité se montre le plus manifestement.

Chaque groupe mathématique, physique ou organique, est tellement homogène que les sciences divisionnaires qui le composent ne sont pas complètes séparément, et que, dans l'une quelconque des trilogies, la science qui semblerait la plus simple, la plus élémentaire, la plus indépendante, n'arrive à être définitivement constituée que par une répercussion de la science la plus élevée du même groupe.

C'est ainsi, par exemple, que, dans les mathématiques, nombre de formules arithmétiques et de séries analytiques n'ont été découvertes ou n'ont pris de signification que par des considérations géométriques, quand on a pu les rattacher à des lignes, à des surfaces, à des volumes. A leur tour, les principales définitions de la géométrie ont été empruntées à des observations élémentaires de la mécanique : la ligne droite est le plus court chemin d'un point à un autre, le cercle est produit par la révolution d'une droite (rayon) autour d'une de ses extrémités restant fixe (centre), la sphère est produite par la révolution d'un demi-cercle autour du diamètre pris comme axe, etc. ; en sorte que les figures géométriques n'apparaissent que comme les traces laissées par un mouvement précédemment accompli dans des conditions déterminées.

La mécanique éclaire la géométrie, et celle-ci donne une signification aux nombres ou aux quantités abstraites. Mais cela n'empêche pas que les trois points de vue, l'analytique, le géométrique et le mécanique, ne restent très distincts.

On le voit fort bien par le caractère intellectuel particulier des grands inventeurs. Les uns, comme Newton, sont surtout des calculateurs. Plus près de nous, le savant Leverrier qui découvrit en 1846 la planète Neptune, invisible à l'œil nu, s'était livré pendant un an ou deux à d'immenses calculs théoriques, qu'il sut abréger en créant de nouvelles formules, pour déterminer la cause inconnue des perturbations exercées sur le mouvement de la planète Uranus. Par le calcul seul, il sut déterminer la masse et la position de la nouvelle planète hypothétique, avec une telle précision qu'un observateur de Berlin, en braquant un télescope sur la région du ciel indiquée, trouva immédiatement l'astre prévu. D'autres savants sont de purs géomètres. Tel fut Watt, l'inventeur du parallélogramme articulé et des principaux organes de la machine à vapeur. Son imagination était rebelle au calcul. « Il est reconnu, dit M. Louis Figuier, que Watt n'avait aucune de ces connaissances obligées et communes qui font le savant mathématicien ; on assure qu'il n'avait jamais résolu une équation d'algèbre ; comme Fergusson, il se contentait de l'emploi des procédés géométriques, et c'était même son amusement favori de représenter par des figures de géométrie les tables numériques qu'il avait besoin de consulter pour établir les proportions de ses machines. Les traités de mécanique étaient le seul genre d'ouvrages dont il se refusât la lecture... [1] » D'autres savants encore semblent surtout des mécanistes, et Galilée paraît avoir été du nombre. Ce n'est ni le calcul ni la géométrie qui les guide ; c'est le sens du mouvement qui leur fait concevoir des hypothèses et imaginer les expériences ou les machines démonstratives qui les vérifient.

Il paraît donc que les trois sciences mathématiques, tout en étant étroitement apparentées, ont chacune leur individualité et répondent à des tournures d'esprit différentes. Aujourd'hui, elles se sont tellement pénétrées l'une l'autre que l'on n'y voit plus guère qu'une science unique et qu'on a proposé, dans le terme générique, de substituer *la mathématique* aux mathématiques. Je crois pourtant que le pluriel est plus juste que le singulier, et qu'il faut distinguer les trois sciences tout en les groupant

(1) Louis Figuier, *Exposition et histoire des principales découvertes scientifiques modernes*, t. 1ᵉʳ, p. 165.

sous un nom collectif. Bien plus, je m'imagine que cette
sorte d'appellation générique mériterait d'être appliquée
aux autres sciences, et qu'il conviendrait de dire *les physiques* pour désigner la trilogie astronomie-physique-chi-
mie, et *les organiques* pour la trilogie biologie-sociolo-
gie-idéologie.

Mais reprenons notre exposé de l'étroite solidarité des
sciences composant chaque groupe.

Dans « les physiques », l'astronomie n'a pu se constituer tout à fait qu'après la barologie, qui n'est qu'une
partie de la physique, parce que la gravitation qui est la
grande loi de l'astronomie n'est, en définitive, qu'une
généralisation de la pesanteur : le champ céleste n'a été
ouvert au génie de Newton qu'après les observations précises et décisives de Galilee sur la chute des corps. L'astronomie n'en est pas moins une science plus simple, moins
élevée hiérarchiquement que la physique.

La physique, à son tour, a semblé une science disparate,
un amas d'observations hétérogènes, une sorte d'expression géographique de la pensée, tant que la chimie n'est
pas venue suggérer l'unification possible et certaine des
phénomènes de chaleur, de lumière et d'électricité par leurs
rapports communs avec l'affinité ; tandis que cette attraction atomique que nous supposons constituer l'affinité,
n'est elle-même que la forme ultime de la gravitation et
de la pesanteur. De sorte que c'est la chimie qui démontre l'homogénéité des phénomènes physiques, après que
la physique a eu jeté un jour décisif sur la science astronomique.

Dans « les organiques », il en va de même. Dans le
domaine particulier de la biologie, la physiologie végétale,
dont le rang est inférieur, ne s'est constituée que par

l'influence de la physiologie animale. La circulation des liquides nourriciers, la sexualité, la fécondation, la reproduction, qui sont cependant bien moins compliquées chez les végétaux que chez les animaux, n'ont été reconnues et comprises chez ceux-là qu'après avoir été observées à grand'peine chez ceux-ci. — Ensuite, la sociologie, représentée fragmentairement par la politique et l'économie politique, a introduit les vues les plus fécondes en biologie : la division du travail ou spécialisation des fonctions, la subordination des fonctions, la solidarité des organes, la concurrence, la sélection, etc. ; en sorte que la biologie, tout en étudiant un phénomène plus simple que le phénomène social, ne se serait sans doute pas achevée sans une ébauche préalable de sociologie. — Si la sociologie, quoique non encore définitivement constituée et seulement existante par fragments, a déjà eu cette influence féconde sur la biologie, l'idéologie, qui est la plus complexe et la plus difficile des sciences organiques, en a exercé une tout aussi grande sur la sociologie. C'est même cette influence rétroactive qui a fait illusion sur le vrai rang de la psychologie parmi les sciences. On a pensé que la psychologie, étant si utile au développement de la sociologie, devait nécessairement la précéder. Mais, en raisonnant ainsi, on a confondu la fondation d'un édifice avec son couronnement, qui contribue efficacement à la solidité et à la beauté de l'ensemble, en liant toutes les parties du monument et en accentuant sa finalité.

La vérité est que, dans chaque famille de sciences, celles qui sont les plus élémentaires n'arrivent à se compléter et à se constituer définitivement que grâce à la réaction lumineuse, et d'ailleurs toujours tardive, des sciences supérieures de chaque groupe. L'idéologie, qui étudie la conscience morale et intellectuelle, c'est-à-dire la raison humaine, est, dans l'ordre hiérarchique, la plus élevée de toutes les sciences de la série encyclopédique, parce qu'elle traite du phénomène le plus complexe, qui implique tous les autres. Mais, par cela même, ce phénomène suprême de la volonté individuelle raisonnable nous fait beaucoup mieux comprendre, ou tout au moins entrevoir, la nature des phénomènes du même ordre qui sont plus obscurs. Dans la volonté individuelle de l'homme conscient, nous apercevons comme le grossissement et le perfectionnement du phénomène social, sous sa double forme sympathique et autoritaire. Ensuite, le phénomène social, entrevu comme une dégradation du phénomène rationnel, nous fait deviner le fonctionnement réflexe des organes dans le phénomène de la vie, et jusqu'à l'irritabilité obscure des cellules constitutives des tissus, que Claude Bernard a démontrées être soumises aux agents anesthésiques aussi bien que les centres nerveux supérieurs.

C'est ainsi que, par la conscience et la volonté des hommes, nous comprenons l'irritabilité des cellules, comme par l'affinité chimique nous avons mieux compris la pesanteur et la gravitation, comme par le mouvement nous avons très bien compris les figures géométriques et les nombres. Mais il n'en est pas moins vrai que la quantité pure est plus simple que l'étendue et le mouvement ; que la gravitation est plus simple que la pesanteur et l'affinité ; et que la vie est plus simple que la société, laquelle est plus simple que la personnalité.

Nous voyons donc une complication croissante des phénomènes et une difficulté croissante de les atteindre, nécessitant une superposition de plus en plus grande de moyens d'investigation indirects ajoutés aux moyens directs. Mais la complexité des phénomènes étudiés nous rapproche, en définitive, toujours plus de la réalité des choses ; et c'est probablement là ce qui rend si féconde la réplique des sciences supérieures aux sciences inférieures.

Cette réplique des sciences supérieures doit constituer, pour chaque groupe, le principe d'une évolution scientifique. Ce n'est pas ici le lieu de le démontrer pour l'histoire des sciences, et je ne m'en sentirais pas d'ailleurs capable. Mais je tâcherai d'établir que cette évolution, dans le domaine des sciences organiques, s'est traduite dans la conscience des hommes, en conceptions très voisines de celles qu'Auguste Comte a retracées dans sa fameuse formule de la « loi des trois états ».

CHAPITRE VII

CRITIQUE DE LA CLASSIFICATION DES SCIENCES OPPOSÉE
PAR M. HERBERT SPENCER A CELLE D'AUGUSTE COMTE

On me permettra d'interrompre un instant mon exposé pour défendre la conception encyclopédique d'Auguste Comte contre un système différent dû à M. Herbert Spencer. Ce grand métaphysicien contemporain, dont la vogue s'est doublée du prestige des idées darwiniennes, me semble avait fait œuvre d'idéologue plus que de sociologue. S'il a eu le mérite d'attirer les esprits sur les études psychologiques et sociales, on peut sincèrement regretter qu'il les ait détournés de la philosophie positive. On verra, par cet exemple, combien une différence de méthode, peu considérable en apparence, suffit à créer un fâcheux antagonisme et peut frapper temporairement de stérilité une doctrine féconde.

M. Spencer a trouvé irrationnelle la série encyclopédique d'Auguste Comte : il a nié que « l'ordre de succession suivant lequel cet auteur (*sic*) dispose les sciences, ni tout autre ordre suivant lequel on peut les disposer, représente, soit leur dépendance logique, soit leur dépendance historique [1]. »

(1) *Classification des Sciences*, traduction F. Réthoré, p. 4 (Paris, *Bibliothèque de la philosophie contemporaine*, chez Alcan, 3ᵉ édition, 1881.)

On voit que, dès l'abord, M. Spencer conteste le principe le plus lumineux du philosophe positiviste. Par quoi le remplace-t-il? Par une distribution systématique et symétrique des sciences, envisagées dans certains de leurs caractères communs.

Il divise les sciences en trois groupes, suivant que les lois qu'elles étudient s'appliquent aux *formes*, aux *facteurs* ou aux *produits* des phénomènes.

Les formes des phénomènes, ce sont l'espace et le temps. « L'espace est une idée abstraite qui embrasse tous les rapports de coexistence. Le temps est une idée abstraite qui embrasse tous les rapports de succession. Or, comme les rapports de coexistence et de succession, dans leurs formes générales et particulières, sont l'unique objet de la logique et de la mathématique, celles-ci forment une classe de sciences qui diffèrent beaucoup plus des autres sciences que ces dernières ne diffèrent entre elles [1] ».

Les facteurs des phénomènes, ce sont les forces ou les éléments des phénomènes que nous pouvons étudier dans leurs différents modes et en tant qu'ils agissent seuls. Les vérités obtenues par cette investigation, « bien que concrètes en tant qu'elles portent sur une réalité objective, sont néanmoins abstraites en tant qu'elles se rapportent à des modes d'existence considérés séparément les uns des autres ». Elles forment la classe des sciences abstraites-concrètes, qui comprend la mécanique, la physique, la chimie, etc.

Enfin les produits de la combinaison des forces sont les phénomènes eux-mêmes dans leur complexité, tels qu'ils existent dans la nature. Ils forment le domaine des

____

(1) *Classification des sciences*, p. 4.

sciences concrètes, qui comprennent : l'astronomie, la géologie, la biologie, la psychologie, la sociologie, etc.

« On peut donc présenter ainsi qu'il suit, dit M. Spencer[1], les principales divisions de la science :

« La science est

— Celle qui traite des formes sous lesquelles les phénomènes nous apparaissent :

Science abstraite . . . . . . { Logique.
{ Mathématiques.

— Celle qui traite des phénomènes eux-mêmes :

A. Etudiés dans leurs éléments :

Science abstraite-concrète. . { Mécanique.
{ Physique.
{ Chimie, etc.

B. Etudiés dans leur ensemble :

Science concrète. . . . . . . { Astronomie.
{ Géologie.
{ Biologie.
{ Psychologie.
{ Sociologie, etc. »

Ce classement systématique est certes plausible à quelques égards ; mais il ne répond à aucune des fins pratiques et positives que s'était proposées Auguste Comte.

Le fondateur du positivisme ne s'était point attaché à faire une œuvre d'idéologie soigneusement et ingénieusement équilibrée ; il n'avait visé qu'à une sorte d'histoire naturelle de la pensée humaine. Il avait envisagé les sciences, non telles qu'on peut les concevoir *à priori* en leur attribuant comme à des héritiers exigeants leur part juridique dans l'hoirie de l'esprit humain, mais telles

______

(1) *Classification des sciences,* p. 6. — Les *etc.* intercalés dans la liste des sciences sont de M. Spencer.

qu'elles se sont formées spontanément et successivement constituées. Il les a considérées comme de grands phénomènes naturels, qu'il faut étudier objectivement et en quelque sorte expérimentalement. Partant de là, il y a observé deux choses : d'abord, la complexité croissante des objets étudiés ; ensuite, la progression des moyens d'investigation, des procédés logiques, qui ont enrichi, de science en science, l'arsenal intellectuel de l'homme et multiplié ses ressources pour conquérir la nature.

Auguste Comte a donc voulu établir une série de sciences-types, de sciences fondamentales, dégagées autant que possible des complications de fait, des préoccupations d'application immédiate, et réalisant à la fois la double condition objective et logique que je viens de rappeler. Cette série, d'abord limitée à six sciences, notre philosophe l'a portée à sept (ce qui correspond à neuf en détaillant les sciences mathématiques). Il l'a complétée, en effet, par l'adjonction de la morale ou de l'anthropologie, que je propose de remplacer par la doctrine plus étendue de l'idéologie, qui comprend non seulement la morale, mais aussi la psychologie supérieure et l'esthétique.

Déduction, observation, expérimentation, comparaison, filiation : tels sont, avec la méthode objectivo-subjective que Stuart-Mill a plus particulièrement précisée, les divers procédés inventifs ou démonstratifs dont chacune des sciences typiques de la série vient successivement enrichir la logique humaine. La logique n'est pas ainsi, à vrai dire, une science à part, encore moins une science préliminaire : elle est, au contraire, la résultante de toutes les sciences fondamentales.

Qu'y a-t-il d'analogue dans le classement de M. Herbert Spencer? Quelle est la lumière qu'il apporte à la place de celle qu'il risque d'éteindre? Et en quoi cette distinction scolastique des sciences abstraites, abstraites-concrètes et concrètes, est-elle seulement suggestive?

En mettant la logique tout au commencement des connaissances, bien avant les sciences qui en sont les éléments substantiels, M. Spencer semble réciter l'évangile selon saint Jean : *In principio erat Verbum, et Verbum erat apud Deum, et Deus erat Verbum... Omnia per ipsum facta sunt ; et sine ipso factum est nihil quod factum est... Et lux in tenebris lucet, et tenebræ eam non comprehenderunt.* Assurément, pas plus que la lumière du Verbe n'a été comprise par les ténèbres, la logique avant la science ne sera jamais comprise par les savants et ne leur servira de rien.

M. Spencer met ensuite les mathématiques après la logique, mais il en sépare la mécanique, parce que celle-ci est une science abstraite-concrète, tandis que la géométrie, qui s'occupe pourtant des solides, n'est pour lui qu'une science abstraite.

Pour l'astronomie, cette science idéalement simple dans son principe, et qui semble n'être qu'une cinématique traduite en géométrie descriptive, cette science presque mathématique, il la met bien loin de la mécanique, après la physique, la chimie et d'autres sciences non dénommées qui figurent dans un *et cœtera.*

M. Spencer place la géologie, une science non seulement concrète mais particulière, une simple branche de l'histoire naturelle de notre Terre, entre l'astronomie et la biologie, qui ont, elles, un caractère d'universalité ou de généralité si étendue. En outre, il fait passer la géologie avant la biologie, alors qu'elle est inséparable de la paléontologie, c'est-à-dire de la biologie préhistorique.

Enfin, il place la psychologie immédiatement après la biologie et *avant* la sociologie.

Ceci est grave et doit influer nécessairement sur toute la doctrine. Je sais bien que M. Spencer prétend ne pas marquer d'ordre sériel. En fait cependant, il traite de la psychologie avant de passer à la sociologie. Je sais également ment que par psychologie il entend l'étude des phénomènes primaires aussi bien que des phénomènes ultimes ; mais enfin il n'en aborde pas moins ceux-ci avant les phénomènes sociaux qui, seuls, peuvent les expliquer. Volontairement ou involontairement, il en résulte chez M. Spencer une exagération de l'individualisme et de son influence définitive sur la société. La tendance est encore plus manifeste chez les disciples spencériens ; et alors, la société n'est presque plus, pour eux, un phénomène *sui generis*. Tantôt elle n'est qu'une rallonge du phénomène biologique : on en fait un organisme vivant ; tantôt elle n'est qu'une suite du développement psychologique, c'est-à-dire une organisation semi-contractuelle.

A tous égards, et sans nous attarder davantage à cette critique incidente, nous conclurons que la série hiérarchique des sciences, instituée par Auguste Comte, est un guide bien autrement lumineux et sûr que le classement artificiel proposé et suivi par M. Herbert Spencer.

CHAPITRE VIII

Auguste Comte a édifié tout son système sur deux idées fondamentales : la sériation hiérarchique des sciences ; la formulation d'une loi du progrès de l'esprit humain, connue sous le nom de « loi des trois états ». Il n'a pas cherché, que je sache, à rattacher ses deux grandes conceptions l'une à l'autre ; il ne me paraît pourtant pas impossible d'en montrer la connexité.

Exposons d'abord la loi des trois états :

« Cette loi, dit Auguste Comte, consiste en ce que chacune de nos conceptions principales, chaque branche de nos connaissances passe successivement par trois états théoriques différents : l'état théologique ou fictif ; l'état métaphysique ou abstrait ; l'état scientifique ou positif. — Dans l'état théologique, l'esprit humain dirigeant essentiellement ses recherches vers la nature intime des êtres, les causes premières et finales de tous les effets qui le frappent, en un mot, vers les connaissances absolues, se représente les phénomènes comme produits par l'action directe et continue d'agents surnaturels plus ou moins nombreux dont l'intervention arbitraire explique toutes les anomalies apparentes de l'univers. — Dans l'état métaphysique, qui n'est au fond qu'une simple modification générale du premier, les agents surnaturels sont remplacés par des forces abstraites, véritables entités (abstractions personnifiées) inhérentes aux divers êtres du monde, et conçues comme capables d'engendrer par elles-mêmes tous les phénomènes observés, dont l'explication consiste alors à assigner pour chacun l'entité correspondante. — Enfin, dans l'état positif, l'esprit humain reconnaissant l'impossibilité d'obtenir des notions absolues, renonce à chercher l'origine et la destination de l'univers, et à connaître les causes intimes des phénomènes, pour s'attacher uniquement à découvrir, par l'usage bien combiné du raisonnement et de l'observation, leurs lois effectives, c'est-à-dire leurs relations invariables de succession et de similitude. L'explication des faits, réduite alors à ses termes réels, n'est plus désormais que la liaison établie entre les divers phénomènes particuliers et quelques faits généraux dont les progrès de la science tendent de plus en plus à diminuer le nombre [1]. »

Cette loi, déjà esquissée par Turgot [2], mais formulée par Auguste Comte avec une bien autre autorité, est certes des plus remarquables et mérite d'être retenue ; néanmoins, il est nécessaire de faire observer que son auteur en a tiré des déductions qui en dépassent peut-être la portée.

Il l'a présentée comme une « loi fondamentale du développement de l'intelligence humaine *dans ses diverses sphères d'activité* », et, tout en lui donnant une application si générale, il n'a pas craint de la préciser beaucoup plus et de subdiviser les trois états qu'il indiquait tout

---

(1) *Cours de philosophie positive*, 1re leçon.

(2) *Histoire des progrès de l'esprit humain*, 1750, p. 294. Voir les citations faites par Littré dans son livre : *Aug. Comte et la philosophie positive.* p. 45.

d'abord en sept âges successifs dont voici l'énumération :

I. *Etat théologique :*
  1° Age du fétichisme ;
  2° Age du polythéisme théocratique ;
  3° Age du polythéisme militaire ;
  4° Age du monothéisme.

II. *Etat métaphysique :*
  5° Age de la transition révolutionnaire.

III. *Etat positif :*
  6° Age de la spécialité ;
  7° Age de la généralité.

Ainsi détaillée, la loi des trois états, devenue la loi des sept âges, perd beaucoup de son évidence. Elle paraît trop minutieuse pour être universelle. Bien des peuples ne semblent pas avoir passé par toutes les étapes de cette route accidentée. Les Juifs et les Sémites, à peine sortis du fétichisme, sont, dit-on, entrés d'emblée dans le monothéisme. Les Chinois ont passé du culte des ancêtres, dont ils conservent encore les formes cérémonielles sinon la croyance, à une morale métaphysique [1]. Les Grecs s'acheminaient directement du polythéisme à la métaphysique et à la science, sans passer par le monothéisme. De nos jours, on peut dire que, chez beaucoup d'esprits cultivés, le monothéisme, réduit à l'état de déisme, n'est pas autre chose qu'une métaphysique spiritualiste qui, pratiquement, arrive plus ou moins à se concilier avec la science positive.

Il y a donc des atténuations à apporter à la formule

(1) Voir G. Wyrouboff, *Les civilisations de l'Extrême-Orient sont-elles soumises à la loi des trois états ? (Philosophie positive,* mai-août 1873).

d'Auguste Comte, dût-on même ne l'appliquer qu'à l'évolution de la croyance. Son incertitude serait bien plus frappante si on voulait l'étendre à « toutes les sphères d'activité de l'intelligence humaine », c'est-à-dire à l'évolution sociale tout entière. Il faudrait admettre, ce que je m'aventurerai à contester, que l'évolution intellectuelle précède et régit toutes les autres, ce qui signifie que la société serait un reflet de la raison des hommes et non un résultat de leurs instincts, de leurs tendances irréfléchies. C'est ainsi qu'Auguste Comte a été conduit à faire rentrer, bon gré mal gré, tous les progrès sociaux d'un ordre quelconque dans sa loi des trois états, en soumettant l'industrie, la politique, la morale et les arts à la succession des trois phases, religieuse, métaphysique et positive.

Ces défauts d'une théorie trop rigide n'avaient pas échappé à l'esprit sagace et pénétrant de Littré ; et, malgré son profond respect pour celui qu'il appelait son maître, il a confessé ses scrupules.

« J'ai hasardé, a-t-il dit, une critique de cette loi des trois états... Cette critique, je la maintiens ; pourtant je ne voudrais pas qu'on se méprît et qu'on crût que je rejette la loi des trois états. Je ne la rejette point, je la restreins. Tant que l'on se tient dans l'ordre scientifique et que l'on considère la conception du monde d'abord théologique, puis métaphysique, finalement positive, la loi des trois états a sa pleine efficacité pour diriger les spéculations de l'histoire. Elle est un guide fidèle, et en s'en servant on paye un juste tribut d'admiration et de reconnaissance aux deux penseurs qui l'ont successivement trouvée. Cela, je n'ai jamais prétendu le contester ; si je l'avais fait, j'aurais ébranlé moi-même l'édifice philosophique sous lequel je m'abrite. Mais, en histoire, tout n'est pas renfermé dans l'ordre scientifique. M. Comte, qui a dit quelque part qu'il fallait bien, aux débuts de l'humanité, supposer certaines notions qui ne fussent ni théologiques ni métaphysiques, a indiqué le germe, je ne dirai pas de mon objection, mais de ma restriction. En effet, cette loi des trois états ne comprend ni le développement moral, ni le développement esthétique [1]... »

Bref, la loi des trois états ne paraît directement applicable, ni à l'ensemble des activités sociales, ni à l'universalité des peuples. Il me paraît cependant qu'elle retrouverait son caractère de loi générale si on ne l'appliquait qu'au développement intellectuel ou, pour être plus précis, à l'évolution de la croyance. Alors, il serait facile, semble-t-il, de la rattacher à la série hiérarchique des sciences telle que je l'ai présentée plus haut (p. 56).

L'homme, avant d'être un sujet pensant, un formulateur de sciences, fut un être asservi aux lois naturelles qu'il était appelé à découvrir un jour. Comme il est un organisme vivant, qu'il fait nécessairement partie d'un organisme social et qu'il arrive peu à peu à développer en lui un organisme mental, il a été soumis aux phénomènes généraux que décrivent les trois sciences organiques, qui se sont succédé dans l'ordre suivant : 1° la biologie, 2° la sociologie, 3° l'idéologie. Sous le nom de sciences, se trouvent indiqués là trois points de vue de notre esprit. En reconnaissant leur succession scientifique, nous constatons que ces trois points de vue ne sont pas simultanés, ne naissent pas avec une égale importance,

---

(1) E. Littré, *Auguste Comte et la philosophie positive*, p. 49-50 (Paris, Hachette, 2° édition, 1864).

mais qu'ils dominent l'un après l'autre dans notre pensée. Or, avant de parvenir à l'état de précision scientifique, ils préexistaient en nous à l'état de notions confuses qui se sont ensuite déterminées dans le même ordre que les sciences. Il est donc à peu près certain que nous avons eu conscience des choses de la *vie*, avant d'avoir conscience des choses de la *cité* et surtout des choses de l'*ordre rationnel*. Le type de nos conceptions a donc été successivement : en premier lieu, l'animal ou l'homme, notre semblable ; en second lieu, la cité ; en troisième lieu (et ceci plutôt au futur qu'au présent), la raison.

On peut donc concevoir une loi des trois états qui ne serait que le reflet de la trilogie des phénomènes organiques. Alors, aux trois termes de la formule d'Auguste Comte : Théologie — Méthaphysique — Science positive, il faudrait substituer pour la généralité des hommes les trois termes : Biomorphisme — Sociomorphisme — Rationalisme. Ce ne sont là, bien entendu, que des mots provisoires ; je me hâte de les expliquer.

Le Biomorphisme consiste à animer tous les objets, à mettre un esprit dans les choses, une volonté capricieuse dans les phénomènes. Il correspond au fétichisme, au spiritisme, au polythéisme infini et non hiérarchisé des premières sociétés humaines. C'est le régime de l'instinct, de l'impulsivité passionnelle, en un mot de l'arbitraire. Les sociétés qui se forment sous ce régime ne diffèrent guère des sociétés animales : elles sont entièrement dues à la sympathie inconsciente, à l'esprit d'imitation et d'obéissance et, bien entendu aussi, à la contrainte corrélative. Cela suffit à produire une ébauche de discipline, un commencement d'unification dans la multiplicité des parties.

Le Sociomorphisme [1] consiste à introduire dans la nature la coutume, l'hérédité et la tradition, autrement dit les éléments de l'ordre dont les sociétés nous offrent l'exemple. Nous imaginons le gouvernement des choses, ou les prêtres l'imaginent pour nous, à l'instar du gouvernement de la cité, de la fédération ou de l'empire, dont nous sommes les citoyens ou les sujets. Nous croyons à une aristocratie féodale de dieux olympiens, ou au despotisme absolu d'un Jéhovah, ou à la royauté presque parlementaire d'un Dieu catholique, soumis à l'intercession de ses saints et à la permanence des lois qu'il a lui-même instituées. C'est l'époque du polythéisme hiérachique, de ce que j'appellerais volontiers l'archithéisme, du monothéisme et aussi, à mon avis, de cette métaphysique qui déguise sa divinité sous les noms d'Absolu, d'Infini, de Substance unique ou d'Incognoscible. Sous ce régime, la tradition acquiert sa pleine efficacité, les sociétés doivent leurs grands progrès à l'accumulation des idées et des découvertes au moyen du langage, de l'écriture et des monuments divers. Elles ont eu, dans l'antiquité, des apogées remarquables (Memphis et Thèbes, Babylone et Ninive, Tyr et Carthage, Rome, etc.) ; mais, comme elles n'étaient point alors sorties de l'empirisme et de la contingence des faits, elles ont subi aussi des déclins profonds, des catastrophes effrayantes.

Le Rationalisme consiste, enfin, à voir dans la nature la raison objective dont notre conscience est la forme subjective : c'est l'identification finale de l'être et du savoir, suivant la formule hégélienne, le relativisme de Comte,

---

(1) Le mot est barbare, mais il est autorisé par son congénère, *sociologie*, qui a été légitimé par l'usage. M. Guyau l'a, du reste, déjà employé dans son livre : *L'irréligion de l'avenir*.

le déterminisme universel de Claude Bernard. Sous ce régime, il n'y a plus dans le monde phénoménal ni personnalités occultes, ni entités mystérieuses capables d'intervenir dans l'ordre naturel des choses ; il n'y a que des lois qui gouvernent les phénomènes visibles ou invisibles, les sentiments, les idées. Les sociétés rationalistes résultent de l'accord des traditions de l'expérience avec l'idéalisme et la science ; elles doivent leurs grands progrès et leurs libertés à la constitution lente de l'individualisme. Elles réussissent ainsi à s'élever au-dessus de la contingence des sociétés purement traditionnelles, et elles forment les citadelles où la civilisation se développe à l'abri de tous les événements. Lors même que des nations particulières viendraient à disparaître, le trésor des idées acquises et des institutions qui les traduisent socialement resterait intact, et retrouverait toute sa valeur aux mains des nations survivantes.

Instinct, Tradition, Loi : telle serait donc la traduction effective de la formule d'Auguste Comte. Les deux formules seraient équivalentes n'était une discordance sur laquelle il me faut insister un instant.

Auguste Comte a fait une part qui semble démesurée à ce qu'il appelle, peu heureusement d'ailleurs, la « théologie ». Les faits de l'histoire me paraissent réclamer qu'on sépare ce trop vaste domaine en deux moitiés. La première comprendrait tout ce que nous qualifions de *superstition* : le fétichisme, la sorcellerie, le spiritisme, le culte des morts, des héros, des démons ou des dieux régissant avec indépendance les phénomènes naturels ; cette partie correspondrait au biomorphisme. L'autre moitié de la théologie réunirait toutes les formes de la *religion* tendant à l'unité dans le gouvernement personnel de la nature, depuis le

polythéisme hiérarchisé (archithéisme) jusqu'au monothéisme ; cette partie correspondrait au sociomorphisme.

A cette seconde grande phase du développement intellectuel, me paraîtrait aussi devoir se rattacher la plus
grande part de ce que Comte appelle la « métaphysique ».
Il y a, en effet, nombre de systèmes de métaphysique qui
reconnaissent une cause personnelle dans la création du
monde, un dieu rémunérateur et vengeur comme disait
Voltaire, et qui admettent la perpétuité de l'âme individuelle, dernière trace du spiritisme et du subjectivisme.
Dans ces cas-là, la métaphysique n'est qu'une religion
affaiblie. Quant aux autres systèmes de métaphysique qui,
tout en étant absolus dans la forme, se rapprochent pourtant beaucoup du déterminisme scientifique, — je veux
parler du panthéisme, de l'athéisme, du matérialisme, —
ils occupent une place relativement peu importante dans
l'évolution intellectuelle, à peu près nulle dans l'évolution
sociale ; ils ne paraissent donc pas mériter qu'on leur
attribue spécialement un des trois termes de l'évolution
tout entière : Auguste Comte a manifestement exagéré
l'importance de ce qu'il a dénommé lui-même une simple
« transition révolutionnaire ». Il ne me paraît donc pas
que ce soit véritablement porter atteinte à l'esprit de la
philosophie positive que d'attribuer cette transition à l'un
ou l'autre des états intellectuels qui l'avoisinent, et de
soutenir que le mouvement de l'esprit humain peut se
résumer en ces trois termes :

1° Superstition fétichiste ou spirite ;

2° Religion théiste ou métaphysique spiritualiste ;

3° Déterminisme scientifique.

CHAPITRE IX

LES LOIS DE L'ÉVOLUTION SOCIALE

1. — La pluralité des lois évolutives.

La loi dite des trois états d'Auguste Comte me semble donc pouvoir se rattacher directement à sa série hiérarchique des sciences. Elle n'en serait, d'après moi, qu'une application particulière et spéciale.

Je dis une application spéciale, parce que, si elle régit, l'évolution intellectuelle ou, plus précisément, le développement des croyances, elle ne suffit point à décrire l'évolution sociale tout entière. On ne pourrait y soumettre celle-ci qu'en supposant, par exemple, que l'évolution politique et l'évolution économique ont toujours été devancées et dirigées par l'évolution intellectuelle, ce que l'examen des faits ne me paraît pas confirmer. Auguste Comte a certainement été plus gêné qu'aidé par sa loi des trois états au cours de sa description de l'évolution sociale. Il n'y a d'ailleurs tant tenu que parce qu'il faisait rentrer dans cette évolution tout le mouvement idéologique, qui semble au contraire, pour les raisons données au début de cet ouvrage, sans corrélation directe avec le développement proprement social.

Elimination faite en sociologie de tout ce qui est du domaine de l'idéologie, il m'apparaît que le phénomène social se compose de trois éléments : le gouvernement, la croyance et la production, qui concourent simultanément à constituer la solidarité. Or, chacune de ces fonctions sociales se développe, non pas par la vertu mystique d'une formule idéale, mais par l'effet d'un accroissement de l'effectif social qui s'impose à toutes à la fois, comme je l'expliquerai tout à l'heure.

L'impulsion ainsi donnée, chaque fonction évolue suivant sa loi propre, que l'histoire nous révèle. Comte a trouvé la loi de l'évolution de la croyance. Malgré tout le respect que je professe pour son œuvre, je ne crois pas qu'il ait suffisamment déterminé la loi de l'évolution politique, non plus que celle de l'évolution économique.

En politique, la division successive des pouvoirs : pouvoir militaire, pouvoir administratif, pouvoir législatif, pouvoir judiciaire, est un fait progressif qui remplit toute l'histoire et qu'Auguste Comte a méconnu au grand dommage de ses conclusions.

En économie, la division du travail est un phénomène aussi frappant. Il ne faut pourtant pas se borner à son apparence, car la division du travail doit sa fécondité moins au fait même de la séparation des tâches qu'à la puissance des moyens de production qu'elle a pour but de mettre en œuvre. Ici, nous allons retomber sous l'influence de la série hiérarchique des sciences. M. Herbert Spencer a reproché à cette série de ne point représenter la dépendance historique des sciences. Il est bien clair qu'en pareille matière les découvertes s'enchevêtrent ; les sciences se forment fragmentairement bien avant d'être définitivement constituées ; longtemps d'avance, elles s'annoncent par des anticipations qui semblent troubler la filiation chronologique. Cependant, si l'on n'exige pas en cette matière une précision que la genèse historique ne comporte pas, on reconnaîtra que la construction d'Auguste Comte renferme une part de vérité beaucoup plus grande que la critique de M. Spencer. L'ordre encyclopédique adopté par le penseur positiviste correspond bien à l'ordre de la constitution approximative des sciences, à l'avènement de leurs principaux créateurs : 1° Pythagore (science des nombres), 2° Euclide (géométrie), 3° Archimède (mécanique), 4° Copernic et Kepler (astronomie), 5° Galilée (physique), 6° Lavoisier (chimie), 7° Bichat (biologie), 8° Comte (sociologie), etc. Or, cette filiation historique, qui n'est qu'approximative en ce qui concerne la constitution des sciences, est, au contraire, tout à fait exacte en ce qui concerne l'apparition des arts techniques et des moyens les plus généraux de production.

Les procédés afférents au premier groupe, géométro-mécanique, ont de beaucoup précédé ceux du second groupe, physico-chimique, et, à plus forte raison, ceux du troisième groupe, organique. L'antiquité tout entière n'a connu que la force musculaire des hommes et des animaux et quelques forces naturelles, telles que le vent ou les courants fluviaux, utilisées à l'aide d'instruments mécaniques ; elle n'est parvenue qu'aux arts et métiers et à la manufacture. L'âge moderne, depuis deux siècles, s'est approprié quelques-unes des principales forces physico-chimiques (la vapeur, le gaz, l'air comprimé, l'électricité, les explosifs, etc.) et il les met de plus en plus à son service ; avec ces ressources plus puissantes, il a constitué la machinofacture et les moyens perfectionnés de transport et de communication. Enfin, depuis une génération à peine, par l'effet d'abord de quelques découvertes empiriques et grâce surtout au génie de Darwin et de Pasteur, nous commençons à comprendre les forces biologiques, nous devinons l'action profonde des micro-organismes, et nous envisageons la possibilité de transformer entièrement celles de nos industries qui importent le plus à l'humanité : les pro-- ductions agricoles, l'élevage, etc.

On aperçoit donc que la production économique obéit aussi à une loi d'évolution, mais que ce n'est pas la même que celle des trois états intellectuels qui régit le développement de la croyance. L'une et l'autre pourtant se rattachent à la série hiérarchique des sciences, qui montre partout sa vérité et son efficacité.

Quoi qu'il en soit, l'on peut affirmer, je pense, que dans l'évolution d'ensemble qui entraîne toute l'activité sociale, chacune des formes de cette activité obéit à un processus spécial, en sorte qu'elles dépendent en vérité moins l'une de l'autre que d'un phénomène principal et dominant, en lequel il faut reconnaître le véritable moteur de l'évolution.

2. — Le moteur de l'évolution.

Ce n'est pas tout, en effet, d'être en possession des lois, des processus de l'évolution, d'avoir tracé d'avance les courbes du progrès ; il faut découvrir la force qui fournit l'impulsion et qui oblige les peuples à poursuivre leur carrière. Le physicien ne se contente pas de dire que les corps tombent avec une vitesse accélérée : il montre que leur chute est due à la pesanteur et que, cette force exer- çant une action continue, l'accélération de la vitesse, mesurée par les espaces parcourus, est exprimée par la progression des carrés des temps mis à les parcourir. Eh bien, il s'agit pour le sociologue de mesurer l'ascension des sociétés humaines. D'où vient leur force croissante ? Quel est le moteur qui détermine leur évolution ?

Puisqu'une société est constituée par une nation disciplinée, dont tous les membres sont sympathiques les uns aux autres et obéissent à une autorité qu'ils préfèrent, dont ils ne songent point à s'exonérer, — c'est l'accroissement de cette population unifiée qui doit être la cause de l'évolution sociale.

Les sociétés animales, rebelles au progrès, sont aussi numériquement stationnaires. Au contraire, les sociétés humaines, perfectibles et progressives, voient leur effectif s'augmenter indéfiniment, grâce bien entendu au langage, à l'écriture et à tous les genres de commémoration qui mettent en communication, d'une part, les membres nouveaux avec les membres anciens ou défunts, et, d'autre part, entre eux, les membres présents mais séparés par la distance ou le genre de vie.

On peut objecter cependant que si ces deux phénomènes, — le progrès, la population, — sont corrélatifs, il s'agirait d'établir lequel des deux précède l'autre.

Je soutiens que c'est la population et j'invoque l'histoire :

1° Les berceaux de la civilisation, les premières sociétés organisées, d'où ait rayonné sur le monde la triple discipline du gouvernement, de la religion et de la production, se trouvent dans les régions exceptionnellement fertiles des grandes vallées et des deltas, riches de l'alluvion des grands fleuves, partout où la population est naturellement très dense : c'est l'histoire de l'Égypte, de la Chaldée, de l'Inde gangétique, de la Chine.

2° La conquête commerciale, qui a mis en rapport de dépendance un grand nombre de peuples, a produit la splendeur de Tyr, d'Athènes, de Carthage. Ces villes n'étaient point des foyers primitifs, des sortes de soleils sociaux rayonnant par eux-mêmes : elles ont grandi et décru avec l'importance des populations qui ont obéi à leur influence.

3° La conquête militaire, plus visiblement encore, a devancé la prospérité des empires. Ninive, Suse, Rome ne furent que des citadelles de guerriers avant de devenir de grandes métropoles. Il est bien clair que ce ne fut ni la richesse ni la civilisation antérieure des nations vivant autour de ces villes qui détermina leur puissance conquérante ; car leur prospérité, leur civilisation ne se sont manifestées qu'après la conquête, et, presque aussitôt, ont marqué le déclin des forces militaires : dès qu'ils se sont civilisés, les empires des Assyriens, des Perses ou des Romains ont été ébranlés. Pour les provinces, en tout cas, l'efficacité sociale de l'unification a été indéniable. L'Italie du nord, l'Espagne, la Gaule, la Bretagne, la Germanie, etc., n'ont dû leur prospérité qu'à la domination romaine, qui leur apportait l'ordre, la paix, une certaine justice, le culte d'un dieu suprême (*Deus optimus maximus*) et l'activité des échanges.

4° Après le démembrement de l'empire romain et un assez long temps d'arrêt, le travail d'unification a recommencé, mais sous une autre forme. Il s'est produit une appropriation des fonctions administratives et militaires, une transformation des gouvernements et des juridictions en propriétés transmissibles, qui a fait ensuite le caractère de la féodalité, sorte de combinaison de la conception plébéienne de l'État avec l'idée patricienne ou patronale

du domaine héréditaire *(familia)*. Sous ce régime singulier, on voit les territoires et les peuples, d'abord
divisés à l'infini, arriver peu à peu à se réunir et à
s'agglomérer par l'effet des mariages, des acquisitions,
des donations ou des héritages de leurs souverains. Et ce
phénomène se continue bien au delà du moyen âge. Il
n'y a qu'à citer la réunion de la Bourgogne et de la Pro-
vence à la couronne de France, sous Louis XI, de la Bretagne sous François Ier, celle de l'Ecosse et de l'Angleterre sous Jacques Ier et toute la formation du royaume de
Prusse qui n'est faite que d'acquisitions successives.

5° A la transmission des propriétés souveraines, ou des
souverainetés appropriées, succède le consentement des
peuples. Depuis quelque cent ans, l'on voit des populations mues par la sympathie, l'intérêt commun, la parité
des langues ou des lois se confédérer, se confondre ou du
moins ratifier volontairement des annexions préparées par
les événements politiques ou militaires. Au xive siècle les
cantons de la Suisse, au xvie les provinces unies des Pays-
Bas avaient déjà donné cet exemple ; le fait se reproduit
sur une plus vaste échelle en 1787 pour les États-Unis
de l'Amérique du nord, et en 1815 pour les États de la
confédération germanique, à laquelle succède en 1871
l'Empire allemand héréditaire. En 1860, nous avions vu
la Savoie et le comté de Nice, se donner volontairement
à la France ; de 1860 à 1870, les populations des duchés
toscans, des États pontificaux et du royaume des Deux-
Siciles se soulèvent et se réunissent à l'Italie du nord. —
Mais en dehors de ces annexions totales et de ces réunions
effectives, il faut considérer aussi les exemples encore bien
plus nombreux, en ce siècle, de mesures partielles de
fédération, telles que les unions monétaires, postales,

télégraphiques, les traités de commerce et d'extradition, ou de protection internationale pour la propriété littéraire, artistique, industrielle, etc. Ce sont là autant d'indices de l'attraction évolutive qui pousse de plus en plus les peuples vers l'unification, soit sous la forme d'une fusion nationale, soit sous celle d'une alliance permanente.

De toutes façons, nous voyons la civilisation naître ou se développer partout où il y a, soit agglomération spontanée des hommes, soit conquête commerciale, soit conquête militaire, soit acquisition juridique, soit union fédérative, se traduisant par l'extension de la même discipline sociale à une population plus nombreuse.

Mais laissons là l'histoire et faisons mentalement une expérience. Supposons un Robinson Crusoé réunissant en sa personne le triple génie d'Homère, de Watt et de Napoléon ; qu'arriverait-il à tirer de ses grandes facultés tant qu'il vivrait solitaire dans son île déserte? A peu près rien. Le même Robinson, mis en contact avec un millier d'hommes, deviendrait sans doute le chef de la peuplade et lui donnerait une certaine impulsion, qui survivrait peut-être à son auteur, mais pour se dissiper certainement au bout d'un très petit nombre de générations. Avec un million de sujets, il pourrait faire de plus grandes choses et de plus durables. A la tête d'une grande nation, en ajoutant ses propres créations à celles de ses nombreux devanciers, et en les gravant profondément dans les traditions léguées aux générations ultérieures, il transformerait le monde et laisserait un sillon impérissable de gloire et de lumière.

L'éclosion du génie, son efficacité, la possibilité et la durée du progrès, ont ainsi pour condition le nombre des hommes obéissant à une même impulsion. Il est à la rigueur possible qu'une grande population reste stationnaire, faute d'inventeurs et d'initiateurs, mais cela est vraiment bien improbable. En tout cas, le terrain existe, tout prêt à être ensemencé ; vienne un messie et la moisson fleurira. En revanche, je le répète, avec tous les hommes de génie imaginables, si la population est réduite ou misérable, le progrès à espérer sera insignifiant.

Il ne faut pas d'ailleurs s'exagérer, comme Carlyle, la nécessité des grands novateurs. Ce qui est vrai pour l'idéalisme, l'est beaucoup moins pour l'utilitarisme. L'amélioration de l'organisme social est due, chaque jour, non à l'intervention des individus exceptionnels, mais à la collaboration patiente et continue, à peu près anonyme, des hommes de devoir et d'action, qui s'acquittent consciencieusement de leur fonction et qui restent cachés dans la foule. Or, pour ceux-ci bien plus que pour les grands génies, la première condition qui s'impose est l'activité des relations sociales, la proximité des concours matériels et moraux que les concitoyens peuvent se prêter les uns aux autres.

C'est donc l'accroissement numérique des membres d'une société qui me paraît la cause déterminante de toute son évolution. Le développement de la population unifiée entraîne, d'une part, la diversification des aptitudes et des fonctions ; d'autre part, une facilité croissante de communication entre les diverses parties de l'ensemble, en définitive, une action des hommes de mieux en mieux concertée, de plus en plus puissante ; et, dans les esprits de tous, l'identification progressive des mobiles, des sentiments, des idées, formant la représentation de plus en plus exacte et fidèle de l'unité des lois de la nature.

En reconnaissant comme détermination essentielle de l'évolution sociale un phénomène objectif, extérieur aux individus, on restitue à la sociologie, ce me semble, un élément de positivité, de conditionnalité, qu'elle n'avait pas, même chez les positivistes, à plus forte raison chez les psychologues et les métaphysiciens.

Soumettre uniquement le progrès, comme le faisait Auguste Comte, à la succession des trois états intellectuels, — religieux, métaphysique et positif, — c'était donner à l'évolution sociale des conditions psychologiques, et renoncer, par conséquent, en grande partie, à la doctrine proprement sociologique, d'après laquelle une société est un phénomène *sui generis* ; c'était, malgré qu'on en eût, résoudre la collectivité en individualités, et n'accorder qu'à celles-ci la réalité objective.

D'autre part, subordonner l'évolution sociale à l'avènement des hommes de génie ou à la découverte des arts et des procédés techniques, et mettre tout le progrès humain dans l'accumulation de ces inventions, c'était, en définitive, faire du hasard le maître des choses. Dans la conception technologique, on ne voit pas, à l'origine de l'évolution et à chaque nouveau pas en avant, une nécessité qui s'impose ; on n'aperçoit qu'un accident heureux, qui a triomphé, mais qui aurait pu aussi bien ne pas réussir et même ne pas apparaître. Tout progrès social, à ce compte, ne serait qu'un numéro gagnant à la loterie des possibilités innombrables. Dès lors, la prétendue science sociologique prendrait un caractère si aléatoire qu'elle devrait rester en dehors des sciences positives. En tout cas, ce hasard qui commanderait à l'évolution, qui l'accélèrerait ou la ralentirait, prendrait une allure tantôt si bienfaisante et tantôt si redoutable que l'on aboutirait, comme Carlyle, au culte des héros; on tomberait dans les personnalités.

A la vérité, des écrivains séduisants, des métaphysiciens subtils, cherchent à corriger ce qu'il y a de décevant et même de profondément immoral dans cette glorification du génie aléatoire, en soutenant qu'il y a une « logique sociale » et que le monde obéit à une secrète téléologie... Mais alors on retourne à la providence, à je ne sais quel mysticisme ontologique[1]! Je ne crois pas que ce soit acceptable. On ne saurait, en philosophie positive, admettre dans la nature que des causes efficientes. Si, dans la suite, un organisme étant produit, cet organisme vient à réagir sur ses propres parties et constitue à leur égard une cause finale particulière, assurément la conséquence est naturelle, je dirai plus, certaine et nécessaire; mais une cause finale ainsi entendue ne peut être qu'une cause secondaire, conservatrice et non progressiste, qui, en aucun cas, ne saurait se soustraire à l'action dominante de la cause primaire.

Donc il me paraît évident que la sociologie ne peut devenir positive que si on la fait consister à décrire les conséquences nécessaires d'un phénomène extérieur et

---

(1) Il m'est impossible de ne pas signaler ici la contradiction dans laquelle je me trouve, à mon grand regret, avec un esprit aussi distingué que M. Tarde, qui dans ses *Lois sociales*, p. 122 (Paris, Alcan, 1898), a écrit ceci : « Il n'y a pas une fin dans la nature, une fin par rapport à laquelle tout le reste est moyen; il y a une multitude infinie de fins qui cherchent à s'utiliser les unes les autres. Chaque organisme, et dans chaque organisme chaque cellule, et, dans chaque cellule peut-être, chaque élément cellulaire, a sa petite providence à soi et en soi. Ici donc, nous sommes conduits à penser que la force harmonisante... est non pas immense et unique, extérieure et supérieure, mais infiniment multipliée, infinitésimale et interne. » — En suivant une telle doctrine, au lieu de mettre le progrès dans l'association qui, à chacune de ses phases, donne naissance à un organisme plus parfait, on le ferait uniquement consister dans l'éviction des éléments inférieurs par les supérieurs, et, en tout cas, on le limiterait à la puissance virtuelle des éléments primitifs.

supérieur aux individus. Ce phénomène est, suivant moi, l'accroissement inévitable et la concentration progressive des populations. C'est là qu'il faut chercher la condition déterminante de tous les progrès sociaux, la condition sans laquelle, ni la conscience ne peut apparaître et se développer, ni l'inventivité s'exercer, ni l'imitation s'ensuivre, ni la race ou l'élite des hommes se révéler et produire son action efficace.

Telle est la base sur laquelle je vais essayer d'édifier ma construction sociologique.

CHAPITRE X

ESQUISSE GÉNÉRALE D'UNE SOCIOLOGIE OBJECTIVE

1. — Définition et délimitation de la sociologie.

La Sociologie, dont les fondateurs ont tout d'abord
exagéré l'importance en l'étendant aux phénomènes intellectuels, est une des sciences fondamentales de la philosophie positive.

Dans la série encyclopédique, elle appartient à la
famille des sciences organiques : elle est située entre la
Biologie et l'Idéologie.

Elle va au-delà de la biologie, parce qu'elle s'occupe
des phénomènes d'agrégation des êtres vivants et que
l'agrégation implique la vie : c'est un phénomène superposé, comme la statue sur son piédestal. Pas plus que
le socle ne permet de deviner la statue, l'organisme vivant
ne conduit à prévoir l'organisme social. Il y a des
sociétés animales et même des sociétés végétales ; les
sociétés humaines présentent de nombreuses variétés :
on ne peut donc se dispenser d'étudier directement les
phénomènes sociaux, puisqu'on ne peut les déduire des
phénomènes vitaux.

Mais la sociologie reste en-deçà de l'idéologie, parce que
les phénomènes sociaux, même chez les hommes, sont, la
plupart du temps, spontanés, instinctifs et inconscients, ou

subconscients. A la vérité, l'état social est indispensable
à la formation de la conscience intellectuelle des individus ; mais, une fois cette conscience éveillée et la personnalité formée, la raison humaine prend son essor au-
dessus des sociétés traditionnelles et des nationalités,
elle se développe d'une manière indépendante, elle vise
même à réformer les sociétés et à en modifier les lois,
elle cherche à y substituer des contrats aux coutumes,
elle leur propose des modèles empruntés à ses créations
idéales : la science philosophique, la morale absolue, l'art
pur.

Tels sont, en effet, les phares de l'humanité ! Mais la
sociologie est avant tout utilitaire ; aussi ne peut-elle
consister dans une synthèse de la logique, de l'éthique et
de l'esthétique. Elle est une science des réalités sociales
et, par cela même, elle donne la mesure de l'application
possible des vérités idéales et elle en fournit objectivement le contrôle.

Je définis donc la science sociale en disant qu'elle étudie
les phénomènes des sociétés humaines pour en déterminer
la corrélation et les expliquer les uns par les autres, en
les rattachant à un phénomène fondamental évolutif.

On voit que je laisse immédiatement de côté les sociétés
animales, et même les sociétés de sauvages, parce que
l'évolution me paraît le seul fait intéressant à étudier, le
seul qui puisse donner lieu à une science et à un art ; et
parce que, d'ailleurs, entre les sociétés primitives et les
sociétés civilisées, aussi peu civilisées qu'on les suppose,
il semble qu'il y ait une lacune infranchissable que l'archéologie préhistorique est impuissante à combler, sinon
par des conjectures invérifiables.

Je ne comprends dans cette sociologie objective, ni

l'histoire des sciences spéculatives, ni celle de la haute morale, ni celle de la littérature et des beaux-arts, parce que, au point de vue social, ce sont là des épiphénomènes. Bien loin d'en contester la valeur ou d'en méconnaître la portée, j'y vois, au contraire, le couronnement des efforts de l'humanité ; mais ces œuvres extra et supra-sociales se développent au sein d'une élite internationale, et ne se proportionnent jamais exactement à l'état social des populations.

Par contre, je comprends dans cette sociologie objective l'histoire des « arts techniques », ainsi que M. Espinas propose d'appeler les arts utilitaires[1] ; et l'histoire des religions comme aussi celle de la morale pratique. Il y a, en effet, une morale pratique, qui se confond longtemps avec la religion et qui intéresse fort les sociétés humaines. Cette morale, qui est relative au temps et aux mœurs, se transforme avec les autres phénomènes sociaux ; il faut évidemment l'étudier en sociologie. Je tâcherai de montrer qu'elle est une résultante du fonctionnement social tout entier et non point, comme on est souvent tenté de le croire, un principe de ce fonctionnement.

2. — Le phénomène évolutif fondamental.

Il faut étudier la société comme si nous n'en faisions pas partie, comme si même nous n'étions pas des hommes de cette planète.

A ce point de vue, le fait le plus frappant pour un observateur, celui pourtant sur lequel les sociologues ont

---

(1) Espinas, *Origines de la technologie* (Paris, Alcan, 1897). *La philosophie sociale du* XVIIIe *siècle et la Révolution*, p. 9 (1898).

le moins insisté, c'est la diversité numérique très grande de l'effectif des sociétés [1]. Les sociétés animales sont, en général, fort peu étendues ; et, depuis qu'on en a connaissance, on ne les voit point s'accroître. Les sociétés humaines sont, au contraire, très extensibles. N'ayant qu'une faible population aux époques les plus reculées, composées tout au plus de milliers d'hommes, elles en comptent aujourd'hui des millions, et même des dizaines, des centaines de millions. L'accroissement en est continu, soit par la multiplication de la population dans l'enceinte de ses frontières, soit par la fusion volontaire ou contrainte des nations limitrophes en un seul État qui les combine. La tendance à l'agglomération est si prononcée que les penseurs, qui spéculent volontiers sur l'au-delà des temps présents et prochains, prévoient déjà des fédérations ou des fusions continentales et, un jour même, l'unification dans une seule société, dans une civilisation unique, de l'humanité tout entière.

Il faut d'ailleurs observer que le développement réel des sociétés humaines est bien plus considérable que l'accroissement numérique de la population ne le fait apparaître. Par exemple, au lieu de dénombrer les têtes humaines qui vivent sous un régime déterminé, en confondant soit les esclaves avec les maîtres, soit les hommes absolument subordonnés avec les citoyens libres, si l'on s'attache au recensement des véritables éléments de la société, des hommes autonomes et délibérants qui contri-

---

(1) J'ai toutefois rencontré avec plaisir dans un article sur l' « évolution du régime économique » (*Le devenir social*, juin 1896, chez Giard et Brière, éditeurs), dû à la plume de M. Maxime Kovalewski, l'éminent professeur de Moscou, une thèse qui rentre tout à fait dans la doctrine que je soutiens ici, à savoir que « le moteur principal de l'évolution économique est la marche ascendante de la population. » J'étends cette proposition à tous les fonctionnements sociaux.

buent à l'action sociale, on reconnaît que la multiplication des parties vitales de la société a été beaucoup plus grande que celle de ses habitants. Une société antique, telle qu'Homère la dépeint, se composait de quelques dizaines ou centaines de membres actifs, disposant de tous les biens et chefs absolus de toutes les personnes ; une société moderne d'une trentaine de millions d'âmes compte le quart ou le tiers d'hommes libres, plus ou moins délibérants. La progression civique, depuis l'antiquité, est donc beaucoup plus forte que ne le ferait présumer la simple progression numérique.

D'une manière générale, on peut dire qu'une société est d'autant plus perfectionnée, plus avancée dans la voie de la civilisation, qu'elle comprend un plus grand nombre d'individus et surtout de citoyens exerçant des droits actifs.

Telle est la première induction que pourrait tirer des faits les plus apparents un observateur impartial des sociétés humaines. Mais, pour peu qu'il descendît dans le détail des faits observés, il reconnaîtrait bientôt combien il est insuffisant de juger de la valeur d'une société d'après le nombre des hommes qu'elle régit. Sur ce seul caractère, en effet, de grands empires barbares sembleraient supérieurs à de petits États très civilisés, ce qui serait tout à fait contraire à la vérité.

Il faut alors poursuivre l'analyse plus intimement, en pénétrant dans la profondeur du corps social, et se rendre compte de la manière dont l'agglomération humaine s'est produite.

Nous voyons que les premières petites royautés grecques, comme celles de Priam à Troie, de Ménélas à Lacédémone, d'Alkinous dans l'île des Phéaciens, résidaient

essentiellement dans un château-fort, autour duquel se
groupaient les habitations des vassaux libres et des serfs-
clients. Quand ce groupement fut assez important pour
mériter d'être défendu, un mur d'enceinte protégea toutes
les habitations, et le château-fort devint la citadelle du
bourg.

Nous apercevons plus tard que plusieurs bourgs se
confédèrent ou se soumettent à l'un d'entre eux, plus
populeux, plus glorieux, plus puissant, où se fonde l'autel
d'un culte commun et où siège le chef de toute la nation,
le roi des rois. C'est ainsi que Thésée groupa les douze
bourgades de l'Attique et fonda Athènes. C'est probablement ainsi que Romulus fonda Rome, en réunissant les
deux collines du Palatin et du Capitolin dans la même
enceinte sacrée, que Servius Tullius étendit ensuite à six
collines. Nous avons là l'apparition de la *cité*, qui se
superpose aux châteaux et aux bourgs.

Puis, la cité devient prépondérante et conquérante :
elle implante ses colonies chez les nations voisines, elle
impose son alliance à d'autres cités, elle leur dicte ses
conditions, elle les oblige à un tribut, à des presta-
tions, à un service militaire. Nous voyons alors une
métropole, comme Athènes ou Sparte, exercer une hégémonie sur un grand nombre de cités inférieures, ou,
comme Rome, leur imposer plus directement son autorité.

Enfin, l'histoire moderne nous a fait assister à la disparition des grands fiefs ou des petits royaumes et à la
fusion successive des populations dans un groupement
plus étendu, dans un État plus puissant, dont la *capitale*
régit les anciennes métropoles devenues des chefs-lieux
de province, et, par celles-ci, étend son autorité sur toutes
les cités et les bourgs.

A l'heure actuelle, si nous prenons la France pour exemple, nous trouvons [1] :

1 capitale (Paris), d'environ 2.500.000 habitants, (2.447.957 en 1891 ; 2.536.834 en 1896) ;

4 métropoles ou sous-capitales (Lyon, Marseille, Bordeaux, Lille), de 216.000 à 466.000 habitants ;

24 grandes villes, dont la population moyenne est de 70.000 habitants, qui sont en même temps chefs-lieux de département et sièges d'un corps d'armée ou d'une cour d'appel ;

66 villes, dont la population moyenne est de 25.000 habitants, qui sont, ou chefs-lieux de département, ou préfectures maritimes, ou sièges d'une cour d'appel;

267 petites villes de 9 à 10.000 habitants, qui sont simplement chefs-lieux d'arrondissement, c'est-à-dire sous-préfectures et sièges d'un tribunal de première instance ;

2.500 chefs-lieux de canton, sièges d'une justice de paix [2] ;

33.000 chefs-lieux de commune rurale, sièges d'une paroisse et d'une école primaire [3] ;

491.800 hameaux, villages et sections de commune, distincts du chef-lieu.

Telle est la disposition concentrique et hiérarchique

---

(1) Au moment où j'écris, les chiffres détaillés du dénombrement de 1896 ne sont pas encore publiés; je m'en tiens donc à ceux de 1891.

(2) Il y a 2.871 cantons, mais en défalquant les villes, il ne reste environ que 2.500 cantons ruraux.

(3) Le nombre des communes est de 36.144, mais il faut en déduire les villes et les chefs-lieux de canton pour avoir les simples communes rurales.

des agglomérations d'hommes qui forme l'organisation sociale d'une grande nation moderne. Il y a là comme une stratification des débris de l'histoire qui a superposé successivement les bourgs aux villages, les cités grandes et petites aux bourgs, les chefs-lieux de province et les métropoles aux cités, et enfin la capitale moderne aux petites capitales anciennes restées au rang de simples grandes villes. On peut donc dire que les nations comme la France représentent une combinaison sociale au moins à la quatrième puissance.

Il y a des nations moins riches en tissus sociaux. Tels sont, en général, les États orientaux dont la constitution rappelle encore celle des empires de l'antiquité, où il n'y avait pas d'autre subordination entre les villes qu'une dépendance militaire et fiscale, chacune d'elles fonctionnant d'ailleurs isolément dans tous les autres ordres d'activité et n'étant ni sous l'influence réelle de la capitale nominale ni dans une supériorité effective sur d'autres centres de population moins importants. C'est ainsi qu'en Chine, en Perse, en Turquie, on observe d'assez grandes villes, séparées les unes des autres par des milieux presque déserts, et non reliées, comme en Occident, par un réseau ininterrompu de petites agglomérations. Il est incontestable que de tels États représentent une matière sociale moins *organisée*, au sens physiologique du mot, moins vivante, plus voisine d'un état primitif, amorphe et inconsistant.

CHAPITRE XI

LA DIVERSIFICATION DES FONCTIONS

CORRÉLATIVE AU DÉVELOPPEMENT DE LA POPULATION UNIFIÉE

1. — Les périodes accomplies de l'évolution.

La population d'une société devenant plus nombreuse
et plus active, il en résulte un tel accroissement des
fonctions primitives que celles-ci se dédoublent, se sub-
divisent et, en se spécialisant, changent de caractère entre
les mains des fonctionnaires nouveaux.

Cette diversification croissante est facile à observer dans
toutes les nations en progrès. Nous nous attacherons, en
particulier, pour illustrer notre thèse, au développement
très marqué des peuples aryens occidentaux et, parmi
eux, nous suivrons plus spécialement la branche romaine,
où l'évolution a été la plus régulière.

Dans l'histoire de ces peuples dont nous descendons, il
me semble que l'on peut distinguer, depuis les temps
homériques jusqu'à nos jours, six âges; mais il y en a
deux qui ont été occupés par une rétrogradation et une
reconstitution, en sorte que les six âges ne correspondent
qu'à quatre périodes évolutives, dont j'établis comme
suit la concordance avec les âges.

Le premier âge est plutôt légendaire qu'historique : il

forme la PREMIÈRE PÉRIODE de l'évolution, celle des *bourgs ;*

Le deuxième âge historique va de la fondation de Rome à Jules César : il correspond à la DEUXIÈME PÉRIODE évolutive, celle des *cités ;*

Le troisième âge historique va de Jules César à Théodose : il correspond à la TROISIÈME PÉRIODE évolutive, celle des *métropoles* ou cités maîtresses (dont Tyr, Carthage, Athènes, Sparte avaient déjà antérieurement donné des exemples);

Le quatrième âge historique va de l'établissement des royaumes barbares à la fin de la féodalité : il marque un retour à la deuxième période (des cités), c'est la rétrogradation dont je parlais tout à l'heure ;

Le cinquième âge historique est occupé par les monarchies modernes d'ancien régime : on y observe, avec la renaissance, la reprise de la troisième période évolutive, interrompue par la chute de l'Empire romain, et l'achèvement de cette période ;

Le sixième âge historique est en cours, c'est celui des États constitutionnels contemporains : il correspond à une QUATRIÈME PÉRIODE évolutive, celle où apparaissent les *capitales* proprement dites.

Nous verrons tout à l'heure qu'il semble qu'on puisse prévoir d'autres âges historiques appelés à former une CINQUIÈME PÉRIODE.

Dans ce chapitre où je me borne à faire une esquisse de l'évolution, je laisse les âges de côté, je ne m'attache qu'aux périodes [1].

Première période. — Le chef de clan, ou le patriarche,

---

(1) Je dois dire ici, par respect pour le lecteur, que ce n'est pas un simple programme que je lui présente, mais le *résumé* d'une étude, aussi complète que j'ai été capable de la faire, sur l'évolution en question.

ou le *paterfamilias* (il faut voir dans l'ancien droit romain tout ce que ce terme comportait de pouvoirs rigoureux), était à la fois le capitaine ou le roi de son personnel, le prêtre du culte domestique, le maître souverain du domaine qui faisait vivre les membres de sa famille, ses sujets et ses esclaves. Il exerçait donc en même temps des fonctions guerrières et judiciaires, des fonctions religieuses et des fonctions économiques, si tant est que l'on puisse qualifier ainsi et analyser après coup ce qui était d'abord confondu et absolument indistinct. Dans toutes ces fonctions d'ailleurs, nul partage entre la délibération et l'action. Le chef qui commande combat au premier rang, et le combat, toujours individuel, est une œuvre de force physique et brutale ; il s'agit de rompre l'armure de l'adversaire à grands coups de lance ou de hache. Le chef qui juge et condamne est souvent le propre bourreau de ses victimes [1] ; la justice ne se distingue pas de la vengeance. Le chef qui sacrifie aux dieux, allume un bûcher et se livre à une opération de boucherie : il abat le bétail, le dépèce suivant les rites et en brûle les entrailles sur l'autel. Quant au travail pastoral, agricole ou artisan, nous voyons, dans Homère, que les dieux mêmes, les propres fils de Zeus, Hermès, Héphaistos (ou, si l'on veut, Mercure, Vulcain), se livrent aux métiers de bouvier et de forgeron [2], ce qui prouve que ce n'étaient point alors des travaux serviles. Ulysse, le roi d'Ithaque, a construit sa maison et fabriqué ses meubles ; son père Laërtes fume sa vigne, émonde ses arbres, cultive son jardin [3]. Nul, parmi les

---

(1) Voir dans l'*Odyssée*, chant XXII, la terrible scène du massacre des prétendants et celle du supplice des servantes infidèles ainsi que du chevrier traître.

(2) *Iliade*, chant XVIII ; *Hymnes homériques*, hymne II, à Hermès.

(3) *Odyssée*, chants XIII et XXIV.

plus riches d'alors ou les plus puissants, n'éprouve de
répugnance à se livrer aux œuvres manuelles : elles ne sont
point encore la spécialité de l'esclave ou du pauvre ; il n'y
a point de fonctions méprisées parce qu'elles ne sont pas
catégorisées. Tous les modes d'activité, de pouvoir, de
droit sont ainsi confondus dans une indivision profonde.
Cet état social, que la bible et les poèmes homériques nous
font entrevoir, paraît correspondre à cette période d'agglomération primitive qui est caractérisée par le château-fort
et le bourg[1].

Deuxième période. — Dès qu'apparaissent les cités, un
nouvel état social s'observe. Il y a une fédération des bourgs
ou de leurs châtelains autour du plus puissant d'entre eux,
qui devient le roi des rois, ou le roi proprement dit. La
cité est constituée par une citadelle (acropole, capitole)
qui protège l'autel ou le temple du culte fédéral. Autour
des murs de la ville sainte s'étend un *pomerium*[2], lieu
d'asile qui devient un faubourg, où habitent pêle mêle les
citoyens libres sans biens, les bâtards sans famille, les
réfugiés, souvent criminels ou proscrits, des villes voisines, les résidents ou immigrants étrangers, tout un
ensemble enfin d'éléments disparates qui forme la *plèbe*.
Cette plèbe qui n'a pas de terre et qui vit, par conséquent,
des travaux d'artisan et du commerce, n'a pas non plus de
culte ni de droits reconnus ; mais elle est presque toujours protégée par le roi, qui s'appuie au besoin sur elle
pour résister aux seigneurs trop indépendants des bourgs
et des châteaux ; et peu à peu cette plèbe est admise aux

(1) Le mot *bourg* vient du vieil allemand *burg* qui signifiait château-fort
et qui a servi ensuite à désigner l'agglomération autour du château.

(2) Le *pomerium* (post mœros = post muros) était une zone libre qui
suivait le tracé du mur de la ville (Gow et Reinach, *Minerva*, p. 173).

cérémonies du culte public, elle figure dans l'armée, elle obtient, somme toute, des garanties d'existence. De la lutte entre les seigneurs et les rois, d'une part, entre la plèbe et les patriciens, d'autre part, il résulte une série de compromis qui forment une véritable constitution. Alors, au lieu de la primitive indivision des fonctions, trois ordres d'activité se dessinent nettement. D'une part, il y a un *gouvernement* proprement dit, qui s'occupe de la guerre avec les peuples ennemis, de la défense et de l'approvisionnement de la cité, et qui appartient naturellement aux chefs militaires nommés à vie ou pour un temps déterminé, mais choisis d'ordinaire parmi les membres des familles glorieuses. D'autre part, le *culte* national est dévolu à des prêtres, qui ont d'ailleurs fréquemment pour chefs les anciens rois héréditaires ou les descendants de ces anciens rois, lorsque ceux-ci ont été dépouillés de leur autorité temporelle. Enfin, la *production* cesse d'être uniquement consacrée à la consommation de la famille et exercée par elle ; une partie des produits de la terre ou des services des artisans est livrée à l'échange. La terre n'est plus alors un apanage de seigneurie, un « domaine » ; elle commence à prendre le caractère d'un moyen de production, accessible, non seulement aux cadets des familles patriciennes qui ont partagé le primitif domaine indivis, mais encore aux anciens clients qui se sont émancipés et aux plébéiens qui peuvent acquérir une propriété.

Troisième période. — Quand la cité, colonisatrice ou conquérante, ce qui d'ailleurs se ressemble beaucoup, a établi sa prépondérance sur d'autres cités, au point d'être une métropole ; par le fait de l'alliance imposée ou concé-

dée aux autres villes et par les efforts mêmes de la conquête ou de la colonisation, l'activité sociale s'est accrue,
les relations de toute nature se sont multipliées, étendues,
compliquées. Il en résulte un nouvel état social que l'on
peut définir par la prépondérance de l'organe central et
désigner sous le nom d'étatisme. Il entraîne un nouveau
et profond démembrement des fonctionnements divers.
Dans le gouvernement, nous voyons le pouvoir se diviser
en autorité militaire et en *autorité civile*, avec la prépondérance d'abord à l'une puis à l'autre ; en sorte, par
exemple, que les titres de consul, proconsul, préteur,
propréteur, qui étaient d'abord affectés à des commandements militaires, finissent par ne plus désigner que des
dignités ou des magistratures civiles. — Dans la production, une évolution non moins importante s'accomplit.
Les échanges habituels ont fait recourir au monnayage des
métaux précieux, les relations plus étendues ont nécessité
des transports par terre et par eau et l'emploi d'un outillage spécial, la guerre et la colonisation ont multiplié les
esclaves : ce sont-là des capitaux qui deviennent des
moyens de production aussi importants que la terre. Et,
de fait, nous assistons au développement de la navigation,
à la construction des routes, des ponts et des ports, à la
mise en exploitation des mines et à la création des *manu-
factures*. Ainsi non seulement la séparation des métiers
est beaucoup plus complète qu'à la période précédente,
mais la division du travail proprement dite s'établit entre
les ouvriers coopérant à la même production, et dans ce
sens l'on peut dire que ce n'est pas seulement l'industrie
qui devient manufacturière, mais aussi l'agriculture. —
Dans la croyance, sous la double pression politique et
économique, une division s'introduit. D'une part, la reli-

gion se modèle sur la société politique : on adore un Dieu
suprême qui domine de très haut les dieux particuliers
des cités et, à plus forte raison, les simples pénates des
familles; on arrive à l'archithéisme (je me risque à appeler
ainsi le polythéisme hiérarchisé sous un Dieu princi-
cipal), on parvient même au monothéisme. D'autre part,
les pratiques commerciales et industrielles, les construc-
tions et les travaux publics, la navigation, ont développé
les arts du calcul, de la géométrie, de la mécanique et
de l'astronomie, et provoqué la première institution du
savoir positif sous la forme mathématique. D'abord cul-
tivé par les prêtres eux-mêmes, ce savoir, qui commence
nécessairement quoique très obscurément à restreindre le
domaine du culte, sans affaiblir pourtant encore l'idée
religieuse, devient aussi la spécialité des savants (sophistes
et philosophes).

2. — Les périodes de l'évolution en cours
d'accomplissement ou à venir.

Quatrième période. — Un quatrième développement de
l'agrégation sociale se produit, nous l'avons vu, par la
réunion des petits États (royaumes, petites souverainetés,
fiefs,) en un grand État, qui superpose une grande capitale
aux petites capitales anciennes ou aux chefs-lieux de province, en supprimant les frontières intérieures et en uni-
fiant les lois. Ce nouvel état social entraîne d'importantes transformations.

Dans l'ordre politique, le développement de la richesse
accroît l'indépendance des principaux citoyens et suscite
chez tous l'esprit d'égalité. En même temps, la concen-

tration d'un grand nombre d'hommes industrieux dans les villes et surtout dans la capitale, facilite les mouvements populaires et rend en quelque sorte irrésistibles les manifestations de l'opinion publique. C'est sous cette influence que les individus s'émancipent et s'affranchissent de l'État dans une large mesure. Ainsi, l'individualisme et la centralisation sont, à mon avis, connexes, tandis que l'étatisme et la décentralisation peuvent fort bien rester associés. Quoi qu'il en soit, dans cette période de centralisation, nous voyons le militarisme se réduire, l'autorité civile s'accroître et se subdiviser en deux pouvoirs : le pouvoir administratif ou exécutif; et le *pouvoir législatif* ou parlementaire, avec les libertés de manifestation (pétition, presse, réunion) qui en sont les auxiliaires habituels.

Dans l'ordre économique, les capitaux, qui se sont multipliés et qui s'associent sous toutes les formes, s'appliquent à la mise en œuvre des forces productives plus puissantes que la force musculaire des hommes ou des animaux ou que la force naturelle des vents et des courants ; ils servent à dégager les forces physico-chimiques : le calorique de la houille et du gaz, l'élasticité de la vapeur d'eau et de l'air comprimé, la dilatation soudaine des gaz produits par les explosifs, les courants électriques développés par les réactions chimiques ou les inductions magnétiques, etc., etc. Leur utilisation industrielle se résume en deux énormes progrès : la création des moyens rapides et puissants de transport et de communication (chemins de fer, bateaux à vapeur, canaux fluviaux et maritimes, télégraphes, câbles sous-marins, téléphones); la substitution de la *machinofacture* à la manufacture, c'est-à-dire de la grande production à la petite et du grand commerce directà la multiplicité des trafics et des entreprises.

La double transformation sociale, politique et économique, se reflète nécessairement dans la croyance. Les progrès industriels ont suivi ou provoqué des découvertes scientifiques qui constituent peu à peu le deuxième groupe des sciences positives. Le savoir positif, en s'étendant ainsi aux sciences physico-chimiques et en touchant aux sciences naturelles, réduit en proportion le domaine des choses inexpliquées, qui est celui des interventions divines et sacerdotales ; il incline donc la religion vers un *demi-rationalisme*, où la providence de Dieu est encore supposée s'exercer sur les choses vivantes et spirituelles, mais s'identifie déjà avec l'ordre naturel dans tout ce qui concerne les phénomènes de la matière et du mouvement.

Nous en sommes là. Nous n'avons pas encore rempli la carrière de l'individualisme ; et même si nous l'avions remplie, nous ne serions pas encore au terme du progrès social. Je crois qu'on peut prévoir une cinquième période évolutive.

Cinquième période. — Quelle sera la forme d'agrégation supérieure qui réclamera et permettra en même temps un état social plus parfait ? Nous ne saurions le dire avec certitude ; mais nous pouvons peut-être avancer qu'elle se produira par une concentration des populations encore plus intense et plus générale que la concentration présente, puisque, dans le passé, tout le mouvement de l'évolution a été déterminé par un phénomène démotique [1] de cette nature. On répugne à penser que cette concentration nouvelle pourrait se produire par les

(1) Qu'on me permette ce mot utile pour signifier ce qui est afférent à la population (de *démos*, peuple).

moyens brutaux de la conquête militaire ; le développement même des nations en présence y oppose des obstacles grandissants. Il paraît beaucoup plus probable que cette concentration se réalisera plus pacifiquement et peut-être plus efficacement par une libre fédération des États, dont l'Union américaine nous donne un exemple et dont le concert européen, si vanté, est un premier avant-coureur, d'ailleurs absolument imparfait.

Cependant, si nous ignorons encore le *processus* de l'évolution à venir, nous pouvons en pressentir les effets par les lacunes mêmes de notre présent état social.

Dans l'ordre gouvernemental, nous pouvons dire que, ni entre les nations, ni entre les collectivités particulières, ni même entre les individus, il n'existe de pouvoir arbitral ou judiciaire absolument indépendant, soit de l'autorité militaire, soit de l'autorité administrative, soit de l'autorité législative. En France, nous en sommes encore au régime des juridictions spéciales, où la justice, quand elle n'est pas intéressée dans les procès, obéit tout au moins à un dangereux esprit de corps. Affranchis à grand'peine de la juridiction ecclésiastique, nous sommes encore soumis à la juridiction militaire, à la juridiction administrative, à la juridiction consulaire, sans compter les menues juridictions pédagogiques, professionnelles, etc. Ce sera donc la constitution indépendante de l'*autorité judiciaire*, nationale et peut-être aussi internationale, qui sera l'œuvre principale de la future évolution.

Dans le domaine de la croyance, il est évident que le savoir doit être complété par la constitution définitive des *sciences organiques*. Or, nous ne sommes qu'au début des découvertes biologiques, la sociologie est à peine née, l'idéologie encore incertaine n'est qu'à l'état fragmentaire ; nous

avons donc de grands progrès à accomplir. Quand les lois
des phénomènes organiques seront suffisamment connues
et mises en pratique, les cultes n'auront plus d'application utilitaire; on ne sollicitera plus directement et céré-
moniellement Dieu et les Saints pour obtenir l'apparition
de tel ou tel phénomène qu'on saura prévoir sûrement et
qu'on pourra assez souvent provoquer par des moyens
scientifiques. La religion pourtant disparaîtra-t-elle? N'en
croyons rien; elle a des racines trop profondes dans le
cœur de l'humanité; elle est trop naturelle aux enfants,
aux femmes, aux hommes simples, aux individus malheu-
reux, aux vieillards. On peut seulement espérer qu'elle se
transformera en une doctrine demi-symbolique, qui servira utilement de lien entre la philosophie abstraite des
savants ou des libres penseurs et le réalisme concret dont
les imaginations vives et spontanées ne parviennent pas
à s'affranchir. Au surplus, à cette religion transformée, un
grand rôle social pourrait rester dévolu. Les idées ne
mènent le monde que par l'intermédiaire des sentiments;
il faut donc les traduire en sentiments et faire aboutir la
science à des émotions. Les savants, si admirables soient-
ils, n'y suffisent pas; des moralistes y sont nécessaires,
pour marier la science qui éclaire aux arts qui émeuvent,
et répandre entre tous la sympathie fraternelle qui féconde
l'action sociale. Je pense donc que, dans la société future,
il y aura place, et peut-être une très large place, pour une
religion renouvelée, qui pourra être la source de très vives
et très pures jouissances.

Dans l'ordre économique, le champ à parcourir est tout
aussi vaste. Nous sommes loin d'avoir déjà utilisé toute
la série des forces physico-chimiques : la chaleur solaire
et le mouvement des marées sont presque sans emploi,

l'électricité n'est qu'à ses débuts, la synthèse chimique ne fait que d'entrer dans une carrière merveilleuse. Quant aux forces biologiques, nous commençons seulement à entrevoir l'immense parti que nous avons à en tirer. Lorsque nous connaîtrons positivement les lois de la nutrition des plantes et des animaux, les effets du croisement des races, de l'hérédité et de la sélection, l'action des ferments et des micro-organismes, les moyens de préserver la vie végétale, animale et humaine des maladies infectieuses, épidémiques et contagieuses, il n'est pas exagéré de dire que la culture, l'élevage, la colonisation et nombre d'industries en seront révolutionnés, et que les conditions d'existence de l'humanité tout entière s'en trouveront radicalement transformées. Après l'atelier domestique, la manufacture et la machinofacture, il y a donc lieu de pressentir un nouveau mode de production qui n'a pas encore de vocable dans le langage économique et que, faute d'expression, je désignerai sous le nom de *vivifacture*.

Faut-il aller encore plus loin? Ce cinquième état social sera-t-il le dernier? Et peut-il y avoir un dernier terme à l'évolution sociale? Qui oserait être affirmatif sur de tels points! Tout ce qu'on peut dire, c'est qu'en vertu de la théorie qui nous guide et qui nous fait subordonner le progrès social à l'accroissement de la population soumise à une même discipline, ce progrès nous apparaît présentement comme indéfini, parce qu'une grande étendue du globe terrestre est encore déserte, que d'autres parties sont très peu peuplées, et que les mieux garnies sont encore séparées les unes des autres par des frontières matérielles et morales si difficiles à franchir que les civilisations actuelles sont extrêmement diverses et quelquefois opposées. Néanmoins, nous concevons que ce progrès social a une limite certaine, à cause des dimensions fort restreintes de notre Terre qui ne permettront jamais qu'un développement de population inférieur à celui que comporterait. par exemple, une planète comme Jupiter, si elle était habitée. Toutes choses égales d'ailleurs, on peut supposer que le progrès social atteindrait chez les joviens, qui disposent d'une superficie cent vingt fois plus étendue, un maximum auquel nous autres, modestes terriens, nous ne serons jamais capables de parvenir.

Cela revient à dire, du reste, qu'il n'est pas irrationnel d'admettre que tout organisme matériel, ou lié à des conditions matérielles, soit limité dans son développement. L'organisme vivant, dont toutes les parties sont contiguës et asservies les unes aux autres, est borné dans sa croissance et condamné au déclin et à la mort. L'organisme social, dont les éléments sont plus libres et les parties plus indépendantes, peut échapper au déclin et à la mort, bien qu'il y soit encore exposé ; mais, au delà d'un certain développement, il pourrait se faire qu'il restât indéfiniment stationnaire.

Je me hâte d'ajouter, pour les affamés d'idéal, que, même dans cette hypothèse, nos arrière-petits-neveux, affranchis de toutes nos pesantes préoccupations sociales, se trouveraient alors doués d'une idéologie si puissante, que dans ce domaine intellectuel, ils pourraient croire à l'infinité du progrès.

3. — La survivance des fonctions.

Dans cette esquisse, le progrès social se présente avec le caractère d'une diversification des fonctions, d'une divi-

sion de l'activité qui était primitivement indifférenciée.
La croissance sociale est ainsi comparable à la ramification d'un grand arbre. Mais, pas plus que les rameaux ne suppriment la vitalité du tronc et des branches maîtresses, les nouveaux fonctionnements sociaux n'abolissent les fonctionnements antérieurs ; ils en réduisent seulement l'importance dans l'activité totale, et ils contribuent à en modifier l'allure. Néanmoins, le fait capital, sur lequel il faut insister ici, est la survivance des fonctions primitives, à travers toutes les transformations sociales et sous toutes les frondaisons nouvelles.

Ainsi, de nos jours, l'antique gouvernement guerrier subsiste encore, mais sous la forme d'une simple fonction militaire. Au lieu d'être l'unique ou la principale activité gouvernementale, elle n'en est qu'une partie accessoire et subordonnée, ce qui s'exprime par la formule généralement admise de la « suprématie du pouvoir civil ». L'armée n'est même pas le pouvoir exécutif, elle n'est que le bras du pouvoir exécutif ; et c'est seulement aux époques de grand trouble et de profond désordre, en temps de guerre ou d'insurrection, c'est-à-dire dans les crises marquées par une rétrogradation sociale, que l'autorité militaire reprend pour un moment la domination. — Il en est de même pour la religion, qui, au lieu de présider à tous nos actes et d'intervenir à tous les instants de notre vie, comme elle faisait aux époques ferventes de la primitive antiquité et du moyen âge, n'occupe maintenant que la plus petite place dans l'instruction scolaire des enfants et n'apparaît pour les adultes (je parle des fidèles) que quelques minutes par jour, à la prière du matin ou du soir, une heure par semaine, à l'église le dimanche, et quelques heures par-ci par-là dans les circonstances solennelles, à l'occasion des baptêmes, des premières communions, des mariages ou des décès. — Il en est de même enfin de la production domestique, qui autrefois était la seule en usage et suffisait à la satisfaction de tous les besoins : alimentation, vêtement, logement, chauffage, outillage, etc. ; tandis que, aujourd'hui, elle se trouve restreinte aux modestes soins du ménage, dont s'acquittent les femmes et les domestiques, les hommes y prenant peu de part, sauf par le jardinage, la chasse, la pêche et d'autres menues contributions, et s'occupant principalement de la gestion de la fortune privée.

Le progrès de l'activité sociale a donc beaucoup plus pour caractère l'adjonction continue de fonctions nouvelles que l'abolition des fonctions anciennes.

C'est là un point de vue qui doit, suivant moi, séparer assez nettement la doctrine évolutive de toutes les théories radicales révolutionnaires. Celles-ci professent que les organismes nouveaux peuvent et doivent se substituer entièrement aux anciens. Pour ma part, je n'en crois rien ; ils ne font que s'y superposer.

L'observation n'est pas négligeable. On comprendra tout de suite que, dans le système de la survivance et de l'évolution par superposition, que je crois seul conforme à l'histoire, il n'est pas possible de spéculer sur l'abolition du militarisme, par exemple, ou sur l'extension du système représentatif et électif à toutes les fonctions administratives et judiciaires ; pas possible non plus d'admettre que la grande industrie scientifique et le grand commerce direct se substituent à la multitude des moyennes entreprises, des magasins particuliers, des petits ateliers, des petites cultures et préparent ainsi l'avènement du collectivisme ; pas possible enfin d'imaginer que la religion soit complètement absorbée dans la métaphysique, qui disparaîtrait à son tour devant le déterminisme scientifique.

Ce sont-là, je le répète, des conceptions radicales, aboutissant à un démocratisme, à un industrialisme, à un athéisme, que nulle part l'expérience des peuples ne nous fait apercevoir dans la réalité sociale. Partout, au contraire, nous voyons un organisme militaire persistant, quoique de plus en plus réduit *relativement* à l'ensemble de l'activité du pays et de plus en plus subordonné aux pouvoirs civils. Nous voyons aussi une petite culture, une petite industrie, un petit commerce, qui se perpétuent quoiqu'ils soient de moins en moins importants dans l'économie totale de la nation, et de plus en plus dépendants de la grande production et des grands organismes de l'échange. Nous voyons enfin un fond de croyances religieuses qui survit aux progrès du savoir humain, mais qui, somme toute, s'est épuré d'un certain nombre de crédulités et de superstitions, devenues inconciliables avec les applications familières de la science. Si tenaces qu'elles soient, ces croyances s'achemineront sans doute, lentement mais sûrement, vers un uni-déisme commun à tous les peuples, lequel sera un jour le symbole de l'ordre invariable, universel et nécessaire qui s'observe dans le monde et dans la raison humaine.

Je me sens donc invinciblement conduit à admettre ce principe de la persistance des fonctions primaires comme une condition essentielle de la sociologie, tout en considérant, bien entendu, que le progrès social consiste dans la subordination de plus en plus grande de ces fonctions primaires aux fonctions supérieures, suscitées et développées par l'évolution.

CHAPITRE XII

1. — Analogies trompeuses tirées de la mécanique et de la biologie.

L'étude de l'évolution de l'activité sociale, — gouvernement, croyance, production, — sous l'impulsion de la population croissante, nous conduit à reconnaître trois lois de développement que l'on peut résumer ainsi :

1° Avènement de la justice dans la fonction gouvernementale par son dégagement successif de la superstition religieuse, de la violence militaire, de l'arbitraire administratif et de l'usurpation parlementaire ;

2° Progression des forces mises en œuvre dans la fonction productive par la séparation des métiers et la division du travail, et, à la faveur de celle-ci, par l'emploi des forces naturelles, puis des forces artificielles physico-chimiques et enfin des forces organiques ;

3° Combinaison de ces deux progressions dans l'évolution de la croyance, qui, dans sa partie religieuse, reflète le développement politique, et, dans sa partie scientifique, subit l'influence des progrès techniques réalisés dans la production.

Telle est, pour nous, l'analyse du Progrès. Il nous reste à présenter l'autre face du phénomène social et à formuler une loi de l'Ordre.

Auguste Comte désignait cette partie de la sociologie, qui étudie les conditions de l'ordre dans les sociétés, sous le nom de « statique sociale », l'autre partie relative au progrès formant, d'après lui, la « dynamique sociale ». Ces termes, empruntés à la mécanique, n'étaient point sans quelque inconvénient. Lorsqu'il s'agit de faits aussi distincts et d'un caractère aussi spécifique que les faits sociaux, toute assimilation à d'autres phénomènes est forcément inexacte. En mécanique, la notion de l'équilibre, comme l'indique le mot lui-même (*æqua libra*, poids égal dans chaque plateau de la balance), implique une neutralisation de deux ou plusieurs forces les unes par les autres, parce qu'elles se trouvent égales et opposées. Quand toutes les forces se font équilibre, le repos est absolu, on a l'illusion d'une absence complète de forces ; quand toutes les forces s'annulent à l'exception d'une seule, celle qui subsiste en excédent des autres imprime à la matière un mouvement simple et uniforme, on a l'illusion d'une seule force existante, beaucoup plus faible qu'elle n'est en réalité. Ces lois sont-elles applicables aux sociétés? et peut-on dire, d'une manière générale, que l'ordre social ne résulte que de l'opposition de toutes ou presque toutes les forces sociales et de leur neutralisation réciproque? La chose ne paraît pas soutenable, puisqu'alors l'ordre serait le contraire du progrès, la négation même de la vie !

Comte ne s'est pas contenté de cette première analogie ; il en a invoqué une seconde, encore plus fâcheuse à mon avis. Il a assimilé la statique sociale à l'anatomie des corps vivants, tandis que la dynamique sociale correspondait, d'après lui, à leur physiologie.

Il y eut là, suivant moi, une véritable méprise; car on

ne saurait comparer une nation dans son état normal d'activité et de stabilité à l'état d'inertie des corps privés de mouvement, voire des cadavres sur lesquels on a coutume d'étudier l'anatomie en sectionnant les membres et en disséquant les organes. Quand on observe, non plus le sujet mort, étalé sur la dalle du laboratoire, mais l'homme vivant, fût-il au repos, ce n'est pas une observation anatomique que l'on pratique, c'est une observation physiologique. Il ne s'agit pas seulement de se rendre compte de l'antagonisme de certains muscles qui doit produire la station de tel ou tel membre, il faut surtout comprendre l'excitation simultanée de ces muscles par des nerfs moteurs distincts et la *coordination de ces excitations multiples* par un centre encéphalique. Il en est de même pour une société, où l'ordre résulte beaucoup moins de l'antagonisme des forces en présence et de leur compensation réciproque que de leur *concert*, c'est-à-dire de l'unité prédominante qui réussit à en coordonner les multiples activités.

Il faut donc laisser de côté toutes ces analogies plus ou moins trompeuses, qui ont égaré la philosophie positive plutôt qu'elles ne l'ont éclairée, et rechercher cette unité prédominante qui forme véritablement le principe de l'ordre social [1].

(1) Auguste Comte proclamait, avec sa forte raison, que la dynamique ou l'étude du progrès est la partie essentielle de la sociologie ; et, de fait, il est certain que les conditions de l'ordre sont incompréhensibles sans la connaissance des nécessités du progrès ; et cependant le maître du positivisme, sous l'empire des analogies qu'il avait imprudemment invoquées, plaçait l'étude de la statique sociale *avant* celle de la dynamique, parce qu'en médecine on étudie l'anatomie avant la physiologie. — Littré, qui était un critique plein de sens en même temps que de déférence, proposa en 1872 un amendement à la théorie de son maître. Tout en conservant l'anatomie sociale d'Auguste Comte, qu'il appelait SOCIOMÉRIE (partition sociale), il la plaçait *après* la SOCIODYNAMIE. Ensuite

2. — Le principe variable de l'ordre social.

Toute société, il faut le reconnaître, est fondée sur une inégalité. Il est même impossible de concevoir qu'il en soit autrement, puisqu'il y aura toujours côte à côte des hommes dans la force de la virilité, des vieillards, des femmes et des enfants; toujours des forts et des faibles, des êtres séduisants et d'autres sans attrait, des capables et des incapables, etc. Cependant nul ne souffre de l'inégalité quand elle est en harmonie avec la conception de la justice ou de la nécessité qui fleurit à une époque donnée et qui correspond à l'activité sociale de cette époque.

Tout le monde, au contraire, souffre de l'inégalité, fût elle moindre que jamais, quand elle se trouve en désaccord avec un fonctionnement nouveau qui a projeté un surcroît de lumière dans tous les esprits.

Dès que ce fonctionnement nouveau arrive à produire son plein effet social, il semble que l'égalité vienne de naître, quand ce n'est pourtant qu'une nouvelle sorte d'inégalité que cette fonction prédominante a récemment mise au jour. Ainsi, dans les sociétés primitives, l'inégalité prin-

il sous-divisait la sociodynamie : « Aujourd'hui, disait-il, quand on veut parler de l'état dynamique, et qu'on n'a à son service que le langage biologique, on est immédiatement embarrassé pour se faire bien comprendre. État dynamique enferme deux idées très distinctes; il signifie à la fois les opérations multiples par lesquelles la société pourvoit à son entretien, et le mouvement par lequel la société change, se développe et croit en civilisation. Il y a donc l'état dynamique d'entretien et l'état dynamique de progrès. Ce sont deux parties très distinctes ». Littré désignait le premier sous le nom de *sociergie* (activité sociale) et le second sous celui de *sociauxie* (accroissement social). Voir à ce sujet le « Plan d'un traité de sociologie » dans la revue *la Philosophie positive* de juillet-août 1872. Je ne crois pas utile de discuter ici les subdivisions que Littré concevait dans la sociergie (gouvernement, production, morale, beaux-arts, sciences); je me suis servi dans la présente esquisse d'une distinction entre la sociologie et l'idéologie qui me fait admettre une sociergie beaucoup plus restreinte que celle de Littré.

cipale entre les hommes était celle des forces physiques, du courage et de la ruse, de ces qualités, en un mot, que l'homme partage avec l'animal : elle était due au hasard de la naissance et présentait vraisemblablement un maximum d'amplitude. Dans notre temps, au contraire, nous marchons vers un régime ou l'inégalité régnante sera celle de l'intelligence et de la volonté, inéluctable cette inégalité-là, mais réductible d'ailleurs à son minimum d'amplitude par la culture éducative et la grande diversité des emplois. Sous l'empire des sentiments actuels, nous en voulons encore quelquefois aux gens heureux, d'être nés avec un grand nom ou d'avoir reçu un héritage extraordinaire, tandis qu'à d'autres, *qui sont parvenus par eux-mêmes,* nous ne songeons pas à reprocher leur intelligence supérieure ou leurs organes exceptionnels. C'est cependant le même fait du hasard, la même injustice du sort !

Toutes les fois donc que l'inégalité se trouve conforme au respect et à l'admiration que nous éprouvons pour une certaine supériorité, — tantôt la supériorité religieuse ou militaire, tantôt la supériorité administrative, tantôt la supériorité industrielle, etc., — notre consentement lui est acquis, et le même principe qui règle l'attribution des avantages sociaux devient aussi le principe de l'ordre social. L'équilibre qu'il introduit dans les relations peut s'appeler de noms divers : la justice, la liberté, la moralité, l'harmonie... En définitive, il tient moins à l'égalité effective qu'au sentiment que nous avons de la légitimité d'une certaine inégalité.

« Tout pouvoir, a dit Auguste Comte, est nécessairement constitué par un assentiment correspondant des diverses volontés individuelles, déterminées à concourir à une action commune, dont ce pouvoir est d'abord l'or-

gane, et devient ensuite le régulateur. Ainsi l'autorité
dérive du concours, et non pas le concours, de l'autorité,
sauf la réaction inévitable. Aucun pouvoir ne peut résulter
que de dispositions prépondérantes dans la société où il
s'établit...[1]. »

Le problème de la statique sociale, pour parler comme
les positivistes, consiste donc à définir, pour chaque période, le principe du *consensus* qui opère à travers tous
les artifices sociaux, par-dessus les lois constitutionnelles
et quelquefois à leur encontre. Ce consensus, différent pour
chaque époque, détermine la subordination volontaire de
tous les organes particuliers à un organe devenu supérieur
parce qu'il incarne essentiellement le sentiment public.
Alors cet organe supérieur est l'arbitre accepté par tous,
qui formule la justice, qui résout les conflits et qui montre
l'idéal du temps : il donne, en un mot, l'expression la
plus parfaite de la solidarité sociale.

Si ce sentiment public, principe du consensus social,
varie à chaque époque, c'est, je le répète, parce qu'il est
le reflet de l'activité sociale et qu'il traduit la prédominance de la fonction nouvelle qui vient de triompher et
qui entraîne toute l'évolution.

Il y a donc une évolution de la solidarité qu'il s'agirait
de démontrer en retrouvant dans chacune des périodes
évolutives les trois données que voici : 1° l'activité
sociale prédominante; 2° le principe d'inégalité légitime
qui en résulte dans l'esprit des hommes et qui modifie
leur sentiment du droit et de la liberté, leur émulation,
leur moralité; 3° accessoirement, les correctifs sociaux
que, sous l'empire du sentiment public, on apporte à la

---

(1) Pour plus de brièveté, je cite le texte résumé par Jules Rig (ou Rigolage) : *La Philosophie positive*, t. II, p. 74.

répercussion des fonctions principales, par les législations diverses concernant la propriété, le crédit, l'impôt, l'assistance, l'instruction, etc.

En ce qui regarde ces correctifs, on en exagère trop souvent l'importance. On est présentement porté à faire consister toute la solidarité sociale dans leur développement. C'est prendre la partie pour le tout, car il est bien clair que la relation sociale entre les participants supérieurs et les participants inférieurs, entre les favorisés et les déshérités, est de beaucoup la plus importante à considérer. L'utilité des correctifs n'en est qu'une conséquence ; et la forme de ces correctifs, qui est tantôt financière, tantôt philanthropique, tantôt pédagogique, montre bien, par ses variations d'un pays ou d'un temps à un autre, qu'il ne s'agit là que de phénomènes secondaires et auxiliaires.

CHAPITRE XIII

1. — L'évolution solidaritaire : les phases accomplies.

La solidarité, avons-nous dit, est la contre-partie de
l'activité ; elle est commandée par celle-ci, elle en suit et
en reflète les développements. A chaque période de l'évolution, elle s'accompagne d'un sentiment public qui fonde
la hiérarchie, règle les rapports réciproques des individus
et garantit l'ordre social.

Première période. — Là où il n'existe encore que des châteaux et des bourgs (période légendaire), nous avons vu
que le fonctionnement social est amorphe, l'activité indi-
vise, sous l'autorité absolue du chef de clan, du patriarche,
du *paterfamilias.* Le sentiment unanime est le respect profond, pour ne pas dire la terreur superstitieuse
des grands ancêtres, toujours présents quoique défunts,
dont le chef de famille réunit sur sa tête tout le prestige
accumulé, auquel il ajoutera son propre contingent de hauts
faits et de rudesses, parfois de cruautés. Rien d'idyllique
dans cet état social. Les mots de patriarcat, de famille,
peu à peu détournés de leur signification brutale primitive, nous trompent singulièrement sur le genre d'égalité
qui régnait alors. Il est vrai qu'entre les hommes la

distance était moindre, parce que la pauvreté était générale ; mais ce régime était celui du maximun d'autorité arbitraire et d'aveugle soumission. C'était, sans aucun doute, la tyrannie étendue à tous les actes de l'existence, tyrannie dont nul d'ailleurs n'avait conscience, puisque chacun la trouvait naturelle, c'est-à-dire conforme à la loi du destin. Le patron antique n'a que des sujets, même parmi ses enfants, et des esclaves qu'il mène à la corvée ou au combat; il terrifie les uns et les autres par les dieux qui sont ses ancêtres et dont il est seul à disposer. Enfants, sujets ou esclaves, il leur accorde inégalement ses faveurs, en répartissant entre eux les terres à cultiver, ou les maigres produits du domaine, ou le misérable butin de la guerre.

Deuxième période. — Au second état social, caractérisé par l'influence d'une cité superposée aux bourgs et aux châteaux (antiquité historique, moyen âge), la suprématie est nettement militaire, mais reste soumise à une sanction religieuse. Quelle que soit la valeur guerrière de la nation, la victoire est toujours attribuée au patronage du dieu national ; en sorte que le sentiment prépondérant est un sentiment mixte, militari-religieux, la supériorité militaire d'un chef ne se séparant pas de sa religiosité. Il ne s'agit plus d'ailleurs de la superstition nécrolâtrique de la période précédente : la religion qui domine est celle d'une divinité nationale, très supérieure en prestige et en puissance aux petites divinités familiales. Quand je parle de divinité nationale, il s'agit, bien entendu, de la divinité protectrice des hommes libres. Si, comme c'est alors le cas le plus fréquent, la population n'est pas homogène, s'il y a des différences de race, si la nation dominatrice

est superposée à des indigènes vaincus et assujettis, on voit
naître des castes, séparées par une interdiction de mariage.
Même à Rome, où les races étaient peu diversifiées, cette
interdiction exista longtemps entre patriciens et plébéiens.

Cependant, par suite de l'extension nationale manifestée
par la fondation de la cité, l'activité sociale s'est diffé-
renciée, nous l'avons dit, en trois ordres : elle s'est faite
à la fois militaire, religieuse, industrieuse. Une des conséquences les plus notables de cette différenciation est
l'apparition de la propriété territoriale qui se distingue
de l'ancienne seigneurie domaniale. Cette transformation
commence vraisemblablement par le partage des terres du
domaine familial entre les frères puinés [1]. Alors la terre
n'est plus l'apanage du chef de guerre ou le sol consacré du
clan ; on peut sortir du simple droit d'usage où la coutume
primitive renfermait le seigneur du domaine ; le *jus utendi*
se complète par le *jus abutendi* ou droit de disposer. Les nouveaux maîtres du sol partagé peuvent le transmettre par
vente ou échange; et la terre, qui a cessé d'être une seigneurie ou un fief, devient, comme simple propriété, accessible
au plébéien enrichi par son négoce ou par son industrie.

Il y a dès lors trois séries distinctes de relations sociales
qui s'établissent entre les hommes : celle du chef militaire avec ses guerriers, celle du prêtre avec ses fidèles,
celle du propriétaire avec ses tenanciers et ses débiteurs.
Dans chaque série, l'exercice du pouvoir est à peu près
absolu ; cependant l'autorité et la soumission sont moindres
dans chacune que jadis dans l'intégralité des rapports non
différenciés. De plus, il est inévitable qu'à l'occasion,
lorsque l'intérêt public est en jeu, quelque influence

—————

[1] Voir, sur ce partage du patrimoine, Fustel de Coulanges : *La cité
antique*, l. IV, ch. v.

s'exerce d'une autorité à l'autre, d'où résulte une inter
vention protectrice au profit des subordonnés. Quand, à
la vue d'un vieux centurion torturé par son créancier patri-
cien, la plèbe de Rome se souleva ; plus tard, quand elle
refusa d'obéir au recrutement des légions ; enfin, quand
elle se retira en masse sur le mont Sacré, elle ne cessa de
faire appel à la protection de ses anciens chefs militaire (*postulabant... ut auxilio esset consul civibus suis,
imperator militibus*. Tite-Live, II, 27). Et il est certain
que ce fut la seule préoccupation militaire, non l'humanité ni la justice, qui fit décider la libération des débiteurs
captifs et la nomination des tribuns de la plèbe. Il y eut
là une intervention de la fonction militaire dans les autres
fonctions sociales. C'est ainsi que toute nouvelle spécialisation de l'activité sociale instituera toujours une protection de plus en faveur du peuple, et resserrera, par conséquent, la solidarité sociale.

Troisième période. — Quand la suprématie sociale passe
à l'État, c'est-à-dire à l'organe central de la nation, qui est
la seule puissance capable de surmonter la double aristocratie militaire et religieuse, comme on l'a vu sous l'Empire
romain et dans les monarchies d'ancien régime, comme on
le voit encore dans les royautés administratives qui subsistent de nos jours, ce nouvel état social se traduit dans
le sentiment public par un respect presque religieux pour
le prince, qui personnifie l'État, et par une soumission
très humble à l'égard de ses fonctionnaires, investis de
dignités, de titres et de privilèges. Alors l'esprit de classe
succède à l'esprit de caste, moins absolu mais encore très
inégalitaire. Il a pour conséquence une très grande disproportion des charges sociales et des avantages sociaux,

et pour correctifs le favoritisme et l'assistance généralisés.

Simultanément, les séries autoritaires ou protectrices se sont dédoublées. A côté des relations du chef militaire avec ses soldats, il y a celles du magistrat avec ses employés ; à côté des relations du prêtre avec ses fidèles, il y a celles du maître avec ses disciples ; à côté des relations du propriétaire avec ses tenanciers, il y a celles du chef d'entreprise avec ses agents et ouvriers : le réseau social s'étend ainsi de plus en plus ; il enserre et protège à la fois plus étroitement les individus.

La propriété aussi s'est diversifiée : les capitaux ont pris une importance presque aussi grande que les terres. J'entends par capitaux : les esclaves que, dans l'antiquité, la guerre et le commerce lointain avaient multipliés à l'excès, les animaux domestiques, les immeubles urbains, les outillages d'usine et de transport, les métaux, la monnaie et toutes les matières et marchandises évaluées en monnaie qui donnent lieu à un commerce actif. Tout cela, bien entendu, ne naît pas d'un coup de baguette, et la propriété des capitaux s'observait déjà sous la période précédente, mais sous forme accessoire chez les propriétaires territoriaux ou à l'état précaire chez les artisans et trafiquants. Ce n'est qu'avec le développement de l'autorité civile que, la protection juridique étant mieux assise, les capitaux proprement dits peuvent donner lieu à toutes les combinaisons commerciales des contrats de vente, de location, de crédit et de société.

2. — L'évolution solidaritaire : les phases en cours d'accomplissement ou à venir.

Quatrième période. — Dans l'état social où nous parvenons à la suite du développement de la richesse et à la faveur de l'instruction, de l'indépendance et de l'influence politique que la fortune ou l'aisance confère à ses possesseurs, il y a un soulèvement des citoyens contre les inégalités et les faveurs arbitraires, il y a aussi une protestation, une rébellion morale des individus contre l'État qui les régente et les opprime. Le sentiment de l'individualisme, l'amour de la liberté, forment dès lors le fond de l'esprit public. Néanmoins, ce n'est pas tant encore la valeur intrinsèque des personnes que l'importance de leur fortune qui détermine la hiérarchie sociale. Pouvoir, instruction, respectabilité, influence : presque tout, en définitive, se mesure à la richesse. L'activité, l'épargne et la prévoyance, génératrices de cette richesse, deviennent les principales vertus sociales. L'art d'obtenir le crédit et de grouper des commanditaires paraît l'habileté suprême. Somme toute, le point de vue économique, arrive à dominer tous les autres.

Cependant de nouvelles séries protectrices des relations sociales se sont ajoutées aux séries précédentes : dans l'ordre politique, celle qui rattache les représentants divers à leurs électeurs ; dans l'ordre doctrinal, des enseignements nouveaux ; dans l'ordre économique, la grande entreprise, qui met en œuvre les forces physico-chimiques et qui rassemble dans de vastes usines ou sur des chantiers colossaux des armées d'ouvriers. Le seul fait de ces groupements nombreux confère aux travailleurs la redoutable puissance des coalitions et des grèves, qui aboutit nécessairement à la reconnaissance légale des associations ouvrières, c'est-à-dire au moyen d'équilibrer les forces dispersées du travail avec les forces concentrées du capital.

D'ailleurs l'énorme emploi de capitaux qu'exige la

machinofacture, a bientôt fait de dépasser la portée des
fortunes personnelles ou familiales et des associations
privées : ce n'est que par un large groupement des ressources individuelles que l'on peut réunir les moyens
d'action suffisants. Alors se constitue une nouvelle forme
de la propriété, qui se superpose à la propriété foncière
et à la propriété commerciale (j'appelle ainsi la propriété
directe des capitaux réels que l'on fait valoir dans le commerce ou l'industrie) : il s'agit de la propriété des valeurs
mobilières, qui représente une sorte de libre collectivisme
où vient se fondre la multitude des épargnes individuelles.
L'ancienne propriété était intégrale et concrète, la nouvelle est fractionnaire et abstraite. Il est bien clair que la
nouvelle diffère profondément de l'ancienne, et ne peut
susciter chez son titulaire les mêmes qualités personnelles ; mais ce n'en est pas moins un procédé social
d'une fécondité admirable. Il est la source du crédit
mobilier et du crédit public, c'est-à-dire la condition des
grands travaux publics, des grandes entreprises de transport ou de communication rapide et de tous les vastes
anonymats. Il fournit ainsi les moyens libérateurs du
temps et de la distance, par lesquels les individus parviennent à se dégager réellement des liens sociaux trop
étroits et à s'émanciper de leur localité, quelquefois même
de leur nationalité.

Cinquième période (à venir). — Nous avons cru pouvoir
indiquer, dans un chapitre précédent, une future activité
sociale qui n'est encore qu'en élaboration, mais dont
cependant les éléments paraissent déjà ressortir avec assez
de vraisemblance. En se fondant sur cette évolution probable des fonctions actives, on pourrait, ce semble, en

déduire les traits solidaritaires de l'état social correspondant. — La solidarité politique se compléterait naturellement par une organisation nouvelle des rapports des citoyens avec l'autorité judiciaire. — La solidarité doctrinale s'augmenterait de l'enseignement des sciences organiques entraînant une nouvelle discipline intellectuelle. Les sciences positives ainsi complétées, il se pourrait qu'il y eût un retour vers une religion humanitaire et rationnelle, constituant l'unité symbolique de toutes les connaissances et vulgarisant, par le dogme de l'unité et de l'éternité de Dieu, la notion si précieuse et si méconnue de l'ordre universel et nécessaire. Contrairement à ce que pensait Auguste Comte, cette croyance, pour être commune à tous les hommes, n'aurait pas besoin de revêtir la forme d'un culte identique, sous un pouvoir spirituel supérieur et dominateur. Loin de là, elle favoriserait la plus grande liberté des cultes particuliers, sous l'identité de quelques principes fondamentaux de théologie naturelle, de philosophie et de morale. Cette diversité dans l'unité amènerait, on peut l'espérer, sinon la pacification des esprits, du moins la fin des deux monopoles adverses de l'Université et de l'Église. « Si vous avez deux religions chez vous, disait Voltaire, elles se couperont la gorge ; si vous en avez trente, elles vivront en paix[1]. » — La solidarité économique suivrait nécessairement le développement du crédit, des associations et des syndicats. La mise en œuvre des forces physico-chimiques (vapeur, gaz, électricité, etc.), exige l'association des capitaux, l'anonymat. La mise en œuvre des forces organiques, qui se traduit, dans l'ordre biologique, par la sélection des races, la

---

(1) *Dictionnaire philosophique portatif*, au mot Tolérance. Edition de la librairie des bibliophiles (Paris, 1892), t. II, p. 150.

nutrition appropriée, la culture des micro-organismes, l'emploi des préservatifs contre les épidémies, et, dans l'ordre sociologique, par l'utilisation de l'imitativité, la pratique de l'entraînement, la pédagogie, l'instruction sociale et professionnelle, — cette mise en œuvre exige l'association des personnes, le syndicalisme.

Nous voyons qu'en agriculture la seule nécessité de contrôler les engrais et les semences du commerce a suscité des centaines de syndicats agricoles, et que, parmi les travailleurs de l'industrie, une première ébauche d'assurance a créé des milliers de sociétés de secours mutuels. Ces premiers rudiments ne sont que les germes d'une végétation syndicale appelée à devenir extraordinairement touffue. Notre imagination s'en effraye d'avance, parce que nous ne pensons qu'aux défectuosités présentes ; mais, dans une civilisation dix fois plus active que la nôtre, que deviendraient les individus isolés, entassés pêle-mêle dans les cadres rigides d'un immense État ? Voilà qui serait bien autrement effrayant ! Dans l'organisation future, il me semblerait tout naturel que le citoyen fût autant de fois syndiqué qu'il aurait de fonctions sociales à remplir, qu'il serait, par conséquent, dans le besoin d'être renseigné, guidé, soutenu, protégé : comme administré ou contribuable, ou électeur, ou plaideur ; comme fidèle d'une église et disciple de diverses écoles ; comme client commercial ou coopérateur, ouvrier, employé ou entrepreneur, propriétaire ou locataire, actionnaire ou obligataire, mutualiste ou assuré... Dans tous ces syndicats librement constitués, nul membre n'aurait à aliéner son indépendance. A mesure que les associations se multiplieraient et s'entre-croiseraient, dans chacune, l'autorité syndicale serait moins entière et la subordination des individus moins pénible. En définitive, la solidarité, plus diverse et plus efficace, deviendrait de moins en moins oppressive.

Je suppose que cette organisation développerait une nouvelle forme de propriété, que j'appellerai, faute d'un nom générique, la propriété des services, autrement dit la propriété de la plus-value produite par le travail, dont nous n'avons jusqu'ici que des applications très partielles et fort imparfaites (propriété littéraire et artistique, brevets d'invention, droit du fermier sortant, participation des travailleurs aux bénéfices des entreprises, etc.). Je ne doute pas, quant à moi, qu'avec le développement de l'industrie et grâce à cette généralisation de l'association et de l'assurance, la part de l'activité intelligente des individus dans toute espèce de production ne prenne une telle importance que le salariat n'en soit très notablement sinon complètement transformé. Alors, vraisemblablement, l'influence de la fortune héréditaire serait beaucoup moindre et la primauté sociale passerait à l'Intelligence.

3. — La survivance des sentiments antérieurs, la liberté et la moralité à chaque période.

Ces cinq formes successives de l'état solidaritaire des peuples correspondent à autant de modifications du sentiment public. A chacune des phases sociales, il en résulte un consensus nouveau qui détermine à la fois chez les chefs la conscience de leur supériorité et chez les subordonnés l'instinct du respect et de l'obéissance, pour les uns comme pour les autres une communauté d'opinion légitimant la hiérarchie sociale de chaque époque.

A la première période, ce sentiment public se caractérise par la soumission au héros vivant, dont le prestige s'accroît du prestige de ses ancêtres ; à la deuxième période, par la soumission au chef militaire consacré par les prêtres au nom du dieu national ; à la troisième, par la soumission au prince qui personnifie l'État ; à la quatrième, par la primauté accordée à la richesse individuelle ; à la cinquième, par la supériorité reconnue à l'intelligence.

Il n'y a point là une série accidentelle de sentiments hétérogènes qui viennent se substituer l'un à l'autre par le hasard de la psychologie des foules. C'est, suivant moi, l'ordre naturel suivant lequel se décompose successivement le sentiment primitif, confus et profond, que les hommes ont éprouvé pour leurs premiers chefs. Chez Odysseus, le héros d'Homère, on trouve réunis le prestige des ancêtres et la valeur guerrière, la piété pour les dieux et la faveur divine, le pouvoir, la richesse, l'habileté. Toutes ces qualités étaient connexes et indivises. Dans la suite des temps, ces divers éléments de prestige se sont détachés et ont donné un caractère plus spécial au sentiment public de chaque période.

A travers toutes ces transformations, on retrouve toujours, chez l'homme civilisé comme chez le barbare, l'animal sociable qui est conduit par l'amour et la crainte de son chef de troupeau. Mais, en définitive, de tous les éléments dont son admiration est faite pour son supérieur, après que le temps a éliminé les circonstances extrinsèques ou accessoires, c'est encore le respect de la supériorité intellectuelle qui s'annonce comme devant survivre à toutes les révolutions et subsister aussi longtemps que la sociabilité elle-même.

J'ajoute que la forme dernière du sentiment social n'exclut pas radicalement les formes antérieures. Loin de là. Pour simplifier mon esquisse, dans un sujet si complexe, j'ai présenté les mobiles de la solidarité comme se succédant l'un à l'autre. En réalité, ils se superposent, comme doit le faire prévoir le fait observé dans l'activité sociale de la survivance des fonctions. Une telle superposition de sentiments complique, à la vérité, de plus en plus, les conditions de l'équilibre social ; mais en même temps elle contribue toujours davantage à garantir l'ordre. On comprendra, en effet, que, surtout aux époques de transition, lorsque le principe prépondérant, encore mal enraciné dans les cœurs, vient à subir quelque ébranlement, il n'est pas inutile que les principes antérieurs, devenus secondaires, reprennent quelque activité pour soutenir l'équilibre affaibli. Utiles ou non, je ne crois pas qu'on puisse les éliminer complètement, et, même sous le régime définitif de la libre association et de la primauté intellectuelle, je suis convaincu qu'on verra subsister en sous-ordre les influences coordinatrices de la richesse, des hautes fonctions de l'État, de la valeur militaire et même de la naissance.

Cela n'empêche point qu'à chaque période la prépondérance très marquée n'appartienne sans conteste à un seul genre de supériorité : c'est ce qui forme l'orientation des esprits et la presque unanimité d'opinion, d'où résulte, pour chaque peuple la notion qu'il se fait, à un moment donné, de la liberté et de la moralité.

La liberté et la moralité ne sont l'apanage d'aucune époque en particulier ; elles peuvent s'observer en tout temps. Ce sont des résultantes. Un peuple qui a des institutions tout à fait conformes à ses besoins et à ses mœurs,

fût-il sous une monarchie absolue, est un peuple libre.
Montesquieu disait : « Chacun a appelé *liberté* le gouvernement qui était conforme à ses coutumes ou à ses inclinations [1] ». Un peuple dont les fonctions générales s'accomplissent harmoniquement et efficacement, est un
peuple moral ; parce que le bon ordre, suffisamment prolongé, détermine un état d'esprit qui se généralise en opinion publique, se reflète dans les mœurs et s'imprime
dans les consciences. La moralité ne s'apprend guère ;
c'est le milieu ambiant qui nous en pénètre ; ce qui
n'empêche pas qu'il n'y ait grand intérêt à formuler cette
moralité ambiante, pour renforcer la conscience de la
jeunesse à mesure qu'elle s'en imprègne.

Dans une société harmonique, où les chefs recherchent
leurs collaborateurs et où les subordonnés obéissent à
leurs chefs, les uns et les autres dans un même esprit,
c'est-à-dire en obéissant aux mêmes opinions et aux
mêmes règles de conscience, le recrutement de toutes les
professions devient facile, et, dans chacune, le maximum
d'effet utile est obtenu : c'est l'idéal de la physiologie
d'entretien. Alors, tous les éléments sociaux se trouvent à
leur vraie place ; il y a le moins possible d'activités hors
cadre, dévoyées, inutilisées, se retournant contre la société parce qu'elles ne trouvent pas à s'employer fructueusement pour elle. Tout au contraire, s'il existait un conflit
moral permanent entre les différentes classes de la société
et au sein même de chaque classe, il en résulterait un
continuel défaut de concert, un désordre dans les fonc

_____

(1) *Esprit des lois*, livre XI, chap. II. Montesquieu ne donne d'ailleurs
cette observation que comme une proposition critiquable à laquelle il
oppose la définition suivante : « La liberté est le droit de faire tout ce que
les lois permettent ». Mais, chez un peuple libre, au sens ci-dessus, les
lois permettent tout ce que l'opinion réclame !

tionnements, une instabilité générale, une inquiétude chez les individus et, pour tout dire, une démoralisation qui ne ferait que traduire le déséquilibre de la société.

Donc, la liberté et la moralité sont en raison du bon ordre social ; mais il s'agit, bien entendu, de liberté et de moralité relatives. La morale sociale d'une époque n'est point celle d'une autre époque ; elle n'est pas non plus la morale absolue, formulée par l'idéologie, quoique, en temps de progrès, elle tende toujours à s'en rapprocher un peu plus. De même, la liberté sociale de chaque époque n'est qu'une libération progressive, un affranchissement des oppressions subies sous le régime antérieur ; ce n'est point la liberté absolue, idéale, ni même sûrement la liberté intellectuelle [1].

Toujours est-il que, dans notre pensée, on ne peut pas plus créer la moralité pédagogiquement, que la liberté et la solidarité législativement. On n'aboutit ainsi qu'à des résultats artificiels et peu effectifs.

Un état social ne peut être vraiment modifié que par le développement de son activité sous une de ces trois formes : le gouvernement, la croyance, la production. Toute activité accrue comporte une inégalité moindre

---

(1) La liberté mentale, que nous paraissons le plus priser aujourd'hui, celle qui permet de tout penser et de tout railler, de tout dire et de tout oser dans le domaine intellectuel, est probablement plus grande aux époques de désaccord et d'instabilité, quand il n'y a point d'unanimité nationale, qu'aux époques d'ordre, de tradition et de moralité, où les frondeurs, les audacieux, les utopistes sont généralement mal accueillis et quelquefois judiciairement réprimés. On peut avancer, je crois, que la liberté *sociale*, c'est-à-dire le maximum d'aisance dans le fonctionnement des activités utilitaires, ne favorise pas outre mesure la liberté *intellectuelle*. Ici encore nous retrouvons quelque opposition entre la socialité et la mentalité, et peut-être une explication du caractère si différent de la liberté en Angleterre et en France.

et, conséquemment, une liberté et une solidarité plus grandes.

Mais il faut, en outre, que les activités se soient développées harmoniquement pour qu'une moralité en résulte et démontre, par cela même, la légitimité et la solidité du progrès.

DÉVELOPPEMENT DE L'ACTIVITÉ SOCIALE PAR LA DIVERSIFICATION DES FONCTIONS

I. LE BOURG . . . . Indivision des Fonctions.

II. LA CITÉ . . . . . Division des fonctions.
- Gouvernement guerrier.
- Religion sociomorphique-polythéiste.
- Production domestique.

III. LA MÉTROPOLE . .

Gouvernement — 2 autorités.
- Militaire.
- Civile.

Croyance.
- Religion sociomorphique-archithéiste ou monothéiste.
- Savoir mathématique.

Production.
- Domestique.
- Manufacturière et commerciale.

IV. LA CAPITALE .

Gouvernement. — 3 autorités.
- Militaire.
- Administrative.
- Législative.

Croyance.
- Religion demi-rationaliste.
- Savoir mathématique.
- Savoir physique.

Production.
- Domestique.
- Manufacturière.
- Machinofacturière et transports perfectionnés.

V. (?)

Gouvernement. — 4 autorités.
- Militaire.
- Administrative.
- Législative.
- Judiciaire.

Croyance.
- Religion rationaliste.
- Savoir mathématique.
- Savoir physique.
- Savoir organique.

Production.
- Domestique.
- Manufacturière.
- Machinofacturière.
- Vivifacturière (utilisation des forces organiques).

PROGRÈS DE LA SOLIDARITÉ SOCIALE PAR L'AMOINDRISSEMENT
DES CAUSES D'INÉGALITÉ

I. LE BOURG. . . . . *Absolutisme* — **Suprématie de la Naissance.** — *familial*

II. LA CITÉ . . . .

> **Suprématie
> Militari-Religieuse**
>
> *Castes*
>
> ———
>
> Propriété unique :
> LA TERRE

III. LA MÉTRO-
POLE . .

> **Suprématie de l'État**
> personnifié dans le Prince et ses fonc-
> tionnaires.
>
> *Classes et privilèges*
>
> ———
>
> Deux sortes de propriété :
> TERRES. — CAPITAUX

IV. LA
CAPI-
TALE .

> **Suprématie de la Richesse**
> aboutissant à l'*Individualisme* et aux inégalités
> d'héritage et d'instruction
>
> ———
>
> Trois sortes de propriété :
> TERRES. — CAPITAUX. — VALEURS MOBILIÈRES

V. (?)

> **Suprématie de la Libre association**
> tendant à la *primauté de l'Intelligence* et à l'égalité
> de protection individuelle.
>
> ———
>
> Quatre sortes de propriété :
> TERRES. — CAPITAUX. — VALEURS MOBILIÈRES. — PARTICIPATIONS ET BREVETS

CHAPITRE XIV

LE SENS GÉNÉRAL DE L'ÉVOLUTION ; SA SUBORDINATION

AU DÉVELOPPEMENT DE LA POPULATION

1. — Le résumé de l'évolution.

Nous avons esquissé l'évolution des trois ordres de
fonctions actives, — gouvernement, croyance, production
— et montré que leur triple mouvement se répercute sur
une quatrième progression, celle de la solidarité, qui, formant en quelque sorte la trame sociale, établit l'unité de
tous les phénomènes sociaux. Nous pouvons maintenant
résumer tout ce développement en un double tableau
synoptique, qui présente, en regard l'un de l'autre :

1° Le développement de l'activité sociale par la diversification des fonctions ;

2° Le progrès de la solidarité sociale par l'amoindrissement des causes d'inégalité. (*Voir ci-dessus, p. 150-151.*)

L'évolution sociale s'est poursuivie à travers une série
d'âges ou époques que j'ai cru pouvoir établir d'après la
marche historique de notre civilisation occidentale.

Théoriquement le nombre de ces époques est indé-
terminé, puisqu'il dépend uniquement des événements,
c'est-à-dire des causes accidentelles qui activent ou retar-
dent le progrès de l'humanité. Les événements que nous

croyons connaître nous permettent de grouper les faits légendaires ou historiques en six époques, y compris l'époque présente ; sur ce nombre, il y en a deux qui sont franchement accidentelles. Bien qu'à certains égards elles n'aient point tout à fait interrompu le progrès social, elles marquent, en général, une rétrogradation, due à la chute de l'Empire romain et à son remplacement par les royaumes barbares puis féodaux, rétrogradation qui a nécessairement été suivie d'une longue et pénible reconstitution avant que la société pût reprendre sa marche en avant. Rien ne nous garantit que d'autres rétrogradations, appelant de nouvelles renaissances, ne viendront pas encore se mettre en travers du développement social.

Le nombre des âges historiques échappe donc à toute prévision ; mais, quel qu'il soit ou puisse être, il n'en correspondra pas moins, si notre théorie est exacte, à cinq périodes évolutives, qui, elles-mêmes, peuvent se distinguer en trois fondamentales et deux transitoires. D'un mot, on peut caractériser chacune d'elles comme suit :

Périodes fondamentales :   *Périodes transitoires :*

I.   LA FAMILLE-CLAN ;

                       II.   LES CASTES SUPERPOSÉES ;

III. L'ÉTAT ;

                       IV.   L'INDIVIDUALISME ;

V.   LA LIBRE ASSOCIATION.

Il est permis de penser que la succession fondamentale I-III-V : Famille-État-Association, est la seule véritablement essentielle, et que les deux périodes intermédiaires II-IV : Castes-Individualisme, pourraient, suivant les circonstances, ou suivant les peuples et les pays, offrir un développement plus ou moins étendu.

Il paraît certain, par exemple, que chez les Occidentaux le régime des castes, ou son équivalent le régime des classes séparées par une interdiction de mariage, n'a pas eu la même importance que chez les Orientaux. Ce régime a tout de suite été entamé à Rome, tandis qu'il s'est longuement perpétué dans l'Inde. De même, le régime actuel de l'individualisme, de la concurrence, de la ploutocratie libérale, pourra se prolonger plus ou moins et se montrer, suivant les cas, plus ou moins exclusif de tout étatisme ou de tout associationnisme.

2. — La condition démotique de l'évolution.

Toute cette évolution, je le répète en terminant mon esquisse comme je l'ai dit en commençant, est subordonnée à la production d'un phénomène principal, qui détermine toutes les phases du développement, parce qu'il est la manifestation même de la croissance des sociétés. Il est bien clair d'ailleurs que l'évolution, n'étant pas un fait arbitraire ou accidentel, ne peut être que l'effet d'une cause active.

Ce phénomène principal d'où procèdent tous les autres est, à mon avis, la multiplication du nombre des hommes qui composent la société. Voilà ce que j'appelle la condition démotique du progrès.

Mais qu'on veuille bien me comprendre, je n'entends point parler simplement d'un développement absolu de la population; j'entends parler de l'extension de la même discipline, politique, doctrinale, économique, à un groupement de population de plus en plus grand. C'est donc d'une unification qu'il s'agit, beaucoup plus que d'un accroissement numérique. Si telle partie du monde est peuplée de 100 millions d'habitants et divisée en cent mille peuplades sauvages de mille têtes chacune, l'état social sera rudimentaire, à peine supérieur à un groupement animal. Si ces mêmes 100 millions, sur la même partie du monde, réunis en un seul État, obéissent à des lois identiques, sont mus par une foi et des espérances communes, et savent concerter leurs efforts, le résultat sera une civilisation prodigieuse, telle que nous n'en connaissons pas encore.

Et pourquoi l'unification de la population doit-elle produire un tel résultat? Parce que, au moyen de la spécialisation des fonctions et de la combinaison des efforts, toutes les aptitudes des hommes sont développées en facultés, et toutes ces facultés utilisées avec leur maximum d'efficacité; et parce que, d'autre part, grâce à l'intelligence sociale ainsi aiguisée, les forces apparentes ou cachées de la nature sont successivement connues et mises en œuvre.

Cependant, pourra-t-on objecter, il ne paraît pas indispensable que la diversification des fonctions soit précédée d'une agglomération de population ; et une petite nation, d'un million d'hommes par exemple, pourrait fort bien établir chez elle une excellente division du travail et une savante production ! Sans doute, répondrai-je, cela n'est pas théoriquement impossible ; mais, en fait, la petite nation qui pratiquera la division du travail, sera l'auxiliaire ou le parasite des grandes nations qui l'avoisinent ; elle en dépendra pour son instruction, sa sécurité et ses débouchés ; elle fera ainsi partie d'un concert extérieur ; elle appartiendra, en définitive, à une grande population, sinon complètement unifiée, au moins très homogène en beaucoup de ses parties. Ces sociétés de fait, plus vastes que les États qui les composent, peuvent s'observer de nos jours. Anciennement, l'inverse était beaucoup plus fréquent ; les États de l'antiquité et du moyen âge étaient souvent beaucoup plus étendus que les sociétés réelles qu'ils abritaient : l'Empire perse, l'Empire romain, le Saint-Empire germanique, ont englobé bien des sociétés diverses.

La spécialisation des fonctions ne s'établit qu'en raison de l'unification sociale des populations ; mais alors, elle s'établit forcément, parce qu'elle résulte des besoins croissants des individus et de l'émulation plus active qui stimule les fonctionnaires et les producteurs. Sans cette nécessité déterminante, les tentatives progressistes ont bien peu de chances d'aboutir. Rien ne s'est fait dans ce monde, rien du moins n'y a réussi que sous l'empire de la nécessité : c'est ce qu'on nomme l'effet des lois naturelles ; et tout le talent des hommes dirigeants est de savoir cueillir des fruits mûrs. C'est pourquoi je soutiens que la diversification des fonctions, la spécialisation des coopérateurs et le succès des inventeurs ne sont que les conséquences de l'accroissement de la population unifiée.

L'accroissement dont je parle, l'unification sous une même discipline, s'est fait dans le passé de plusieurs manières : 1° par l'agglomération naturelle des hommes dans certains lieux privilégiés ; 2° par la conquête commerciale ; 3° par la conquête militaire ; 4° par l'acquisition et la fusion des États devenus des héritages princiers. Il se fera dans l'avenir, peut-être encore par des conquêtes, mais surtout par des unions volontaires et des pactes fédéraux. Par quelque procédé que se soit faite l'agrégation dans le passé ou qu'elle se fasse dans l'avenir, elle s'est traduite ou se traduira par l'extension du réseau urbain et la concentration de plus en plus forte des hommes les plus entreprenants dans les grandes villes et les capitales.

Chaque ville en particulier, et la capitale au suprême degré, est un laboratoire où s'opèrent le croisement physiologique des races et le croisement psychologique des esprits. Ce sont là les lieux d'élection où se produisent les interférences dont parle M. Tarde entre les courants d'imitation, ces interférences d'où naissent, suivant lui, les combinaisons nouvelles que nous nommons des inventions. Plus la ville est grande, plus elle attire à elle par des canaux multiples les hommes de toutes les régions, en puisant sa sève, pourrait-on dire, par des racines qui pénètrent dans toute la profondeur du sol et qui s'étendent sur toute la largeur du terrain ; plus le croisement est actif, plus les interférences sont nombreuses, plus les modèles nouveaux des idées se substituent facilement aux moules frustes et surannés des générations antérieures, et plus, par conséquent, les inventions sont fécondes et réussissent à se propager.

Les effets que je décris ainsi d'après les lois de l'imitation si brillamment exposées par M. Tarde [1], seraient d'ailleurs exactement les mêmes dans un système psychologique tout contraire, qui ferait admettre, au lieu de l'imitativité, la spontanéité inventive chez tous les individus. On peut prétendre que l'invention est une fonction naturelle de ce caléidoscope vivant qu'on nomme le cerveau ; que l'homme invente comme il respire, depuis le plus humble terrassier jusqu'au savant ingénieur ; et que la

_____

(1) G. Tarde, les *Lois de l'imitation* (Alcan, 1890), *Les lois sociales, es quisse d'une sociologie* (1898).

prétendue imitation n'est que l'apparence prise par une
simultanéité d'inventions, aussi petites que l'on voudra,
mais spontanées. Dans la bobine de Ruhmkorff, il se
forme, le long de chacune des spires du fil de cuivre
enroulé, un courant d'induction, sous l'influence du bar-
reau central aimanté : tous ces petits courants individuels, qui semblent s'imiter côte à côte, aboutissent
ensemble à un courant collectif. Pareillement tous les
cerveaux humains, sous l'influence commune d'un grand
fait social, de l'ordre militaire ou politique, religieux ou
doctrinal, industriel ou commercial, réagissent simultanément de la même manière. On croirait qu'ils s'imitent
l'un l'autre; ils inventent parallèlement. Ce n'est, en tout
cas, que parce qu'ils inventent à quelque degré qu'ils sont
accessibles à l'imitation. On peut donc douter de l'imitation absolue, surtout lorsqu'elle ne s'applique pas à des
manifestations extérieures.

Mais ce n'est pas ici le lieu de résoudre ce problème, et
de faire un choix entre l'imitativité et l'inventivité, ou
quelque combinaison des deux systèmes. La sociologie,
avons-nous prétendu, n'est pas sous la dépendance de la
psychologie, et l'on peut sur ce point même en avoir la
preuve. Quelle que soit l'explication psychologique des
faits, ce qu'on ne peut nier, c'est qu'ils ne soient une résultante d'un premier phénomène que je qualifie de moteur.
Or, je soutiens que le phénomène moteur ne se produit
qu'à chaque progrès nouveau de la concentration sociale ;
je prétends, en définitive, que les grandes villes sont les
foyers indispensables de l'inventivité des hommes.

Sous ce mobile, chacune des grandes activités évolue
suivant sa loi propre : dans le gouvernement, la division
des pouvoirs s'établit ; dans la croyance, le savoir pro-

gresse et la religion décline, selon l'ordre hiérarchique des connaissances scientifiques ; dans la production enfin, l'utilisation des forces de la nature suit une progression analogue.

A chaque période évolutive, il y a corrélation entre les progrès respectifs de chaque ordre, soit qu'ils se propagent des uns aux autres, soit qu'ils résultent ensemble de la même impulsion démotique.

Les trois ordres de fonctions ne sont donc pas indépendants l'un de l'autre ; leur développement n'est pas dû à quelque rare création géniale ou à quelque accidentelle découverte qui se produirait tantôt ici, tantôt là, au hasard de l'inspiration ou de la rencontre. Non, tout est simultané ou, normalement, devrait l'être : tout l'est, à quelque centaine d'années près. J'avoue cependant que, si l'on descend dans le détail précis des faits, on observe des retards ou des accélérations, insignifiants dans l'ensemble de l'évolution, très sensibles pour une génération d'hommes. D'ailleurs, c'est le propre des phénomènes organiques de comporter des anomalies d'autant plus nombreuses que les organismes sont plus complexes. Ces anomalies n'infirment pas la loi générale.

Je conclus donc à une loi de corrélation entre tous les progrès sociaux, dans le gouvernement, la croyance, la production, et dans ce qui reflète toute l'activité sociale, la solidarité ; parce que tous ces résultats simultanés procèdent d'un même phénomène initial, l'accroissement numérique de la population unifiée.

CHAPITRE XV

SOCIOMÉTRIE OU MESURE COMPARATIVE DE L'AVANCEMENT SOCIAL
DES NATIONS ; LE ROLE DES VILLES DANS LA SOCIÉTÉ

1. — Quelques données statistiques de l'antiquité.

Les raisons logiques ne manquent pas, ce me semble,
pour appuyer la thèse de la co-dépendance des phénomènes sociaux à l'égard du phénomène primordial de
l'unification et de la concentration de la population. On
voudrait cependant en avoir la confirmation statistique ;
on voudrait pouvoir constater que la population d'Athènes
et des villes grecques, de Carthage et des villes phéni-
ciennes, de Rome et des villes de l'Empire, a bien marqué
par son développement les phases de l'évolution grecque
ou carthaginoise ou romaine ; malheureusement, les documents sont rares et incertains.

Athènes, d'après un recensement fait l'an 309 avant
J.-C., comptait alors 400.000 esclaves, 10.000 métèques
ou étrangers domiciliés et 21.000 citoyens. Comme on ne
recensait alors, en fait de citoyens et d'étrangers, que les
hommes adultes, il faut quadrupler le chiffre des hommes
libres pour avoir leur population totale, avec les femmes
et les enfants. Athènes aurait donc eu à cette époque
environ 524.000 habitants, dont les trois quarts environ

étaient de condition servile[1]. — Aristophane prétend
qu'Athènes commandait à mille cités, « chiffre évidemment
exagéré, fait observer Victor Duruy ; nous n'en connaissons que 280 ; il est vrai que nous ne les connaissons pas
toutes. Ces villes étaient de trois sortes : sujettes, alliées
ou colonies athéniennes[2] ».

Quant à Carthage, la ville phénicienne, née d'un exode
de Tyr et devenue maîtresse de la Libye (Tunisie, Tripo-
litaine), d'une partie avoisinante de la Numidie (province
de Constantine), de Malte, de la Sicile occidentale, de la
Sardaigne, de la Corse, des îles Baléares et de nombreux
postes et comptoirs sur les côtes d'Afrique et d'Espagne,
« à son dernier jour (146 av. J.-C.), après une lutte sécu-
culaire, elle comptait encore 700.000 habitants[3] ».

Mais, comme on devait s'y attendre, c'est à Rome que
l'on trouve la population la plus nombreuse et le plus
rapide accroissement. En 463 avant J.-C., le recensement
des citoyens romains en âge de porter les armes (de 17 à
60 ans) en révéla 124.215, ce qui, avec le quadruplement
généralement adopté par les historiens, portait la population libre à 496.000 âmes, avec les femmes, les enfants
et les vieillards. En 338, le cens s'éleva à 169.000 citoyens
(676.000 âmes). Au commencement de la première guerre
punique, en 264 avant J.-C., il fut de 292.334 combattants, soit une population libre de 1.200.000 âmes serrée
autour de Rome[4].

Le cens de 70 avant J.-C. donna 450.000 citoyens

(1) Voir Gow et Reinach, *Minerva*, p. 99-102.
(2) V. Duruy, *Histoire des Grecs*, t. II, p. 154.
(3) V. Duruy, *Histoire des Romains*, t. Ier, p. 414.
(4) *Ibid.*, t. Ier, p. 364. Duruy ne pense pas que les esclaves s'élevassent,
omme on l'a prétendu, au chiffre de 500.000.

(1.800.000 âmes) : il est probable qu'on ne compta à cette époque, comme précédemment, que les citoyens présents à Rome ou assez voisins de Rome pour y venir exercer leur droit de vote. Mais le cens de l'an 28 avant J.-C. s'étendit sur toute l'Italie et porta le nombre des citoyens à 4.063.000, chiffre qui impliquerait pour l'Italie entière une population *libre* de plus de 17 millions [1]. Sur ce nombre, combien résidaient dans la Ville même? et combien s'y joignait-il d'esclaves? Quelle était, en un mot, la population de fait de cette grande métropole? « Les uns disent quatre, six, même huit millions, d'autres seulement 562.000. Il faut probablement tripler ce chiffre [2]. » Duruy opine pour 1.500.000 à 1.800.000 habitants au temps d'Auguste. — L'historien Gibbon a estimé que, sous le règne de Théodose, la population de Rome n'était plus que de 1.200.000 habitants [3]. Elle avait d'ailleurs sensiblement décru avec le déclin de l'Empire et l'érection de Constantinople en capitale de l'Empire d'Orient.

Sur les autres parties de l'Empire, nous ne possédons aucune indication.

Cependant M. Emile Levasseur, dans son grand et bel ouvrage sur la *Population française*, a tenté d'évaluer la population de la Gaule barbare et romaine et de la France carolingienne. Mais il a soin de déclarer que ses hypothèses ne reposent pas sur des preuves suffisantes. Pour les époques subséquentes, il y a joint quelques estimations qui s'appuient sur des bases plus certaines [4]; et j'ai com-

---

(1) *Hist. des Romains*, t. III, p. 710. *Minerva*, p. 213.

(2) *Hist. des Romains*, t. III, p. 666; t. IV, p. 73.

(3) Ce calcul a été fait sur des bases que Moreau de Jonnès prétend fort arbitraires (*Statistique des peuples de l'antiquité*, p. 545).

(4) E. Levasseur, *La Population française* (Paris, A. Rousseau, 1889) t. Ier, p. 288.

plété la série par les dénombrements officiels de ce siècle.
Voici les chiffres :

Époques.	Population.
Gaule barbare (Gaule indépendante et Narbonnaise) divisée en 85 peuples, environ	8.000.000
Réduction proportionnelle aux limites actuelles de la France depuis 1871 (528.400 kilomètres carrés)	6.700.000
Gaule romaine, sous Antonin, réduite aux limites actuelles	8.500.000
France sous Charlemagne (même étendue) . . . . 8 à	10.000.000
En 1328 (d'après les feux soumis à l'impôt royal sur la moitié environ de la France actuelle) . . . . . . 20 à	22.000.000
En 1581 (d'après le nombre des familles donné par Froumenteau)	20.000.000
En 1700 (d'après les évaluations officielles des intendants, ayant porté sur tout le royaume)	21.136.000
En 1715 (hypothèse fondée sur la dépopulation des dernières années de Louis XIV et une assertion de Forbonnais)	18.000.000
En 1770 (moyenne tirée des évaluations de Messance, Expilly, Moheau et Necker)	24.500.000
En 1789 (moyenne d'après divers)	26.000.000
En 1801 (premier dénombrement officiel)	26.930.756
En 1851 (dénombrement)	34.901.938
En 1872 (*Id.*)	36.102.921
En 1896 (*Id.*)	38.517.975

Pour Athènes, Carthage et Rome, nous n'avions que des indications relatives aux grandes métropoles et point à la population totale des pays. Ici, nous ne possédons que des indications relatives à la population totale et point à l'agglomération dans les villes.

En considérant les hypothèses de M. Levasseur, ce savant si consciencieux et si modéré, on est frappé des différences assez peu accentuées qu'il admet entre les populations de trois époques aussi distinctes que celles de César, d'Antonin et de Charlemagne (6.700.000 — 8.500.000

— 9.000.000). De César à Antonin, en deux cents ans de paix, la population gauloise ne se serait accrue que de 1.800.000 têtes soit de 27 p. 100, ce qui est peu, puisque dans un même laps de temps, de 1700 à 1896, la même race dans le même pays, en dépit des guerres, des révolutions et d'une faible natalité, s'est accrue de 82 p. 100. Par contre, d'Antonin à Charlemagne, en six cents ans, la population serait restée à peu près stationnaire, malgré les plus grands bouleversements sociaux.

La seule explication plausible de ce double fait me paraît être que, dans les deux cas, ce fut moins le chiffre global de la population qui fut modifié que son système d'agglomération, d'où dépendait toute l'organisation politique et économique du pays.

Les invasions des barbares ne furent, en général, ni très nombreuses ni très meurtrières ; les bandes des envahisseurs se ruaient principalement sur les villes, les pillaient et les saccageaient. Dès le milieu du iv° siècle, Julien écrivait à Athènes : « Le nombre des cités dont les murailles ont été détruites s'élève environ à 45, sans compter les châteaux-forts et les postes moins importants[1]. » Les grandes invasions ne s'étaient pourtant pas encore produites. Au sujet de ces dernières, M. Fustel de Coulanges a insisté sur le nombre « singulièrement faible » des envahisseurs. « Les Wisigoths, qui se présentent comme le plus puissant de tous ces peuples, n'étaient pourtant qu'une foule de 200.000 personnes, en y comptant les enfants et les femmes, lorsqu'ils passèrent le Danube... Les Burgondes avaient été 80.000 lorsqu'ils s'étaient présentés sur la rive du Rhin... Il ne semble pas que Clovis, au moment

---

(1) Cité par M. Levasseur, dans *La Population française*, t. Ier, p. 107.

de son baptême, eût plus de 6.000 guerriers francs sous
ses ordres [1]. » Il est vrai que ces bandes se grossissaient
de soldats transfuges gallo-romains, d'ouvriers des villes,
de colons, de serfs en rupture de glèbe, qui se joignaient
aux barbares pour prendre part aux pillages. Que résultait-
il de tout ce désordre? « Les villes nous dit M. Levasseur,
s'appauvrissaient faute de commerce, quand elles n'étaient
pas directement ruinées par les armées. Trèves, dont le
sort rappelle celui de beaucoup de grandes cités de la Gaule
à cette époque, a été saccagée cinq fois en soixante-cinq
ans [2]. » Aussi est-il naturel de penser que les villes se
dépeuplèrent. Les riches, avec leurs clients et leurs
esclaves, se retirèrent à l'écart des routes fréquentées,
pour vivre sur leurs domaines ruraux, mieux protégés
contre les attaques des barbares par leurs forêts et leurs
vastes friches que par les remparts des villes dénuées de
garnisons. Et quand nous sommes en plein moyen âge,
M. Levasseur peut nous dire encore très justement :
« Les villes paraissent avoir eu, durant la période féodale, une importance moindre qu'à l'époque romaine...
Les invasions des barbares en avaient ruiné un grand
nombre [3]. »

Voilà donc la grande désorganisation sociale qui s'opéra
du IVe au IXe siècle. Dans une population peu accrue,
l'Empire romain avait développé une civilisation notable
par les encouragements et la sécurité donnés à des cités
nombreuses. Dans la même population, peu réduite ou
stationnaire, l'anarchie ou l'insécurité des royaumes

(1) Fustel de Coulanges, *Histoire des institutions politiques de l'ancienne
France*, t. II (*L'invasion germanique et la fin de l'Empire*, publié en 1891,
par Camille Jullian), p. 550-551.

(2) *La Population française*, t. I, p. 142.

(3) *Ibid.*, t. Ier, p. 143.

barbares puis féodaux fit rétrograder considérablement
la civilisation en ruinant les villes, qui ne se relevèrent
qu'à partir du xie et du xiie siècle.

Dans la population d'un pays civilisé, c'est donc l'élément urbain qu'il faut surtout considérer ; et, bien que
son accroissement puisse entraîner certains inconvénients,
il comporte de tels avantages au point de vue de l'activité
sociale et des progrès en tout genre que les inconvénients
ne sauraient entrer en balance. Les villes sont, en définitive, les seuls organes d'entente, d'instruction et de coopé-
pération qui entretiennent et développent la vie des sociétés, et qui fassent passer les populations brutes de l'état
amorphe à l'état organisé.

2. — La densité de la population n'est pas une mesure exacte de la valeur comparative des peuples.

Les statisticiens géographes n'ont pourtant accordé, jusqu'à présent, qu'une assez faible attention à l'importance
des agglomérations urbaines chez les différents peuples.
Ils ont principalement caractérisé les pays par la densité
de leur population, c'est-à-dire par le rapport du nombre
des habitants à l'étendue territoriale. C'est, sans nul doute,
un renseignement intéressant, mais qui ne peut pas suppléer à l'autre et qui ne fournit jamais qu'une mesure comparative inexacte.

Il n'est pas douteux que, *pour un même pays*, la densité de la population croissant d'époque en époque ne soit
un indice certain de son développement social : nul historien, nul démographe ne saurait le contester. A cet
égard, il est fort curieux de traduire en densités compa-

ratives les populations de la Gaule et de la France indiquées plus haut.

Époques.	Habitants par kilomètre carré.	Époques.	Habitants par kil. carré.
Gaule barbare	12 à 13	En 1770.	46,3
Gaule sous Antonin	16	En 1789.	49,2
France sous Charlemagne.	15 à 18	En 1801.	50,9
En 1328.	36 à 41	En 1851.	65,8
En 1581.	36	En 1872.	68,2
En 1700.	40	En 1896.	72,8
En 1715.	34		

Mais, *d'un pays à un autre,* on ne saurait dire qu'il y ait là un moyen de comparaison sociologique. Il suffirait, pour écarter une telle prétention, de jeter un coup d'œil sur la série des principaux États européens de notre temps.

DENSITÉ PROBABLE DES POPULATIONS DE L'EUROPE EN 1898 [1]

PAYS	DENSITÉ	PAYS	DENSITÉ
Belgique.	223	Roumanie	45
Pays-Bas.	154	Espagne	36
Royaume-Uni.	127	Turquie d'Europe (?) .	33
Italie	110	Russie d'Europe . . .	19
Allemagne	99	Danemarck.	16
France.	72	Suède	11
Autriche-Hongrie . . .	70	Norvège	7
Portugal	55		

Comment admettre, comme ce tableau tendrait à le faire supposer, que l'Italie soit si fort au-dessus de l'Allemagne, de la France et des États du nord de l'Europe ? Com-

(1 D'après M. E. Levasseur, dans l'*Annuaire du bureau des longitude* pour 1899.

ment concevoir que les Scandinaves qui sont la souche des Anglais, soient restés si fort au-dessous de leurs rejetons. Il est clair que le climat et la nature du sol changent tellement ici les conditions d'existence et apportent de tels obstacles à la multiplication sur place de la population que toute comparaison des densités en est faussée d'avance. On ne peut assimiler la grasse Angleterre à la maigre et montueuse Écosse, ni les fertiles plaines d'alluvion de l'Italie septentrionale aux landes sablonneuses de l'Allemagne du Nord ou aux montagnes glaciaires de la Norvège, ni l'humide et plantureuse Hollande à l'Espagne aride et brûlante.

Il n'est possible de comparer les peuples qu'en ce qu'ils ont de similaire. C'est ce que nous allons tâcher de faire en rapprochant : d'abord, les populations absolues, qui donnent en quelque sorte les poids bruts de l'agrégation sociale ; ensuite, les populations urbaines, qui en mesurent la concentration et, par conséquent, l'organisation ; enfin, les rapports de la population urbaine à la population absolue, qui nous fourniront les véritables densités comparatives qu'on pourrait nommer les densités sociologiques. Telles sont, à notre avis, les bases d'une sociométrie rationnelle.

3. — Les bases d'une sociométrie rationnelle.

La base la plus importante de cette sociométrie sera, sans contredit, la comparaison des populations absolues des États. En voici la liste pour quatorze États européens, un américain et un asiatique. J'ai placé en regard de chacun d'eux un nombre proportionnel, calculé par rapport

à la population de la France prise pour terme de comparaison (égal à 100).

A. Série comparative des populations absolues

ÉTATS	POPULATION	CHIFFRES comparatifs.
Russie d'Europe, Pologne et Caucase (1897)	1 2.920.053	295
États-Unis d'Amérique (1890)	62.622.250	»
— Les 31 États de 1848	55.233.444	143
Allemagne (1895)	52.250.894	136
Japon (1896)	42.270.620	109
Autriche-Hongrie (1890)	41.384.956	107
Grande-Bretagne et Irlande (1897)	39.824.563	103
France (1896)	38.517.975	100
Prusse (1895)	31.855.123	83
Italie (1897)	28.953.480	75
Turquie (1885)	23.930.000	59
Espagne (1887)	17.565.632	45
Suède et Norvège (1891)	6.907.934	17
Belgique (1895)	6.410.783	16
Roumanie (1894)	5.417.249	14
Portugal (1890)	5.049.729	12
Pays-Bas (1895)	4.859.451	12
Danemarck (1896)	2.304.000	6

Observations. — Les populations des pays d'Europe figurant dans
cette série ne sont grossies d'aucun élément colonial : les Canadiens,
les habitants du Cap, les Indiens, les Australiens, etc., ne sont point
attribués au Royaume-Uni de Grande-Bretagne et d'Irlande ; les Sibé-
riens ne sont point attribués à la Russie ; les Algériens et Tunisiens,
les Sénégaliens et Soudanais, les Malgaches, les Indo-Chinois, etc.,
ne sont pas attribués à la France. Il n'en est pas de même pour les
États-Unis de l'Amérique du Nord qui renferment, au centre et à
l'ouest de leur territoire, de véritables colonies en voie de peuplement,
bien qu'elles figurent dans la confédération sous le nom d'États ré-

cemment admis ou de « territoires » en passe de devenir bientôt des États. Pour rendre les États-Unis d'Amérique comparables aux puissances européennes, il fallait donc distinguer dans leur population l'élément métropolitain de l'élément colonial. J'ai cru pouvoir prendre comme États métropolitains les trente États les plus anciens, qui se trouvaient constitués en 1848, et qui s'élèvent au nombre de trente et un depuis la division de la Virginie en deux États séparés en 1863 ; il y faut ajouter d'ailleurs le district fédéral de Columbia où se trouve la capitale Washington. Restent en dehors quatorze États de formation plus récente et trois « territoires », que je considère, les uns et les autres, comme de véritables colonies, quoiqu'elles soient contiguës à leur métropole. Elles présentent d'ailleurs un double caractère colonial : 1° une densité de population très faible qui est de 0,2 à 1,7 habitants par kilomètre carré pour douze États ou territoires, de 3 habitants pour la Californie et de 5 à 7 pour les quatre autres États (Nébraska, Minnesota, Kansas et Utah); 2° un excédent notable des hommes sur les femmes, démontrant que les familles n'y ont pas encore pris racine. Tandis que dans dix des États anciens et dans le district fédéral, les femmes sont en excédent sur les hommes et que, dans l'ensemble des trente et un États et du district fédéral, il y a 27.284.000 femmes pour 27.948.000 hommes, soit 976 femmes pour 1.000 hommes ; dans les quatorze États plus récents et les trois « territoires », il n'y a que 3.269.450 femmes pour 4.119.356 hommes, soit seulement 793 femmes pour 1.000 hommes.

Le second élément de comparaison des nations, qui n'est pas moins important à considérer, est le mode de répartition de la population. Nous avons vu (ch. vii) que la superposition hiérarchique des bourgs, des chefs-lieux, des villes régionales, des grandes villes et de la capitale au sommet, constitue un organisme social très complexe et très délicat. Nous nous bornons ici, pour notre esquisse comparative, à ne faire entrer en ligne de compte que la population des grandes villes de 200.000 âmes et au-dessus, en prenant ainsi pour minimum la plus petite capitale des États autonomes de l'Europe.

Voici les chiffres afférents aux pays déjà considérés :

B. Série comparative des populations des grandes villes

| ÉTATS | CAPITALES | GRANDES VILLES de 200.000 h. | ENSEMBLE | |
			Nombre des villes.	Population.
Grande-Bretagne et Irlande (1896 et 1891)	4.433.018	5.430.114	17	9.863.132
États-Unis (31 États anciens)	230.392	7.536.216	15	7.766.608
Allemagne (1895).	1.677.304	3.122.414	10	4.799.718
Russie d'Europe (1897) . .	1.267.063	2.854.486	7	4.121.509
France (1896)	2 536.834	1.381.449	5	3.918.283
Prusse (1895).	1.677.304	1.353.052	6	3.030.356
Italie (1897).	474.018	2.050.092	7	2.524.110
Japon (1896)	1.268.930	1.037 368	4	2.306.298
Autriche-Hongrie (1890). .	1 364.548	802.421	3	2.166.969
Turquie (1885)	873 565	200.000	2	1.073.565
Pays-Bas (1896).	191.530	780.294	3	971.824
Espagne (1887-90).	499.270	272.481	2	771.751
Belgique (1896).	482.646	267.902	2	750.548
Danemarck (1890)	375.719	»	1	375.719
Portugal (1890).	301.206	»	1	301.206
Suède et Norvège (1896). .	279.680	»	1	279.680
Roumanie (1894)	232.009	»	1	232.009

Observations. — Ces chiffres sont empruntés à l'*Almanach de Gotha de* 1898. Pour les villes d'Angleterre on a la population de 1896; pour celles d'Écosse et d'Irlande, la population de 1891. On a joint à la ville de Bruxelles proprement dite les communes attenantes de Saint-Josse-ten-Noode, Schaerbeek, Ixelles, Saint-Gilles, Anderlecht et Molenbeek-Saint-Jean. Dans les grands villes des États-Unis, je n'ai pas compris San-Francisco (298.997 habitants), parce qu'elle appartient à un État de formation récente (1850) que j'assimile encore à une colonie.

Cette seconde série comparative présente un classement

tout différent des puissances, et donne immédiatement à penser que la population totale d'un pays ne pourrait fournir à elle seule la mesure de son état social. Il paraît évident qu'il y a lieu de tenir un grand compte de la concentration urbaine, et qu'il faut rechercher ce que j'ai appelé plus haut la densité sociologique. J'ai donc calculé pour chaque nation, dans une troisième série comparative, le rapport de la population agglomérée dans les grandes villes avec la population totale ; et pour faciliter la comparaison entre les États, j'ai traduit chaque rapport particulier par un nombre proportionnel, en prenant toujours la France comme terme de comparaison (égal à 100).

C. Série comparative des populations des grandes villes rapportées aux populations totales

ÉTATS	POPULATION des grandes villes.	RAPPORT à la population totale.	CHIFFRES comparatifs.
Grande-Bretagne et Irlande.	9.863.132	24,7 p. 100.	243
Pays-Bas	971.824	20 —	198
Danemarck	375.719	16,3 —	161
États-Unis (31 anciens). . .	7.766.608	14 —	139
France	3.918.283	10,4 —	100
Prusse	3.030.356	9,5 —	94
Allemagne (Prusse comprise)	4.799.718	9,1 —	90
Italie	2.524.110	8,7 —	86
Belgique	750.548	7,5 —	75
Portugal	301.206	5,9 —	58
Japon	2.306.298	5,4 —	53
Autriche-Hongrie	2.166.969	5,2 —	51
Turquie	1.073.565	4,5 —	44
Espagne	771.751	4,3 —	42
Roumanie	232.009	4,2 —	41
Suède et Norvège	279.680	4 —	39
Russie, Pologne et Caucase.	4.121.509	3,6 —	35

Dans cette troisième série comparative, la progression est très différente de la première. La Grande-Bretagne tient toujours la tête ; mais deux petits États, les Pays-Bas et le Danemark, dont l'Angleterre jadis ne fut presque qu'une colonie, remontent tout auprès d'elle ; tandis que la Russie descend au bas de l'échelle.

Il semble bien que les indices comparatifs de cette série mesurent la socialité des pays avec plus de précision que ne pouvaient le faire les indices comparatifs des populations absolues. Cependant il est certain que, si l'on veut estimer la puissance respective des États, on ne saurait faire abstraction du nombre des individus qui les composent ; car la quantité des travailleurs, dans une bonne organisation économique, fait la richesse d'un pays, et le nombre des combattants, dans une bonne organisation militaire, fait la force de ce pays. Il y aurait donc à combiner l'élément quantitatif de la population avec l'élément qualitatif correspondant à l'organisme social.

En supposant que la qualité de l'organisme fût suffisamment représentée par la concentration de la population dans les grandes villes, on pourrait dresser une échelle sociométrique en combinant, pour chaque pays, l'indice de la population absolue avec l'indice de la population des grandes villes.

(Voir ci-après, page 174, la dernière série comparative obtenue de cette manière.)

Cette échelle sociométrique, vu les réserves dont il est nécessaire de l'entourer, marque plutôt l'ordre suivant lequel il semble plausible de classer les États, qu'elle ne fournit une mesure tout à fait exacte de leurs *forces* respectives. Que faut-il entendre d'ailleurs par ce mot « forces » ? Je me hâte de dire que je ne prétends comparer ici, très généralement et abstraitement, que l'ensemble des forces sociales de chaque nation, sans considérer l'application plus spéciale qu'elle en peut faire, soit à la production, soit à la guerre.

D. ECHELLE SOCIOMÉTRIQUE APPROXIMATIVE
ÉTABLIE D'APRÈS LA COMBINAISON DES INDICES A ET C.

ÉTATS	INDICES de la population absolue.	INDICES de la concentration dans les grandes villes.	PRODUIT de l'un par l'autre (en supprimant 2 chiffres).
Grande-Bretagne et Irlande.	103	243	260
Etats-Unis (31 Etats anciens).	145	139	198
Allemagne (Prusse comprise)	136	90	122
Russie d'Europe.	295	35	103
France	100	100	100
Prusse seule	83	94	78
Italie.	75	86	64
Japon.	109	53	58
Autriche-Hongrie	107	51	55
Turquie	59	44	26
Pays-Bas	12	198	24
Espagne	45	42	19
Belgique	16	75	12
Danemarck.	6	161	10
Portugal	12	58	7
Suède et Norvège	17	39	7
Roumanie	14	41	6

OBSERVATIONS. — Tous les États n'ont pu être comparés à la même date. Vu l'ancienneté des recensements ou des estimations en Autriche-Hongrie, en Turquie et en Espagne, ces États ne sont cértainement pas placés à leur vrai rang : l'Autriche-Hongrie doit être placée trop bas et la Turquie trop haut. Si chaque grande ville est un laboratoire de puissance et de richesse, il n'en est pas de plus actif que la capitale; or, il n'a pas été fait ici de distinction entre les capitales et les autres grands villes. Il n'a pas été fait non plus

de distinction entre les pays homogènes et unifiés et les pays fédé-
ratifs ou composés d'éléments hétérogènes, dont le lien social est
nécessairement plus relâché. Il en résulte que les États-Unis, l'Allemagne, l'Italie, ont vraisemblablement dans notre échelle un indice
trop relevé.

Si l'on voulait estimer la puissance militaire des peuples,
il faudrait évidemment faire entrer dans la comparaison
un plus grand nombre d'éléments. Non seulement il y
aurait à mesurer, en dehors du nombre des hommes et
de leur concentration, la richesse en capitaux accumulés,
mais il faudrait aussi tenir compte de la proportion habituelle de ces hommes et de ces capitaux qui est appliquée
aux choses de la guerre, tant à la marine qu'à l'armée
de terre ; il faudrait enfin attribuer un coefficient spécial
de valeur militaire, suivant le caractère national ou eth-
nique, aux différentes populations et même aux différentes
parties de chaque population. On pourrait se demander,
par exemple, si la population concentrée dans les villes,
qui est si supérieure au point de vue intellectuel, politique et commercial, ne se trouve pas, au contraire, assez
inférieure au point de vue de la force physique, de l'endu-
rance et de la discipline, etc., etc.

L'étude des puissances militaires comparées rentrerait
assurément dans le cadre d'une sociologie positive, car
toute science digne de ce nom doit aboutir à une mensu-
ration des phénomènes ; mais enfin ce n'est pas notre
objet actuel. Et je répète que, dans la série ci-dessus, il
ne faut pas chercher un classement des forces militaires,
mais un classement des forces sociales, en dehors de
toute application particulière de celles-ci.

CHAPITRE XVI

PRÉSOMPTIONS SOCIOMÉTRIQUES EN FAVEUR DE L'ANGLETERRE, DE LA FRANCE ET DE L'ALLEMAGNE PAR RAPPORT AUX AUTRES PAYS.

Je suis loin de prétendre que la formule statistique que je viens d'employer ne comporte pas de corrections ; mais, en la supposant rectifiée, ne pourrait-on pas parvenir par cette voie à une sociométrie suffisamment approchée ? Et n'arriverait-on pas de la sorte à suppléer par la méthode comparative aux insuffisances des documents historiques ?

Si l'on possédait une échelle assez exacte de la puissance des nations, en faisant la part des deux éléments, quantitatif et qualificatif, on pourrait dégager pour chacune d'elles la valeur proprement sociale (que je suppose à peu près proportionnelle à la concentration urbaine de la population), et l'on pourrait en tirer des inductions analogues à celles-ci :

L'Angleterre, par exemple, au premier rang de la socialité, représente une nation parvenue à un degré assez avancé de la quatrième période de l'évolution sociale (le régime individualiste de la richesse) ;

La France et l'Allemagne, qui ne viennent qu'en second rang, ne semblent qu'au début de cette période ;

La Russie et la Turquie, sans constitution, l'Autriche-

Hongrie et l'Espagne, avec une constitution, ne sont pas encore sorties de la troisième période, celle que nous avons dénommée la période du régime administratif, qui, en dépit de certains fonctionnements parlementaires, comporte toujours une grande part d'étatisme, d'esprit de classe, de fonctionnarisme et de privilèges.

Quelques lecteurs seront sans doute scandalisés de me voir mettre la France dans un rang secondaire. Cela m'aurait fait volontiers, en effet, douter de l'exactitude de mon procédé statistique. Mais je dois faire remarquer encore une fois qu'il ne s'agit ici que de *socialité*, c'est-à-dire de l'activité sociale sous ses trois formes, gouvernement, croyance, production, et de la solidarité sociale. Il n'est point question de tout le surplus de la civilisation, et de ce qui fait souvent le plus grand éclat de la société ou son plus grand charme. La philosophie et la haute morale, la science spéculative, la littérature, les beaux-arts, l'intellectualité pure, l'idéalisme, restent en dehors de la comparaison. Idéologiquement, je serais porté à croire que la France a droit au premier rang : son initiative intellectuelle, son goût artistique, son esprit humanitaire, jusqu'à ses aspirations quelquefois utopiques, semblent lui mériter le prix ; sociologiquement, il ne me paraît pas douteux qu'elle soit inférieure à l'Angleterre.

Sans contredit, la nation britannique, que l'on peut considérer comme la plus ancienne colonie de l'Europe, une sorte d'Amérique du xie siècle, est en avance sur toutes les nations du continent en beaucoup de points, notamment les suivants :

1° *Population* : la densité de sa population et le groupement intensif de ses habitants dans un grand nombre de villes importantes ; .

2° *Gouvernement et force armée* : la formidable organisation de sa marine militaire, l'étendue de ses colonies, l'ancienneté et la régularité de son régime parlementaire, les habitudes juridiques de ses citoyens, l'indépendance de ses tribunaux ;

3° *Croyance* : la multiplicité et la très grande liberté de ses cultes, rattachés par une religion demi-rationaliste et une morale utilitaire à une science toute préoccupée d'applications sociales : édifice doctrinal devenu en grande partie indépendant de l'État par l'admirable coutume des associations et des fondations, aussi bien pour les églises que pour les universités et les établissements scientifiques ;

4° *Production* : l'intensité de la division du travail industriel, la bonne organisation commerciale, monétaire et financière, la liberté des échanges plus développée qu'en aucun autre pays du monde ;

5° *Fiscalité* : un système d'impôts à la fois ménager des besoins de première nécessité et de l'activité des producteurs, un petit nombre de droits de consommation sur les denrées de luxe ou d'un usage facultatif, et l'*Income tax* (impôt cédulaire sur les revenus) proportionnel à la fortune, mais dégressif pour les contribuables d'une médiocre aisance (3.750 à 10.000 fr.), avec exemption totale pour les faibles revenus (de 3.750 fr. et au dessous) ;

6° *Enseignement* : le caractère pratique, utilitaire, presque professionnel de l'instruction publique la plus répandue ;

7° *Mutualité* : le grand nombre, l'importance, la prospérité, le caractère positif des sociétés coopératives et des syndicats professionnels (*trade's unions*), la pratique très généralisée des assurances, etc.

On a coutume de dire que c'est à la révolution indus-
trielle du xviiie siècle, à l'utilisation de la houille et du fer,
que l'Angleterre a dû sa prospérité, le développement de
ses villes, le grand essor de sa capitale. Une telle explication, bornée à ce seul fait matériel, me paraîtrait singulièrement peu sociologique[1]. Je ne puis croire, en effet,
que le progrès social résulte de pures contingences, et qu'il
ne soit imputable en Angleterre qu'au hasard des découvertes technologiques des Arkwright, des Crompton, des
Watt, et des Cartwright. Je suis convaincu, au contraire,
que l'évolution, même économique, des peuples vient des
sources profondes de leur organisme. Dès le xviie siècle,
M. Boutmy le reconnaît d'ailleurs, « les conditions d'un
progrès industriel régulier » étaient déjà réunies en Angleterre, à savoir : une puissante marine marchande, une
monnaie loyale, une poste aux lettres, une banque d'émis-
sion, une bourse des valeurs, la dette publique constituée, l'association des capitaux, des compagnies de commerce, etc. Tout se trouvait donc comme préparé pour
l'utilisation du « bloc de fer et de houille », dont on ne
connaissait pas encore toutes les applications industrielles,
mais qui, sitôt celles-ci révélées, devait devenir un mer-
veilleux moyen de prospérité... Un moyen seulement, je
le répète ; car les conditions véritables étaient toutes ces
institutions économiques que je viens d'énumérer et qui
s'appuyaient sur des institutions politiques et religieuses
éminemment libérales, les unes et les autres résultant d'un
organisme urbain plus développé qu'en aucun autre pays.

(1) J'ai regretté d'en retrouver la trace dans deux ouvrages de valeur :
celui de M. E. Boutmy : *le Développement de la constitution et de la société
politique en Angleterre*, 3e partie, ch. v (Paris A. Colin 1897) ; et celui de
M. Paul Meuriot : *Des agglomérations urbaines dans l'Europe contemporaine*, ch. v (Paris, Belin frères, 1898).

Londres, dès le xviie siècle, avait une population concentrée de 530.000 habitants, sensiblement égale à celle de Paris à la même époque (540.000 habitants); mais Londres n'était alors que la capitale d'une Angleterre de 150.000 kilomètres carrés, tandis que Paris était la capitale d'un royaume trois fois plus considérable. C'est Londres qui fut le foyer de l'activité industrielle et commerciale qui a mis en œuvre le fameux « bloc de fer et de houille », ce n'est pas ce bloc qui a suscité les techniciens de génie; mais je ne méconnais pas, bien entendu, que la rencontre n'ait été des plus fructueuses. Pendant que Paris reste stationnaire et ne compte encore en 1801 que 546.000 habitants, Londres en a 958.000 ; en 1851, Paris s'élève à 1.053.000 habitants, Londres à 2.632.000 ; en 1896, Paris atteint 2.536.000 habitants, Londres 4.433.000 ; et la progression des autres grandes villes, quoique moins rapide, suit en général celle de la capitale [1].

Il est certain que ni l'Allemagne ni la France ne sont encore près de posséder des foyers d'invention et d'association aussi puissants que les villes du Royaume-Uni, et qu'elles ne sont pas non plus près de parvenir aux résultats sociaux qui leur sont corrélatifs.

L'Allemagne a une densité de population assez élevée, la plus élevée après celle de l'Angleterre ; elle possède après celle-ci (en laissant de côté les États-Unis) le plus grand nombre de villes de second ordre ; mais sa capitale fédérale, Berlin, ne vient encore qu'au troisième rang en Europe, et le pays tout entier n'est pas unifié sous une même dicipline sociale comme le Royaume-Uni de Grande Bretagne et d'Irlande [2]. Deux choses sont de premier ordre

(1) Voir la note à la fin du chapitre.

(2) Le Royaume-Uni a su néanmoins dans une assez grande mesure

en Allemagne : l'organisation militaire et l'enseignement public, que la France a d'ailleurs imités. Au point de vue commercial, l'Allemagne est supérieure à la France : son union douanière embrasse une population beaucoup plus nombreuse que n'en renferment les frontières françaises, et ses exportations s'étendent plus au loin. Enfin, dans le domaine de la mutualité libre, les banques populaires Schulze-Delitzsch ont pris un développement remarquable et sont une création aussi originale et aussi féconde que l'institution des sociétés coopératives en Angleterre.

A tous autres égards, et notamment au point de vue des libertés publiques, la France paraît être en avance sur l'Allemagne.

De ce rapide parallèle, on peut inférer que, si l'Angleterre en est encore au parlementarisme ploutocratique (quatrième période évolutive), avec seulement quelques pointes en avant vers la cinquième période, — l'Allemagne y est à peine entrée ; son régime parlementaire traîne après soi beaucoup de restes de l'ancien étatisme militaire et administratif (troisième période évolutive). — La France, pour en être un peu plus détachée, n'en paraît pas encore entièrement délivrée. A cet égard, il ne faut pas que les formes républicaines et les apparences souvent plus bruyantes que véridiques de la liberté nous fassent trop d'illusion sur notre réel avancement social.

Il n'y a pas lieu ici d'étendre la comparaison à d'autres États contemporains ; et je ne me hasarderai pas non plus à rechercher des assimilations entre les nations modernes et les nations anciennes. D'une manière géné-

especter les coutumes particulières de ses différentes parties : Angleterre, principauté de Galles, Ecosse, Irlande, îles anglo-normandes, etc.

rale, je me borne à m'appuyer sur les exemples que je viens de citer pour soutenir ma thèse sur les conditions du progrès social, que je résume ainsi :

Le progrès social résulte de l'extension d'une même discipline à un nombre d'hommes de plus en plus grand, extension qui ne peut se produire qu'en proportion de la concentration de la population dans les villes [1].

(1) Un professeur distingué, M. Paul Meuriot, qui vient de consacrer une thèse importante aux *Agglomérations urbaines dans l'Europe contemporaine*, me paraît avoir méconnu l'importance supérieure des capitales et des très grandes villes, sous la préoccupation trop vive des avantages de la décentralisation. Ces avantages, je ne voudrais point les contester; seulement je crois qu'il faut tâcher de les obtenir dans les institutions secondaires de l'ordre administratif ou pédagogique, en ayant grand soin de ne pas porter atteinte aux grands foyers de vie politique, d'autorité judiciaire, d'enseignement supérieur ou de crédit public qu'on ne peut entretenir utilement que dans les grands centres.

C'est donc, à mon avis, par l'importance de ces villes exceptionnelles, dont les villes secondaires ne sont que les agents de transmission, que l'on peut vraiment mesurer la puissance relative des sociétés, d'un pays à un autre ou d'une époque à une autre.

J'estime que c'est, en premier lieu, aux capitales qu'il faut accorder la plus grande valeur sociométrique. En voici la progression en milliers d'habitants depuis le commencement du siècle pour les six grandes puissances européennes. Cette première progression va nous démontrer l'inégalité des progrès acquis et de la vitesse continue.

CAPITALES	1801	1871	1896	ACCROISSEMENT annuel.	
				De 1801 à 1871.	De 1871 à 1896.
	Mille hab.	Mille hab.	Mille hab.	Habitants.	Habitants.
Londres	958	3.267	4.433	36.500	46 600
Paris	548	(72) 1.851	2.536	20.900	28.500
Berlin	172	826	1.677	16.000	35.400
Vienne	231	834	(90) 1.341	12.500	26.700
Pétersbourg. . .	400	(69) 667	(97) 1.207	8.400	19.200
Rome	(1800) 170	224	474	3.200	10.001

Après la comparaison des capitales doit venir celles des grandes villes autonomes que j'estime à la population minima *actuelle* de 200.000 habi-

tants et dont voici la progression en partant de leur population du commencement du siècle.

GRANDES VILLES ayant aujourd'hui 200.000 habitants.	1801	1871	1891	ACCROISSEMENT annuel.	
				De 1801 à 1871.	De 1871 à 1891.
	Mille hab.	Mille hab.	Mille hab.	Habitants.	Habitants.
11 britanniques [1].	572	2.895	3.819	36.000	46.200
4 françaises . .	365	(72) 987	1.292	10.000	16.000
9 allemandes. .	442	1.340	(95) 3.110	28.300	73.700
2 austro - hon - groises . . .	124	(69-70) 486	(90) 833	7.800	17.300
3 russes	430	(67) 965	. . . . . .	16.100	
6 —		1.190	(97) 2.851	. . . .	55.300
4 italiennes. . .	(1800) 790	1 058	. . . . . .	7.000	
5 — . . .		1.270	1.756	. . .	24.300

(1) Ces onze villes britanniques n'appartiennent qu'à l'Angleterre et à l'Écosse.

On remarquera dans ce second tableau : 1° la régularité avec laquelle les grandes villes britanniques s'accroissent parallèlement à la capitale : 2° la progression des villes allemandes notablement plus rapide que celle de Berlin pourtant déjà si accentuée. En général, on recevra de ce tableau l'impression que les villes de 200.000 habitants peuvent suppléer dans une large mesure à l'insuffisance des capitales (comme par exemple, en Allemagne, en Russie, en Italie), et compléter efficacement leur action.

M. Paul Meuriot a étendu ses études comparatives aux villes de 100.000 habitants. Je crois que la comparaison devient là moins instructive, parce que ces villes de troisième ordre n'ont pas beaucoup d'influence par elles-mêmes et sont moins des centres de rayonnement que des organes de transmission. La comparaison est d'ailleurs difficile à un siècle de distance ; je me borne aux vingt années de 1871 à 1891.

VILLES ayant aujourd'hui 100.000 hab.	1871	1891	ACCROISSEMENT annuel.
	Mille hab.	Mille hab.	
11 britanniques	1.097	1.575	23.900 hab.
7 françaises	687	851	8.600 —
18 allemandes.	1.278	(95) 2.477	50.000 —
3 autrichiennes. . . .	353	400	2.200 —
9 russes	(67) 582	(97) 1.164	19.400 —
6 italiennes.	703	850	7.300 —

Ces différences dans l'accroissement des villes de troisième ordre, des villes de second ordre et des capitales mériteraient de faire l'objet d'études démo-sociologiques approfondies. M. Meuriot est déjà entré dans cette voie et il a droit, à cet égard, à tous les remerciements des sociologues; mais, pour tirer tout le parti possible des recherches de ce genre, il faudrait, au préalable, que les savants fussent à peu près d'accord sur la manière d'interpréter les faits. Il serait désirable, en d'autres termes, qu'il y eût une même orientation sociologique.

CHAPITRE XVII

On sait la distinction qu'il faut faire entre la science et
l'art. Une science est une systématisation de phénomènes
considérés comme les effets d'une cause, comme les conséquences d'un principe, comme les manifestations d'une
loi, systématisation établie sans aucune préoccupation de
finalité. En partant d'un fait primordial, on étudie la
genèse des faits subséquents, et on en recherche tout le
développement possible, mais en complet désintéressement d'esprit, sans prétendre en tirer parti pour agir
dans un certain sens supposé avantageux. « L'art, au contraire, suivant Stuart Mill, se propose une fin à atteindre,
définit cette fin et la soumet à la science... L'art, en général,
se compose des vérités de la science, disposées dans l'ordre
le plus convenable pour la pratique, et non plus dans
l'ordre le plus convenable pour la théorie[1]. » Fréquemment, l'art est une combinaison de diverses lois empruntées à des sciences différentes, dont on tire des préceptes
d'action, des moyens de provoquer ou de modifier les
phénomènes, en vue de parvenir à une fin particulière :
on n'étudie plus la corrélation des phénomènes dans le seul

(1) *Système de logique déductive et inductive*, livre **VI**, chap. xii. Traduction Peisse, t. II, p. 551 et 555 (Paris, Ladrange, 1866).

but de les connaître, mais pour l'utiliser et la faire servir à la réalisation d'un certain objectif.

Cette distinction de la science et de l'art est très nette et très utile dans les sciences abstraites et inorganiques; elle l'est beaucoup moins dans les sciences organiques, qui sont toutes plus ou moins concrètes.

Il est facile, par exemple, de discerner l'arpentage de la géométrie, la technologie de la mécanique, la navigation de l'astronomie, la musique ou la peinture de la physique, la cuisine ou la pharmacie de la chimie, et en général toutes les applications plus ou moins complexes des sciences pures dont elles dérivent.

Mais, dans les sciences organiques, telles que la biologie et la sociologie, la science et l'art se confondent en beaucoup de points; tout au moins, la distinction ne s'impose-t-elle pas avec la même rigueur, ni peut-être la même importance. Par cela même, en effet, que les sciences organiques étudient des objets complexes, des systèmes d'éléments solidaires, elles ne peuvent pas se borner à rechercher les conséquences d'une ou plusieurs causes initiales : elles ont avant tout à expliquer ces résultantes qui sont, ici la vie d'un être, là l'état social d'une population. L'organisme vivant, l'organisme social, sont alors envisagés comme des finalités qui déterminent le concours de leurs éléments constitutifs. Le biologiste et le sociologue se placent ainsi au point de vue de l'artiste, inconnu ou fictif, qui a combiné les moyens naturels pour aboutir à cette fin nommée la vie ou la société. Puisque tout art consiste à combiner des moyens, la science organique rentre dans la définition même de l'art, elle en prend forcément les allures, elle en suit jusqu'à un certain point la méthode. Et alors nous voyons,

effectivement, le médecin se confondre avec le biologiste,
le politicien avec l'historien ou le sociologue, toutes les
fois du moins qu'il ne s'agit pas de théorie abstraite ou
d'idéologie pure.

En tout cas, l'art ici n'est pas précisément une application de la science ; c'est le plus souvent une introduction nécessaire à la science. Nul ne songera à devenir un
physiologiste s'il n'a préalablement fait sa médecine. De
même, nul ne devrait prétendre à être sociologue, s'il n'a
une connaissance suffisante du droit et de l'administration, s'il n'a étudié l'histoire et surtout exercé quelque
fonction sociale (je ne dis pas publique) lui permettant
de comprendre ou de deviner les autres. Au contraire,
on peut être un grand géomètre sans avoir pratiqué
l'arpentage, et un grand astronome sans avoir fait le point
sur un navire en marche ou manié des lunettes dans un
observatoire.

Dans notre simple esquisse de sociologie, il nous a été
impossible de retracer le progrès du gouvernement, de la
croyance, de la production, de la solidarité, sans constater
que l'évolution sociale tendait à l'accroissement de la
liberté, de la positivité, de la puissance et de l'égalité. Ce
que nous considérions comme les effets d'une cause
(l'extension d'une même discipline à une population plus
nombreuse) se transformait immédiatement sous nos
yeux en moyens d'une fin ; nous nous trouvions, sans
même y songer, faire œuvre d'art en même temps que
de science.

Il n'y a donc pas lieu, semble-t-il, d'attacher une
importance trop scrupuleuse à la distinction de la science
et de l'art en matière de sociologie. L'heure, du moins,
n'est pas encore venue où l'on sera libre d'en traiter

séparément. Néanmoins, même sous ce régime mixte, quelques grandes applications apparaissent qui rentrent évidemment dans l'art sociologique et qui méritent qu'on les envisage spécialement.

Ces grandes applications présumées d'une sociologie positive ou objective, comme on voudra l'appeler, je les range sous trois chefs principaux :

1° L'interprétation de l'histoire ou la reconstitution du passé (critique historique et archéologie sociale) ;

2° L'interprétation du présent ou la critique sociale, permettant de définir la phase évolutive où sont parvenues les sociétés et d'en prévoir l'avenir plus ou moins prochain ;

3° Les conditions d'une action sur la société, d'une intervention dans l'évolution prévue, de manière soit à l'accélérer, si c'est possible, soit, au contraire, à en atténuer les trop brusques effets.

C'est en jetant un très rapide coup d'œil sur ces trois branches de l'art sociologique que nous pourrons nous faire une opinion sur le caractère purement spéculatif ou possiblement utilitaire de la science sociale. Son utilité d'ailleurs serait déjà fort grande si seulement elle se bornait à réduire les ambitions démesurées et à détourner des chimériques utopies.

CHAPITRE XVIII

PREMIÈRE APPLICATION DE L'ART SOCIOLOGIQUE :
L'INTERPRÉTATION DE L'HISTOIRE

L'histoire, pour ceux qui l'abordent sans aucune préparation sociologique, n'est qu'un recueil d'événements fortuits. Car, si les besoins des hommes et leurs passions sont toujours les mêmes, il n'en est pas moins vrai que les inventions et les découvertes qui servent à satisfaire les besoins sont presque toujours accidentelles, et que les grands hommes, les héros, comme disait Carlyle, qui incarnent les passions de l'humanité ou qui savent les mettre en œuvre, viennent au monde par le fait du hasard.

Dès qu'on est pénétré de sociologie, l'aspect de l'histoire change. Sans doute l'élément fortuit n'est pas supprimé, mais il passe au second rang. Dans la succession des événements, on aperçoit un cours naturel, que les grands hommes ou les grandes découvertes peuvent bien activer, que les obstacles peuvent bien retarder, mais qui persiste néanmoins, et que l'on retrouve toujours malgré les interruptions, comme ces rivières coulant sous un banc de sable ou de galets qui reparaissent de distance en distance. Bien plus, on aperçoit que les grands hommes, ou leur monnaie, dans les fonctions essentielles de la société, manquent rarement aux situations nettement caractérisées, parce que c'est alors l'état social qui les suscite. De même, les grandes inventions et découvertes sortent le plus souvent d'un courant industriel et commercial, c'est-à-dire de l'émulation d'une foule d'hommes qui sont à leur recherche.

Pour comprendre une époque historique, il faut donc d'abord reconstituer l'état social du pays que l'on étudie. Le plus souvent les documents font défaut ; c'est alors que l'art sociologique intervient et peut souvent reconstruire l'organisme social d'une époque, en s'appuyant sur la corrélation des principaux organes entre eux et en concevant tel ou tel fonctionnement inconnu d'après les autres fonctionnements sur lesquels on est renseigné. A peu près comme Cuvier, en partant d'un os fossile, parvenait à retrouver le squelette de l'animal disparu.

La reconstitution ne serait guère plus difficile en histoire, semble-t-il, du moment où il serait avéré qu'il y a toujours trois ordres de fonctions actives, — le gouvernement, la croyance, la production, — et que, dans ces trois ordres, les organes successifs se superposent et s'accordent dans une certaine synergie et aussi se contiennent réciproquement de manière à former un équilibre. De l'insuffisance de telle ou telle fonction, on peut déduire le déséquilibre, du déséquilibre le malaise social, et de la souffrance collective le succès de tel homme providentiel qui aide au dénouement de la crise. Inversement, de l'avènement du grand homme on pourrait remonter à la crise sociale et à l'inégal développement fonctionnel qui l'a causée. L'histoire, en définitive, est faite de ces enchaînements ; en sorte qu'elle n'est vraiment que la broderie du hasard sur le canevas sociologique.

Cet art de reconstitution historique dont je parle ici, n'est que l'application d'une vue d'Auguste Comte. « Chacun des éléments sociaux, disait-il, doit être conçu comme solidaire de tous les autres. Une telle doctrine doit servir de base à l'étude du mouvement social. En outre, elle peut être employée à suppléer, du moins provisoirement, à l'observation directe qui, en beaucoup de cas, ne saurait avoir lieu pour certains éléments sociaux [1]. »

Je me permets toutefois de proposer quelque restriction à cette méthode supplétive. Auguste Comte faisait rentrer dans la sociologie tout ce qui me paraît appartenir à l'idéologie : les doctrines et les sentiments idéaux, les sciences, les lettres, les beaux-arts ; je crois donc qu'il étendait trop loin le champ des corrélations possibles. Il supposait, par exemple, que « toutes les sciences et tous les arts sont entre eux dans une connexité telle que l'état connu d'une seule partie permet de déterminer l'état de chacune des autres [2]. » Une telle affirmation semblera excessive. De ce que des arts techniques, tels que la navigation ou la construction des édifices, étaient empiriquement très développés chez certains peuples de l'antiquité, on ne peut en inférer que ceux-ci possédassent déjà les sciences proprement dites auxquelles ces arts techniques et empiriques devaient aboutir. De ce qu'une science ou une littérature existait, on ne saurait en conclure que tel ou tel art esthétique devait avoir un développement correspondant. En un mot, comme je l'ai soutenu dès le début de ce livre, de l'état social d'un peuple on ne peut déduire son état intellectuel, ou réciproquement. Il faut donc, à

(1) Jules Rig, (ou Rigolage), *la Philosophie positive résumée*, t. II, p. 71. — Aug. Comte, *Cours de philosophie positive,* 48e leçon, t. IV, p. 235 et s.
(2) Jules Rig, t. II, p. 72.

mon avis, restreindre la corrélation aux faits purement sociologiques, et renoncer à la poursuivre dans les faits d'ordre idéologique, parce que ceux-ci émanent des individus exceptionnels et échappent à tout synchronisme régulier.

Sur ce terrain réduit des faits proprement sociaux, le travail de reconstitution archéologique et historique n'en reste pas moins fort important.

Par exemple, l'archéologie préhistorique, cette science toute récente, a établi deux époques distinctes auxquelles doivent être attribués les restes humains ou les débris des sociétés humaines, que l'on a retrouvés dans les cavernes, les sépultures et les accumulations de détritus de toute nature. A la période géologique quaternaire appartient l'âge archéolithique, celui des instruments de pierre plus ou moins grossièrement éclatée, qui ne sont, dans les cavernes, accompagnés d'aucun reste d'animaux domestiques ni de débris d'ustensiles ou de produits culturaux. A la période géologique moderne appartient l'âge néolithique, celui des instruments de pierre polie, des os et cornes taillés, perforés, enjolivés de dessins, des instruments ou des ornements en matières étrangères à la localité et souvent de provenance assez lointaine, le tout accompagné d'ossements d'animaux domestiques, de grains cultivés, de meules, de poteries, voire de tissus de lin, etc. Il est clair que le second âge renseigne sur un assez grand nombre d'inventions postérieures au premier âge, qu'il nous montre un certain degré de division du travail (on a reconnu l'existence d'ateliers assez importants), et qu'il révèle, par conséquent, l'habitude des échanges et souvent même un commerce lointain. De ces constatations, on pourra sûrement inférer qu'un tel état social comportait un gouvernement et une religion. Les archéolithiques étaient des sauvages, mais les néolithiques n'en étaient pas.

En ce qui concerne les civilisations égyptiennes, chaldéennes, troyennes, ioniennes, étrusques, celtiques, etc., des monuments, des inscriptions, des armes, des meubles, des ornements, des ustensiles, et, plus rarement, des détails de mœurs directement rapportés, nous permettent des inductions encore plus précises avec une probabilité croissante.

A plus forte raison pouvons-nous appliquer cette méthode des corrélations aux diverses époques de l'antiquité grecque, romaine et du moyen âge, quand nous pouvons nous appuyer sur des documents écrits, des productions littéraires et des faits nettement constatés. Les historiens de notre temps sont franchement entrés dans cette voie, et nul d'entre eux n'a montré plus de logique ingénieuse et à la fois plus de prudence et de rigueur que M. Fustel de Coulanges dans la reconstitution d'un passé qui nous paraissait d'abord couvert d'obscurité[1].

S'il ne consent à prendre la sociologie pour guide, l'historien le mieux informé risquera quelquefois de tomber dans quelque anachronisme. Je me demande, par exemple, si le savant M. Guiraud n'a pas commis une inexactitude sociale en affirmant que, sous la République, « l'armée romaine n'était, en somme, qu'une garde nationale », et en prétendant que « les généraux eux-mêmes n'étaient que des militaires d'occasion, toutes les armées étant commandées par des consuls ou des préteurs, et ceux-ci étant avant tout des agents du pouvoir exécutif ». « Les

____

(1) Voir les deux admirables ouvrages : *la Cité antique* et *l'Histoire des institutions politiques de l'ancienne France* (cinq volumes).

tribuns, ajoute-t-il, étaient encore moins que les centurions des soldats de profession. Ils entraient dans l'armée non par goût, mais par nécessité. La loi exigeant de tout candidat aux fonctions publiques un certain nombre d'années de service militaire, ils sollicitaient cet emploi pour se mettre en règle ; mais la plupart le considéraient comme la porte qui conduisait aux magistratures de l'État, et ils avaient bien soin de ne pas s'y attarder [1]. »

Je suis bien loin de révoquer en doute l'érudition d'un professeur dont l'autorité est très grande, mais le sens de l'évolution sociologique que j'ai sommairement retracée dans cet ouvrage me porterait à interpréter tout différemment les textes invoqués par M. Guiraud. Je ne vois encore, sous la République romaine du temps de Polybe, ni séparation précise entre les commandements militaires et les magistratures civiles, ni division des pouvoirs constitutionnels en législatif et en exécutif. Le Sénat est l'assemblée des patriciens exerçant à leur profit une sorte de gouvernement direct ; toutes les magistratures sont attribuées à des grades militaires, elles en ont les titres ; leur objet principal est la guerre, leur prestige vient de l'armée : et c'est plutôt accidentellement qu'elles s'exercent à l'intérieur de la cité. La plus haute ambition est de parvenir au commandement d'une expédition militaire, tant pour les honneurs qu'il confère que pour les profits qu'il procure ; et les consuls ne sont pas autre chose, en définitive, que des généraux. En sorte que je prendrais volontiers, sociologiquement, le contre-pied de la thèse

---

[1] *L'armée à travers les âges*, conférences faites en 1898. sous la direction de M. Lavisse, à l'École spéciale militaire de Saint-Cyr (Paris, Chapelon et Cⁱᵉ, éditeurs). 2ᵉ conférence par M. Guiraud : *L'armée romaine sous la République*.

de M. Guiraud. Je dirais que toute la constitution romaine
a été d'abord essentiellement militaire et qu'elle répon-
dait alors à la passion de tous pour la conquête et le
butin : la cité n'a fait que se modeler sur l'armée; l'armée
a été l'école de l'administration; et ce n'est qu'avec l'accroissement inouï de la population, avec la richesse, le
commerce et l'industrie qui en ont été les conséquences,
que les fonctions civiles se sont peu à peu détachées des
fonctions militaires, et que les citoyens riches se sont
désaffectionnés de l'activité guerrière. Mais quand ce phénomène s'observe, on touche à l'Empire, si l'on n'y est
déjà.

Je ne me suis permis cette observation qu'à titre
d'exemple pour montrer le secours que la sociologie peut
offrir à l'historien, mais il ne peut être ici question de
tracer des règles pour un art aussi délicat que la reconstitution historique, qui exige une érudition étendue et
une critique très sûre. Je ne veux insister que sur le
point capital : c'est que toute cette interprétation du passé
implique une sociologie précise. Elle exige qu'on reconnaisse à la fois le concert et l'antagonisme relatif des
diverses activités produisant un équilibre, et qu'on ad-
mette enfin l'évolution de ces activités dans un certain
sens qui constitue le progrès social.

CHAPITRE XIX

DEUXIÈME APPLICATION DE L'ART SOCIOLOGIQUE :
LA CRITIQUE SOCIALE

1. — La détermination de l'état social d'un pays.

Les mêmes principes qui permettent d'interpréter le passé doivent aussi servir à l'interprétation du présent ; seulement, dans cette seconde application, il faut une précision que les recherches archéologiques ou historiques n'exigeaient pas. A des siècles de distance, on ne se soucie guère des anachronismes qui peuvent s'étendre à deux ou trois générations et même davantage ; on néglige forcément les crises qui ont accompagné les inévitables discordances dans le développement des forces ; et, sous le recul du temps, on ne considère plus que la convergence finale des progrès et l'harmonie confuse de tous les éléments. Il ne peut en être de même quand il s'agit de l'étude des sociétés contemporaines. Il faut ici opérer avec une exactitude beaucoup plus grande et, à travers la complexité des faits ou la contradiction des clameurs particulières, s'efforcer de répondre à ces trois questions :

A quelle phase de l'évolution sociale la nation que l'on considère est-elle parvenue ?

Y a-t-il concordance ou discordance dans le développement de ses divers ordres d'activité ?

S'il y a discordance, va-t-elle jusqu'à entraîner un déséquilibre qui détermine une souffrance sociale et menace d'affaiblir la nation considérée ?

Ces questions paraissent très simples, mais l'enchevêtrement des phénomènes est tel qu'il y a en réalité quelque difficulté à les résoudre. Même sur le premier point (la phase évolutive) où il semblerait que l'on pût le plus facilement s'accorder, la détermination est assez souvent incertaine. Qu'on me permette ici une comparaison. Quand nous nous promenons au milieu d'un bois récemment coupé, il peut se faire que nous ne reconnaissions pas tout d'abord si nous passons à travers un champ inculte ou un taillis embroussaillé ou une jeune futaie. Cela tient, à ce que, dès la première année de la coupe, les herbes folles, les graminées, les orties, les grandes ombellifères ont poussé rapidement et recouvert tout le terrain ; mais bientôt une seconde génération d'arbrisseaux, des sureaux, des églantiers, des cornouillers, des troënes, prennent le dessus et réduisent la multitude envahissante des herbes ; enfin survient la lente génération des grands arbres, des chênes, des hêtres ou des ormes, dont les rejetons, d'abord presque étouffés par les herbes, puis devancés par les arbrisseaux, arrivent à surpasser toute la végétation précédente, en attendant qu'ils la recouvrent de leur ombre et la forcent à se soumettre ou à disparaître. Alors on sera certain de marcher sous une futaie ; mais il y aura eu une époque où l'on marchait *sur* la futaie, et une autre époque où les herbes, les arbrisseaux et les futurs arbres étaient tous de même taille. Eh bien ! nous nous trouvons socialement à peu près à une époque de ce genre. Un certain nombre de nations européennes sont encore sous le régime de la monarchie administrative ; d'autres viennent d'en

sortir, il y a cinquante ou cent ans à peine, mais elles
traînent après elles bien des coutumes d'ancien régime,
qui, à chaque réaction politique, reprennent une vigueur
momentanée, qui trompe sur leur importance réelle.
Enfin, par là-dessus, quoique ni le régime administratif
ne soit complètement subordonné, ni le régime individualiste et parlementaire définitivement affermi, déjà se manifestent des tentatives diverses de libre association, qui
viennent encore accroître l'embarras de l'observateur et
l'exposer à prendre pour un fait acquis ce qui n'est qu'un
symptôme superficiel et passager.

L'incertitude peut donc être assez grande pour le sociologue qui veut discerner l'état social réel d'un pays. Dans
son examen organique, il ne doit se laisser prendre ni
aux manifestations extérieures qui ne correspondent à
aucune réalité solide, ni aux simples formes qui recouvrent
quelquefois tant d'insuffisances. A considérer les libertés
effectives, il y a, en vérité, des républiques arbitraires
qui sont au-dessous de certaines monarchies libérales ; à
en juger par l'état du rationalisme et de l'instruction,
il y a des populations incroyantes qui ne valent pas
certaines populations religieuses ; et, d'après la richesse,
le bien-être et la réelle indépendance constatés, il y a
des populations très imbues de l'esprit égalitaire, très
avancées dans la théorie des droits de l'homme, qui ne
sont pas parvenues aux résultats dont jouissent certaines
populations disciplinées et respectueuses des coutumes
traditionnelles.

En matière de critique sociale, il ne suffit pas de s'en
tenir à l'observation de quelques caractères apparents pour
en inférer tous les autres ; on ne peut plus se borner à cette
approximation assez large qui était acceptable en matière

de critique historique, parce que là on ne pouvait pas faire autrement. Il importe ici de scruter toutes les activités sociales : — dans l'ordre gouvernemental, le quadruple fonctionnement militaire, administratif, parlementaire, judiciaire ; — dans l'ordre doctrinal, le quadruple fonctionnement religieux, pédagogique-mathématique, pédagogique-physique, pédagogique-organique ; — dans l'ordre économique, le quadruple fonctionnement domestique, manufacturier, machinofacturier et *vivifacturier* (qu'on me pardonne le mot en faveur de l'idée). Il faut enfin étudier la répercussion de cette activité multiple sur la solidarité sociale dans ses différentes institutions (propriété, crédit, impôt, services publics, assistance, enseignement, mutualité, assurance). La solidarité donne, en effet, la mesure de l'efficacité de l'activité sociale, elle permet de juger de la réalité et de la régularité des fonctions.

Tout cela, je le reconnais, est plus facile à prescrire qu'à exécuter. Ce n'est pourtant que lorsque, la plupart ou les plus importantes de ces fonctions sont conformes au type caractéristique de chaque période évolutive, que l'on peut dire qu'une nation est définitivement entrée dans cette période, en dépit des contrariétés partielles qui subsistent encore dans son fonctionnement général.

Une telle analyse sociologique comporte d'ailleurs assez d'incertitudes pour qu'il soit nécessaire de trouver des moyens de vérification. Il n'en est point d'autre, à mon avis, que la comparaison avec les nations voisines, voisines dans l'ordre géographique et voisines dans l'ordre historique. C'est pourquoi j'ai cherché à esquisser une sociométrie, en m'appuyant sur le phénomène fondamental de la population, sous le double rapport de l'importance absolue et de la concentration urbaine. Si l'on peut de cette manière dresser une série suffisamment exacte des nations suivant leurs forces sociales, il me semble que l'analyse sociologique, ainsi confirmée par la comparaison avec les types supérieurs et inférieurs, peut arriver à un degré de certitude assez grand.

2. — La concordance ou la discordance des éléments sociaux.

Mais ce n'est pas tout d'être parvenu à la connaissance de l'état social d'un pays ; il faut juger, nous l'avons dit, de la concordance ou de la discordance de ses éléments sociaux.

Une fois qu'on a pu déterminer le type auquel se rapportent la plupart des fonctionnements sociaux, on reconnaît évidemment que les uns sont plus ou moins en avance, et les autres plus ou moins en retard sur ce type ; car tout type, pris comme terme de comparaison, n'est jamais qu'une moyenne. L'ordre de croissance que l'on retrace théoriquement et en quelque sorte schématiquement, pour décrire le développement des organismes, n'est jamais dans la nature exactement suivi. De telle façon que, si nous prétendions retrouver dans les faits la régularité et l'harmonie que nous avons réussi à établir dans nos abstractions, nous serions perpétuellement déçus et par cela même induits en erreur. Nous trouverions, par exemple, que, chez tous les peuples qui ont évolué, la croissance de tel ou tel de leurs organes, et non toujours le même, a chevauché sur la croissance de tel ou tel autre, et de cette inégalité dans les développements, nous serions portés, ou à conclure qu'il n'y a pas de loi qui s'impose, ce qui serait renoncer à tout fil conducteur au milieu du labyrinthe des faits, ou à ne voir partout qu'infirmités sociales et maladies graves, ce qui serait un autre genre d'absurdité.

La vérité est que l'équilibre parfait n'est qu'une vue de notre esprit, et qu'il y a toujours dans les réalités sociales une discordance, accentuée d'ailleurs par le conflit des passions en présence. De tout temps cela a existé, et de tout temps cela existera. Ce n'est là qu'une preuve de vie et non l'indice d'une maladie. Mais il est aussi parfaitement vrai que la discordance des éléments sociaux peut s'exagérer au point d'entraîner un réel déséquilibre, qui constitue alors un état pathologique.

Comment constater l'état pathologique des nations ? Je crois bien qu'on ne peut guère procéder avec elles autrement qu'avec les individus. La première chose que fait un médecin appelé auprès d'un malade est de lui demander où il souffre et de déterminer avec soin le siège de la douleur. Le malade lui-même n'a été averti de sa maladie que par la disparition de son entrain habituel, par le dégoût qu'il éprouve pour les plaisirs, par son inaptitude au travail.

Il en est tout de même pour une société. C'est la souffrance réelle qui dénote s'il y a vraiment un déséquilibre constituant une maladie. Seulement, c'est bien la plainte *sociale* qu'il faut écouter et non la clameur des individus ou des partis qui ne cesse de se faire entendre. A cet égard, il n'y a qu'une voix qui ne soit pas suspecte, c'est celle de la démographie. La population étant, pour nous, la source même de l'activité sociale et du progrès, tout ce qui tend à en réduire le nombre ou à en altérer la qualité a une signification décisive. Quand les indications de l'analyse sociologique se trouvent confirmées par les constatations concordantes de la statistique démographique, il est difficile de ne pas croire à l'état de déséquilibre social qu'elles dénoncent.

Mais, en pareille matière, tant qu'on reste dans les généralités, il subsiste toujours quelque confusion dans l'esprit du lecteur. Pour la dissiper autant qu'il me sera possible, je vais préciser mes observations en esquissant la manière dont je voudrais voir poser le problème sociologique de la France. Je n'entends évidemment pas le résoudre en quelques pages : ce sera, à titre d'exemple, une simple position de la question.

CHAPITRE XX

**1. — La détermination de la période évolutive où la France
est parvenue.**

D'après la méthode que je viens d'exposer, il paraît utile,
pour déterminer avec le plus de sûreté possible l'état
social d'un pays, de s'appuyer sur la comparaison des
autres pays qui s'en rapprochent le plus, tant par le
chiffre de la population absolue que par l'importance de la
concentration urbaine.

En parcourant la série comparative des États européens
(p. 169), nous trouvons que les trois États qui sont le
plus voisins l'un de l'autre au point de vue de la population, sont le Royaume-Uni de Grande-Bretagne et d'Irlande,
la France et la Prusse ; savoir :

Royaume-Uni	39.824.563 habitants
France	38.517.975 —
Prusse	31.855.123 —

Dans le Royaume-Uni, la population concentrée dans
la capitale et dans les villes de 200.000 âmes représente
24,7 p. 100 de la population totale ; en France, la proportion est de **10,1** p. 100 ; en Prusse, de **9,5** p. 100.

D'après le taux de la concentration urbaine, c'est avec la
Prusse que la France paraît avoir le plus de ressemblance

comme développement social. Si la Prusse lui est inférieure par le chiffre de sa population propre, elle compense cette infériorité par l'influence ou plutôt le commandement qu'elle exerce, depuis 1870, sur les autres États de l'Allemagne, qui réunissent une population homogène de 20.395.771 habitants, avec une concentration urbaine de 8,7 p. 100, un peu inférieure à celle de la Prusse.

Suivant ces indications sociométriques, il est à présumer que la Grande-Bretagne est fort en avance sur les deux autres pays, mais que la France et la Prusse occupent à peu près le même rang sociologique. La comparaison entre les deux pays peut donc être instructive.

Des deux côtés des Vosges, le régime militaire est à peu près semblable, et chez les deux nations la carrière militaire est volontiers suivie par les descendants de l'ancienne noblesse ou de la bourgeoisie riche qui veut s'assimiler à la noblesse ; cependant on attribue encore plus d'aristocratisme hautain aux officiers de l'armée prussienne qu'à ceux de l'armée française, qui comptent un bon nombre d'enfants du peuple.

Dans les deux pays, le corps administratif est très puissant; on ne saurait trop dire, je crois, chez lequel il y a le moins de bureaucratie; l'amour des dignités et des fonctions officielles y fleurit également; et la propension à l'étatisme s'y observe aussi bien chez les classes ouvrières que chez les classes dirigeantes. Les populations sont tellement imbues de l'esprit administratif qu'en haut de l'échelle les propriétaires ou les chefs d'entreprises ne cessent de réclamer de l'État des privilèges, des protections ou des subventions, et qu'en bas de l'échelle les travailleurs, en formulant leurs revendications, ne con-

çoivent la révolution sociale que sous la forme du collectivisme. Or, le socialisme collectiviste est le comble du
fonctionnarisme ; c'est l'aspiration vers une démocratie
administrative aussi absolue que put l'être jadis la monarchie de Louis XIV ou de Frédéric : « l'État, c'est nous »,
disent maintenant les ouvriers. De sorte que, du haut en
bas de l'échelle sociale, on recherche les places, les
faveurs, les diplômes, les décorations, les honneurs,
encore plus que la richesse même. Quand les socialistes
accusent la société actuelle d'être ploutocratique, ils se
trompent ; et l'on peut regretter vraiment qu'elle ne soit
pas encore parvenue tout à fait à cette phase de l'évolution : la richesse est au moins quelque chose de plus
positif que la g'oriole, et de moins arbitraire que la faveur,
même électorale.

Les deux pays paraissent manquer d'institutions judiciaires vraiment indépendantes, mais ils jouissent d'un
gouvernement parlementaire. A la vérité, en Prusse, la
pression royale est très forte sur le parlement. Il y a une
chambre des seigneurs, en partie héréditaire, en partie
nommée par le roi. La chambre des députés n'est élue
qu'au suffrage à deux degrés : les électeurs du premier
degré sont répartis en trois classes d'après la quotité de
leurs impôts directs ; chaque classe, quel que soit le
nombre des citoyens qui la composent, nomme un nombre
égal d'électeurs du second degré. La constitution prussienne
rappelle donc encore les centuries de Servius Tullius ;
mais elle est corrigée, dans une certaine mesure, par la
constitution fédérale de l'Allemagne, qui admet le suffrage
universel et direct pour l'élection des membres du Reichstag
ou chambre des députés de l'Empire.

Il est bien évident que, depuis la chute de Napoléon III

en 1870, la France républicaine jouit de libertés publiques
beaucoup plus étendues que la Prusse ; mais cela ne date
que de vingt-huit ans, et l'on ne peut pas dire encore si
ces libertés sont irrévocablement acquises. Les abus trop
fréquents auxquels elles donnent lieu les font au contraire
perpétuellement remettre en discussion ; et les anciens
partis, qui n'ont pas désarmé, sont à l'affût de toutes les
occasions pour les réduire ou les détruire. Il ne faut donc
pas malheureusement attacher une valeur sociologique
définitive à des institutions qui n'ont pas encore fait leurs
preuves de longue durée : on doit d'ailleurs les estimer
à la manière dont elles sont pratiquées plus qu'à l'éti-
quette dont on les a revêtues. Dans notre république,
force est bien de reconnaître que le parlementarisme n'a
pas encore trouvé son assiette durable ; les gouvernements
s'y succèdent avec une rapidité invraisemblable. A la fin
de 1898, on ne comptait pas moins de trente-neuf gouvernements ou cabinets ministériels qui se sont succédé
depuis le 4 septembre 1870 : trois seulement avaient duré
de vingt-six à vingt-sept mois, cinq de un à deux ans,
quinze de six mois à un an, neuf de trois à six mois ; trois
d'entre eux n'avaient pas duré un mois. De sorte que la
véritable stabilité du pays se trouve, non dans la permanence de la majorité parlementaire et du pouvoir minis-
tériel qui en est issu, mais dans la persistance des coutumes administratives, au prix de beaucoup de lenteurs et
de vices non réformés. Quoique entrés sous le régime
parlementaire, nous ne sommes donc pas encore émancipés du pouvoir administratif, et il ne faut pas d'ailleurs
nous en plaindre, puisque sans cela nous tomberions
dans l'anarchie.

Je suis donc tenté de conclure que, dans l'ensemble de

l'ordre gouvernemental, la France républicaine et la Prusse monarchique se ressemblent beaucoup plus qu'elles ne le croient elles-mêmes.

Leur régime économique ne me semble pas non plus très différent.

La France est plus riche ; elle a de grandes qualités de sobriété et d'épargne qu'elle a pu exercer depuis plus longtemps, et la masse de ses capitaux accumulés paraît actuellement plus considérable ; mais son système de production est à peu près pareil. Dans les deux pays, c'est la manufacture qui domine, j'entends par là le travail manuel, aussi bien dans l'agriculture que dans l'industrie : le machinisme et l'utilisation des forces physico-chimiques sont loin d'y être développés comme en Angleterre ; on ne fait concurrence à la machinerie anglaise, surtout en Allemagne, que par la main-d'œuvre à bon marché.

Il est difficile de trouver, d'un pays à un autre, une mesure comparative satisfaisante de la production. Cependant il semble que l'on puisse consulter, à cet effet, le chiffre des exportations de produits nationaux. Ces exportations-là résultent d'une production dirigée en vue de l'acquisition de la richesse et non pour la seule satisfaction des besoins de la population : ainsi aucun produit de l'industrie domestique ou purement locale n'y figure. La valeur des importations serait d'ailleurs moins probante, parce que les pays riches, comme l'Angleterre et la France, qui sont créanciers des autres nations de la terre, reçoivent souvent les revenus de leurs capitaux placés à l'étranger en marchandises d'importation. Les importations mesurent alors la richesse acquise des pays créditeurs beaucoup plus que leur production. Comparons donc, pour les trois États déjà mis en parallèle, leurs exportations spéciales de 1896 :

Le Royaume-Uni a exporté des produits britanniques pour 240.145.551 livres sterling, soit environ 6 milliards de francs ou **150** francs par tête d'habitant ; les deux tiers des marchandises, si l'on en examine le détail, paraissent dus à la machinofacture.

La France a exporté pour 3 milliards 400 millions de francs ou **88** francs par tête, dont le quart seulement peut être imputé à la machinofacture.

L'Allemagne (je n'ai pas les chiffres particuliers de la Prusse qui est englobée dans l'union douanière allemande) a exporté pour 3.525 millions de marcs, soit en francs 4 milliards 350 millions, ou **83** francs par tête.

Ainsi la France et l'Allemagne arrivent à un chiffre d'exportation à peu près équivalent, mais elles sont toutes les deux à une grande distance de l'Angleterre.

En Angleterre, le régime de la machinofacture et du grand commerce est caractérisé par le libre échange. En France et en Allemagne, le régime de la manufacture et du moyen commerce est caractérisé par la protection douanière. Quoi qu'en disent les économistes, c'est un phénomène naturel. L'Angleterre n'est devenue libre échangiste qu'avec le large emploi des machines, quand il lui a fallu les débouchés du monde entier et lorsque sa population urbaine a formé la majorité de la nation. C'est aussi par la multiplication des machines et le progrès de l'agglomération industrielle que le libre échange triomphera sur le continent. En attendant, la protection est plus onéreuse à la France, pays de 38 millions d'habitants, qu'à l'Allemagne qui en réunit 52 millions, et qu'aux États-Unis d'Amérique qui en comptaient, en 1896, 71 millions.

Ainsi la France et la Prusse se ressemblent dans leur double activité politique et économique. Se ressemblent-elles au point de vue de l'activité des croyances? Et sous ce mot générique de croyances, je rappelle que je comprends deux ordres de doctrines : la religion et le savoir.

La religion d'abord. En Prusse, les cultes sont multiples, non seulement en droit mais en fait. Il y avait, en 1890, 19 millions de protestants, 10 millions de catholiques romains, un demi-million d'autres chrétiens, d'israélites et de divers. En masse, la proportion des protestants était de 64 p. 100, celle des catholiques de 34 p. 100 ; dans les provinces où les catholiques dominent (Prusse rhénane, Poşnanie, Silésie, etc.), la proportion des protestants ne tombait pas au-dessous de 27 p. 100. En France, depuis 1872, on n'a plus fait le recensement des cultes ; mais, à cette date, on n'avait relevé que 715.000 non-catholiques, soit 2 p. 100 de protestants, d'israélites, de libres penseurs déclarés et d'autres non spécifiés ou inconnus. Parmi eux, il n'y avait que 580.000 protestants, dont 292.000 se trouvaient groupés dans six départements (Gard, Lozère, Ardèche, Deux-Sèvres, Doubs et Drôme). Il est de notoriété que cette quasi-unanimité catholique en France recouvre une grande indifférence religieuse, au moins chez les hommes, indifférence qui fait place à l'incrédulité et à l'athéisme dans la population urbaine. Il ne paraît pas en être de même en Prusse où la multiplicité des cultes, la concurrence des religions, semble s'accompagner d'une plus grande foi religieuse.

Passons maintenant à l'instruction. Sur ce point, les indications statistiques comparatives sont fort rares et ne concernent en tout cas que l'instruction primaire. On a constaté néanmoins qu'en 1883, parmi les conscrits allemands, il n'y avait qu'une proportion de 1,3 p. 100 qui ne sût pas lire, tandis qu'en France, en 1884, les illettrés s'élevaient à 12,3 p. 100. A l'occasion des actes de mariage, on n'a trouvé en Prusse, en 1884, qu'une proportion de 4,2 p. 100 d'époux ne sachant pas signer, tandis qu'en France en 1882, la proportion était encore de 18,5 p. 100 [1]. L'instruction primaire est donc effectivement plus répandue en Prusse ou en Allemagne qu'en France. Il semble qu'on puisse aussi le constater par l'activité plus grande des correspondances postales : en 1895, en Allemagne, la moyenne individuelle a été de 34 à 35 correspondances (lettres 25,6, cartes postales 9) ; en France, elle a été de 25 correspondances (lettres 23,6, cartes 1,4).

Il resterait à comparer, dans les deux pays, l'état solidaritaire résultant de leur activité respective ; mais je ne connais pas assez l'Allemagne pour tenter un parallèle de ce genre. En ce qui concerne la France, je me bornerai à une seule remarque.

J'ai indiqué très sommairement (ch. xi, § 1er), à propos de la troisième période évolutive, que l'étatisme, propre au régime administratif, s'accompagne ordinairement d'une division de la nation en classes sociales assez distinctes, derniers débris des castes antiques. Or, il est impossible de ne point constater que l'esprit de classe survit encore à quelque degré dans notre pays, au moins à l'état latent, pour se manifester chaque fois que les passions populaires se trouvent surexcitées. Cent ans après la grande Révolution, qui semblait avoir à jamais aboli les inégalités collectives, nous continuons à *classifier*, au

---

[1] Chiffres empruntés à M. E. Levasseur (*la Population française*, t. II. p. 497, en note), qui les a tirés, dit-il, de la statistique du royaume d'Italie.

lieu d'individualiser ; je veux dire qu'en mainte circonstance nous obéissons à la fâcheuse propension d'étendre les responsabilités à toute une classe d'hommes, au lieu de les restreindre, comme il serait juste, à quelques individus. Les agitations provoquées par l'affaire du Panama, et par la revision du procès Dreyfus en sont des démonstrations singulières. Dans ces deux occasions, on ne s'est jamais borné à prononcer l'indignité de telle ou telle personne ; on a incriminé collectivement, à propos du Panama, les parlementaires et les juifs, puis, à propos de Dreyfus, les juifs, les protestants, les intellectuels, et dans le camp adverse, l'État-major de l'armée, les généraux, les jésuites, etc. Et le malheur veut que tout ce monde donnait quelque prise aux accusations, parce que, dans les catégories sociales trop marquées, il y a un esprit de corps qui dicte à leurs membres une solidarité volontaire et les incite à se soutenir mutuellement, même dans les actes qu'il est inutile ou fâcheux de défendre.

Une observation toute pareille s'applique aux conflits économiques qui surgissent entre les intéressés à propos des salaires ou des impôts. Il semblerait que, sur ce terrain positif, l'on dût assister à des discussions pratiques entre ouvriers et patrons, entre contribuables et législateurs financiers ? Point : c'est le Travail qui se dresse contre le Capital, le Socialisme contre la Propriété héréditaire ; ce sont les destinées sociales qui, tragiquement, sont mises en cause.

De telles généralisations sont regrettables, parce qu'elles révèlent la secrète inclination des esprits vers des préventions surannées, et qu'elles exagèrent les dissentiments sociaux. Tant que cette survivance de l'esprit de classe menacera de rallumer les animosités collectives, on ne pourra pas dire que nous sommes complètement parvenus à la phase sociale de l'individualisme ; il sera vraisemblablement inutile de chercher à substituer un pouvoir judiciaire unique et indépendant aux juridictions spéciales qui sont les organes protecteurs des classes ; et les libres associations elles-mêmes ne seront pas sans danger.

Les libres associations devraient être, en effet, le contraire des classes, des corporations, des ordres constitués ; elles exigeraient essentiellement que les individus fussent affranchis de ces attaches permanentes. Appliquées à une population non individualisée, elles risquent d'aboutir au rétablissement ou au renforcement des collectivités oppressives, comme les législateurs de 1791 l'avaient parfaitement compris. C'est ainsi qu'un système d'organisation du suffrage universel par le groupement permanent des électeurs suivant leurs intérêts moraux ou matériels, tel qu'il est caressé par quelques publicistes, tournerait, s'il était réalisable, non à une amélioration, mais à une rétrogradation sociale [1]. Il faut savoir vivre avec ses infirmités transitoires, plutôt que de les aggraver par une médication imprudente. La patience est la grande vertu des hommes d'État. Mieux vaut pas de groupements du tout, dans l'ordre civil, politique ou religieux, que des reconstitutions de classes, d'ordres ou de corporations. C'est uniquement du progrès social, par le développement de tous les genres d'activité, qui conduisent nécessairement à l'individualisation, qu'il faut attendre l'avènement des libres associations de l'avenir.

---

[1] Ce n'est pas assurément le but, mais ce serait, à mon avis, la conséquence des réformes constitutionnelles préconisées par MM. Charles Benoist et de Marcère. (Voir la *Revue politique et parlementaire* de février 1899).

2. — La discordance des progrès sociaux.

Bornons là notre exploration sommaire. Elle conduirait, semble-t-il, aux inductions suivantes :

Politiquement, la France est en avance notable sur la Prusse, mais au prix d'une instabilité gouvernementale extrêmement accusée ;

Économiquement, la France paraît avoir une plus grande richesse acquise, une productivité un peu supérieure, mais son marché commercial est beaucoup moins étendu ;

Doctrinalement, la France accuse un retard assez sensible au point de vue de l'instruction primaire ; et elle reste immobilisée dans l'uniformité de la religion romaine, qui est plus éloignée du rationalisme que la religion luthérienne ; cependant un très grand nombre de Français n'appartiennent à la religion que nominalement.

En définitive la discordance des progrès se caractériserait ainsi : trop de rapidité dans les progrès politiques, trop de lenteur dans les progrès économiques et scolaires, un immobilisme complet dans la croyance religieuse.

La France a manqué sa réforme religieuse, il y a trois cents ans, et elle en souffre encore aujourd'hui. Elle en souffre par la perte qu'elle a subie des hommes consciencieux et réfléchis, qui ont jadis émigré en Allemagne et en Angleterre, et dont probablement l'absence n'a pas peu contribué au déchaînement dans notre pays des outrances révolutionnaires. Elle en souffre encore plus par le monopole religieux qui a interdit toute évolution de la croyance, qui a adultéré toute la politique, qui a suscité un monopole universitaire presque aussi malencontreux que celui de la religion, et qui finalement a répandu l'indifférence ou l'hostilité dans le cœur du peuple.

Il faut bien avouer, en effet, que le pseudo-rationalisme de la majorité du peuple français n'est point justifié par son savoir. Ce sont les ignorants qui se montrent les plus incrédules; ils n'en ont presque pas le droit. J'estime que l'état du savoir, même chez la plupart des gens cultivés, ne justifierait qu'un demi-rationalisme, tel à peu près que le représente le protestantisme libéral anglo-américain. Le rationalisme complet ne peut se fonder légitimement que sur la connaissance des sciences organiques, et non seulement sur leur connaissance mais sur leur application suffisamment généralisée.

En sorte que l'on peut se demander, non sans quelque anxiété, ce qu'il adviendra de l'âme du peuple, en qui le besoin inéluctable d'une croyance reste non satis-fait. Une restauration catholique est irréalisable; elle n'aurait en tout cas qu'une durée très courte. Une réforme religieuse est d'autant moins probable qu'elle serait plus tardive. Si d'ailleurs on peut regretter que la religion ne se soit pas transformée graduellement pour s'adapter au progrès général, il ne s'ensuit pas que l'on doive désirer le réveil des passions religieuses nécesssaires à toute réforme, avec leur cortège de luttes fratricides et de souffrances prolongées. Le seul souhait sociologique que l'on puisse raisonnablement former est donc que le progrès intellectuel et moral arrive à combler la lacune laissée par la religion défaillante. Malheureusement, la marche de la science, sa diffusion philosophique, sa conversion en sentiments sociaux, en principes d'action, en règles de conduite, sont des œuvres lentes qui laissent provisoirement la société dans un désarroi fâcheux, sinon dangereux.

Le défaut d'une croyance commune aux différentes parties d'une nation se fait sentir dans tout le fonctionnement social. Dans notre pays, la solidarité n'est pas ce qu'elle devrait être, ce que les accroissements de la liberté, de la science et de la richesse auraient pu faire espérer. Les esprits simplistes, qui sont volontiers révolutionnaires, s'en prennent à ce qui subsiste des anciennes institutions du passé et rêvent de leur extirpation radicale. Mais, quand il existe un esprit nouveau vivifiant, jamais les reliquats des époques précédentes n'ont formé d'obstacles sérieux qu'il ne fût aisé de franchir. Quels sont, par exemple, les excès de propriété, les inégalités d'héritage, les avantages de naissance, dont l'association et le crédit ne viendraient pas aujourd'hui facilement à bout, s'il y avait entre les hommes cette alliance toujours triomphante de la compétence, de la loyauté et de la discipline volontaire?

Or, c'est précisément là qu'est le cercle vicieux. De telles qualités intellectuelles et morales ne se développent point sans un système d'éducation identique, auquel contribuent à la fois, et la famille, et l'école, et l'*église* (je prends ici le mot église dans son sens primitif d'une assemblée d'adultes obéissant à une doctrine morale). Aujourd'hui, ni la famille, ni l'école, ni l'église ne sont d'accord ; quand elles fonctionnent, elles se neutralisent réciproquement. Dans l'enseignement primaire, on ne veut pas que l'instituteur empiète sur le domaine du curé : l'école reste presque muette et ne moralise pas suffisamment ses élèves qui, à l'église, se bornent à apprendre par cœur les formules stéréotypées du catéchisme. Dans l'enseignement secondaire et supérieur, le monopole de la religion romaine, d'une part, le monopole de l'université scolastique, d'autre part, sont comme deux dogues irrités qui écartèlent l'âme de la jeunesse et ne lui laissent que des qualités négatives.

L'incroyance (ou religieuse ou philosophique, n'importe) se traduit en insolidarité, et celle-ci en instabilité, en insécurité, en crainte vague ou en esprit révolutionnaire. Je ne doute pas, quant à moi, que ce désarroi moral ne doive avoir sa répercussion sur le mouvement de la population et n'agisse même sur sa qualité. Puisque, à notre avis, c'est le progrès de la population qui entraîne le progrès social, il faut bien, la société étant un organisme, que, par réciprocité, toute souffrance sociale suffisamment prolongée arrête le mouvement de la population et laisse à l'équilibre le temps de se rétablir.

Traduisons cela en sentiments familiers. Toute mise au monde d'un enfant est un acte de foi, de sécurité, à moins que ce ne soit un fait de pure insouciance. Nous avons passé le temps de l'imprévoyance, mais nous ne sommes pas non plus dans un temps de conviction et d'enthousiasme. Conclusion : nous réduisons notre progéniture ; n'ayant pas confiance dans le succès des qualités personnelles et de l'instruction que nous pourrions procurer à nos fils et à nos filles, nous jugeons nécessaire de n'en mettre au monde que tout autant que nous pouvons les doter de capitaux qui leur assurent l'existence. Le raisonnement est irréfutable, tant que les conditions sociales resteront les mêmes ; et il sert à couvrir toutes les paresses et toutes les molles habitudes de jouissance, mais ceci n'est que secondaire. Si vous voulez, législateurs ou patriotes, que le peuplement reprenne ; ou ramenez les Français à l'imprévoyance, c'est-à-dire faites remonter le fleuve à sa source ; ou bien redonnez-leur une croyance, après que vous vous en serez donné une à vous-même.

3. — Les indices démographiques d'un certain déséquilibre.

En attendant, la démographie constate que l'état social est troublé, c'est-à-dire que la discordance des éléments sociaux s'est accentuée jusqu'au déséquilibre.

Il faudrait pouvoir s'étendre ici sur la démographie comparée qui est, après l'histoire, le principal fondement d'une sociologie objective. Les bornes de cette esquisse ne me le permettent pas. Je me contenterai de mettre en parallèle les chiffres suivants, qui expriment les moyennes annuelles relatives à la période 1887-1891 [1] :

PAYS	NUPTIALITÉ (Mariages).	NATALITÉ (Naissances).	SURVIVANCE DES ENFANTS au bout d'un an.	
			Taux.	Nombre.
Prusse	81	372	0,79	294
Angleterre . .	75	313	0,85	266
France	73	230	0,83	191

pour 10.000 habitants.

Ce petit tableau est, pour moi, la démonstration saisissante que la France n'est point dans un état normal.

La comparaison de la Prusse avec l'Angleterre nous montre l'effet démographique inévitablement produit par

(1) Je renvoie pour des comparaisons plus étendues et plus complètes aux remarquables travaux de M. Bodio, l'éminent statisticien de l'Italie, qui a publié ses *Confronti internazionali* dans les *Bulletins de l'Institut international de statistique*, t. VII, 2e livraison, et t. X, 1re livraison.

l'avancement social et l'accroissement de la richesse. En Angleterre, on se marie moins jeune qu'en Prusse, avec plus de prudence ; on procrée aussi moins d'enfants ; mais on réussit à combattre, par de meilleurs soins, les risques de mortalité du premier âge, on en sauve la première année 85 p. 100, au lieu des 79 p. 100 de la Prusse ; de sorte que la moindre natalité se trouve en partie compensée. J'ajoute que la population plus aisée, mieux assurée d'une existence hygiénique, trouve dans l'activité industrielle qui l'entoure de plus nombreux moyens de travail. Plus instruite, plus soutenue dans la moralité, plus heureuse en somme, elle semble moins sujette à la maladie qui est, à mon avis, lorsqu'on peut la constater exactement, l'indice le plus significatif de la dégénérescence cérébrale, je veux parler du suicide. Il n'y aurait eu, en Angleterre, de 1887 à 1893, qu'une moyenne annuelle de 82 suicides *constatés* par million d'habitants, au lieu de 200 en Prusse.

Cela établi par la comparaison de la Prusse avec l'Angleterre, la France, qui peut raisonnablement se classer entre les deux nations, devrait nous offrir des chiffres intermédiaires. Or, elle présente, au contraire, une nuptialité et une natalité inférieures à celles de l'Angleterre, et un chiffre de suicides supérieur à celui de la Prusse : 227 au lieu de 200 par million d'habitants [1].

(1) J'insiste sur les suicides, parce que je constate que leur progression est toujours semblable à celles de la folie, du vice (alcoolisme, débauche), du divorce, de la fainéantise (vagabondage), du vol et de la violence (coups et blessures volontaires). Je n'identifie pas, bien entendu, ces différentes aberrations qui sont très distinctes et qui ne se convertissent guère l'une dans l'autre, mais elles me semblent toutes des manifestations diverses d'une certaine débilité cérébrale. La plupart des individus qui s'y livrent sont des « déséquilibrés » à des degrés divers, c'est-à-dire des gens qui ne pensent pas, comme les esprits bien pondérés, avec tout leur cerveau ni même avec la majorité de leur cerveau, mais qui obéissent à une minorité

J'infère de ces rapprochements que le ralentissement
de la population dans notre pays n'obéit pas seulement
aux suggestions de la richesse ou aux exigences du bien-
être et de l'éducation, mais qu'il ressent le contre-coup
d'une certaine perturbation sociale. Il me semble trouver
dans ces constatations démographiques une confirmation
des conclusions du paragraphe précédent.

Et maintenant quelle indication peut-on en tirer pour le
remède à appliquer au mal social, s'il est avéré ? Je sup-
plie l'amateur sociologue qui me fait l'honneur de me
lire de ne pas vouloir aller trop vite en besogne. Nous ne
faisons jusqu'ici que de la critique sociale ; notre rôle est
de diagnostiquer les faits, non de les redresser. Une fois
reconnues les défectuosités d'un état social, nous pouvons
dire que c'est par là que les maladies dangereuses risquent
de s'introduire, mais avant de déclarer qu'une médication est utile, il faut savoir si elle est possible et dans
quelle mesure les hommes peuvent agir sur la société.

C'est ce qu'il nous reste à examiner en parlant d'une
troisième application de l'art sociologique.

factieuse de leurs cellules cérébrales et ne savent point suffisamment réagir contre les suggestions, les impulsions, les obsessions ou les perversions qui les assaillent. L'incroyance, évidemment, ne multiplie pas ces
esprits débiles ; elle leur permet seulement de se manifester plus ouvertement, et de s'abandonner à leurs funestes tendances parce qu'ils se trouvent sans défense et sans direction. — Toujours est-il que, depuis une
cinquantaine d'années en France, la violence simple contre les personnes
(abstraction faite de la grande criminalité qui est en décroissance continue) a *doublé;* le vol a *triplé;* le suicide a *quadruplé* ; le vagabondage a
quintuplé. De toutes les progressions, c'est celle du suicide qui est la plus
régulière et la plus continue, et qui semble marquer le phénomène le plus
simple de l'affaiblissement de la volonté (ce qui n'implique pas d'ailleurs
l'absence de courage). — L'étude internationale du suicide serait donc
une des études de sociologie comparée les plus importantes. M. Émile
Durkheim l'a tenté récemment (*Le suicide, étude de sociologie* ; Paris, Alcan, 1897) ; mais la grande difficulté est d'obtenir une statistique exacte
des suicides, et M. Durkheim, dans son consciencieux ouvrage, a accordé,
je le crains, trop de confiance aux statistiques existantes, qui sont plus

apparentes que véridiques. Dans tous les pays, principalement catholiques, où le suicide entraîne le refus de la sépulture religieuse et où il est l'objet d'une sévère réprobation sociale, la plupart des suicides sont dissimulés et figurent parmi les morts subites ou accidentelles. A cet égard, il faut faire des réserves sur la statistique anglaise que j'ai invoquée dans le texte. Quoiqu'en pays protestant, « jusqu'en 1823, dit M. Durkheim (p. 371 de son ouvrage), ce fut l'usage de traîner le corps du suicidé dans les rues avec un bâton passé au travers et de l'enterrer sur un grand chemin sans aucune cérémonie. Aujourd'hui encore, l'ensevelissement a lieu à part. Le suicidé était déclaré félon et ses biens étaient acquis à la Couronne. C'est seulement en 1870 que cette disposition fut abolie, en même temps que toutes les confiscations pour cause de félonie. Il est vrai que l'exagération de la peine l'avait, depuis longtemps rendue inapplicable : le jury tournait la loi en déclarant le plus souvent que le suicidé avait agi dans un moment de folie et, par conséquent, était irresponsable. Mais l'acte reste qualifié crime ; il est, chaque fois qu'il est commis, l'objet d'une instruction régulière et d'un jugement et, en principe, la tentative est punie ». Dans ces conditions, combien ne doit-il pas y avoir de suicides qui échappent à la constatation judiciaire et qui ne figurent pas sur la statistique britannique ?

CHAPITRE XXI

1. — Science d'où prévoyance, prévoyance d'où action.

En abordant l'art sociologique sous sa dernière forme, l'action des hommes en vue de modifier les phénomènes sociaux, nous touchons sans contredit à ce qui fait l'intérêt principal de la sociologie. Sans un but pratique, sans une utilité finale, la science serait vaine. Ceux-là mêmes qui préconisent la recherche désintéressée des principes et de leurs conséquences, n'entendent point proposer la pure spéculation comme le seul emploi légitime de l'activité intellectuelle; ils ne préconisent, au fond, qu'une abstention provisoire des considérations utilitaires, aussi longtemps qu'on n'est pas parvenu à un corps de doctrine suffisamment complet, afin qu'aucune préoccupation immédiate ne vienne influencer l'observation des faits ou leur interprétation. Mais, en définitive, quelle que soit la division du travail entre les spéculatifs et les actifs, entre les savants et les metteurs en œuvre, la science n'a qu'un but : l'utilité.

Auguste Comte, dès la première leçon de son cours de philosophie positive, formulait cette maxime : *Science d'où prévoyance, prévoyance d'où action*. Rien n'est plus vrai. Il n'échappera pourtant pas que la première partie de la maxime est beaucoup plus certaine que la seconde. Toute science entraîne une prévision ; mais toute prévision n'entraîne pas la possibilité d'une action objective, d'une modification des phénomènes prévus. Pour un certain nombre de sciences, non des moindres, la prévision des phénomènes est le seul objectif que l'on puisse raisonnablement poursuivre.

En astronomie, par exemple, nous sommes satisfaits d'être parvenus à prévoir les mouvements des corps célestes ; et il y a une utilité de premier ordre dans la seule connaissance exacte des heures du lever et du coucher du soleil et de la lune pour tous les jours de l'année. La prévoyance astronomique qui nous a dotés d'un calendrier, nous a seule permis de nous élever au-dessus de l'animalité. Immense résultat de la science! Cependant nous ne pouvons modifier en quoi que ce soit le cours des phénomènes célestes; il nous a suffi de les prévoir afin d'y conformer notre conduite.

Il en est à peu près de même en météorologie. Là encore, sur ce terrain mixte où se rencontrent la physique et l'astronomie, nous ne pouvons guère arriver qu'à des prévisions, souvent même incertaines, et notre faculté de modifier les phénomènes est presque nulle. Si pourtant nous connaissions bien la genèse des modifications qui se produisent plus ou moins soudainement dans le cours des saisons, dans le régime des eaux et des vents et qui provoquent les cyclones, les inondations, les sécheresses, les tremblements de terre, etc., sur telle ou telle zone, dans telle ou telle direction, nous considérerions la météorologie comme une science faite, et nous en tirerions le plus grand profit. Sans prétendre nous opposer à ces phénomènes qui surpassent immensément notre puissance, nous serions fort heureux de pouvoir prendre à temps nos précautions pour nous en garer quand ils se produisent, et, dans les intervalles, pour jouir en paix de notre tranquillité.

Eh bien, si la sociologie, qui, à certains égards, offre tant de ressemblance avec la météorologie, était seulement aussi riche de prévisions exactes que cette dernière science, les avantages à en obtenir ne seraient pas à dédaigner. Individuellement ou collectivement, nous pourrions prendre les précautions nécessaires pour nous mettre à l'abri des crises sociales de toute nature, prévoir les évolutions, les révolutions et les réactions, et y conformer notre conduite privée ou notre politique générale.

Il n'échappera pas au lecteur qu'une telle prévision sociale intéresse tout autant l'homme privé que l'homme d'État. A l'homme d'État ou à ses auxiliaires, il faut des indications sur le but immédiat à viser, les obstacles à redouter, les défaites à éviter, les audaces que l'on peut tenter et les résignations nécessaires auxquelles on doit se soumettre. A l'homme privé, les mêmes indications sociologiques ne sont pas moins utiles pour l'orientation de sa vie, le choix de sa carrière et la bonne direction des intérêts matériels et moraux de sa famille. Nous venons au monde au sein d'une nation que nous n'avons pas choisie. Les liens de la parenté et de l'éducation, la communauté de la langue et des traditions, les habitudes locales, les souvenirs d'enfance et de jeunesse, nous mettent au cœur l'amour de la patrie et nous font un devoir passionné de la défendre et de la servir. Mais, à mesure que la civilisation grandit et que les relations internationales prennent une plus large extension, il est rare qu'à la

patrie de naissance ne se joigne pas une seconde patrie
d'adoption : on en sait la langue, on en connaît l'histoire
et la littérature et les arts, on en a parcouru le pays, on
y a noué des relations d'affaires et d'amitié, on y place
tout au moins les capitaux dont on n'a pas l'utilisation près
de soi... Il serait bon que le choix de cette seconde patrie,
de cette patrie supplémentaire, qui est libre et facultatif,
ne fût pas fait au hasard ; qu'il fût, au contraire, déterminé par des considérations sociologiques raisonnées.
C'est la seule manière de réaliser dans une certaine
mesure la conception idéologique du contrat social. Telle
est, en tout cas, l'espèce d'action, subjective, que comporte toujours une science prévisionnelle.

Nous sommes dès à présent certains que la sociologie
pourra être une science de ce genre ; mais la question se
pose aussi de savoir si elle peut aller plus loin, si elle peut
conduire à une action modificatrice des phénomènes
qu'elle étudie.

2. — La sociologie comporte-t-elle une action objective ?

Il s'agirait d'intervenir efficacement dans tel ou tel
ordre d'activité sociale, tantôt dans le gouvernement,
tantôt dans la production, tantôt dans l'instruction et la
croyance, non pour changer le cours des choses, mais
pour en modifier la vitesse, afin de rendre moins doulou-
reux, parce qu'ils seraient moins brusques, les effets
prévus des lois naturelles.

Beaucoup de bons esprits contestent qu'une telle intervention soit possible ou même désirable. C'est à peine,
disent-ils, si l'on réussira jamais à prévoir l'enchaînement
des faits sociaux ; comment prétendrait-on à en modifier

l'avènement? On croira pouvoir le faire et on se laissera entraîner par cette présomption à des agissements qui seront bien autrement funestes que n'eût été la simple succession des événements. Les phénomènes sociaux sont tellement complexes que c'est folie de vouloir les gouverner ; on ne réussit, la plupart du temps, qu'à créer des perturbations secondaires, qu'à ajouter des crises factices aux crises naturelles et, somme toute, qu'à aggraver les effets des lois inéluctables. La suprême sagesse est de s'abstenir et de laisser les forces sociales faire leur office en se bornant, ce qui est déjà difficile, à assurer leur liberté.

Ces objections sont impressionnantes ; cependant c'est précisément la complexité des phénomènes sociaux qu'Auguste Comte a invoquée pour en affirmer la modifiabilité. D'après lui, plus un phénomène est simple, plus il est facile à prévoir, lors même qu'il est inaccessible : tel est le cas des phénomènes astronomiques. Au contraire, quand un phénomène est complexe, moins il est facile à prévoir, mais plus il est facile à modifier, parce qu'il dépend d'un plus grand nombre de conditions sur l'une ou sur quelques-unes desquelles il y a chance de pouvoir exercer une action. C'est ainsi que la prévision humaine va en décroissant de l'astronomie à la physique, à la chimie, à la biologie, à la sociologie, mais que, inversement, le pouvoir humain va en croissant de l'astronomie où il est nul à la sociologie où il devrait parvenir à son maximum. Auguste Comte a soin néanmoins d'insister sur les limites de toute action politique quelconque, et il s'élève contre les prétentions indéfinies des législateurs, soit qu'ils obéissent à un esprit métaphysique absolu, soit qu'ils se fassent les organes « d'une providence directe et continue, à l'influence de laquelle on ne saurait admettre aucunes limites ». Il reconnaît expressément que, dans un ordre quelconque de phénomènes, l'action humaine est toujours nécessairement très limitée, mais il soutient qu'on « doit concevoir les phénomènes sociaux comme étant, en vertu même de leur complication supérieure, les plus modifiables de tous [1] ». On a du reste la preuve expérimentale de cette altération possible des phénomènes dans le grand nombre des anomalies qui se produisent spontanément, soit parmi les êtres vivants, soit parmi les sociétés de tout ordre, et dont l'homme parvient à tirer parti en consolidant et en conservant la variation qui est survenue en dehors de toute provocation.

L'observation d'Auguste Comte, sur la modificabilité des phénomènes croissant avec leur complexité, doit être étendue aux divers états sociaux, à mesure que les sociétés se compliquent davantage et passent de la cité antique ou de la nation ancienne à la nation moderne, caractérisée par un grand nombre d'organes superposés.

Dans le fonctionnement relativement simple des cités antiques, un Aristote et un Polybe pouvaient prévoir assez exactement, par exemple, le passage de la royauté à l'aristocratie, de celle-ci à la démocratie, et de la démagogie à la tyrannie ; mais, en dépit de leur pénétration, ils n'avaient aucun remède à opposer aux maux qu'ils prévoyaient, aucun autre du moins que la sagesse des hommes et la modération volontaire des partis, ce qui partout et en tout temps est une ressource bien incertaine. Dans la nation moderne, au contraire, dans cette société

---

(1) *Cours de philosophie positive*, 48ᵉ leçon, t. IV, p. 281-283 : voir aussi les 28ᵉ et 40ᵉ leçons. — Jules Rig, la *Philosophie positive résumée*, t. Iᵉʳ, p. 294 et 478 ; t. II, p. 86.

compliquée vers laquelle tendent tous les peuples civilisés, les prévisions deviennent peut-être plus difficiles que
du temps d'Aristote, mais les moyens d'intervention sont
plus nombreux et plus efficaces. Dès qu'il y a spécialisation des divers ordres d'activité, se concertant mais se
modérant aussi l'un l'autre, on aperçoit des éléments
d'équilibre qui n'existaient pas dans l'antiquité. Des
organes nouveaux viennent renforcer ou contre-balancer
des organes anciens ; ceux-ci mêmes peuvent servir à des
fonctions nouvelles. En un mot, la société est plus mall-
éable et plus souple dans ses différentes parties ; et cependant l'ensemble social est plus solide et plus vivace, par
le fait même de la multiplicité et de l'enchevêtrement des
parties. C'est ainsi que les États modernes sont autrement
résistants à toutes les causes de destruction que ne le
furent les empires de Cyrus ou d'Alexandre, ou même
l'empire romain, et plus tard l'empire carolingien. Les
États antiques se démembraient à la mort de leurs fondateurs ou s'écroulaient soudainement sous le poids d'une
invasion étrangère ; tandis que, dans notre siècle, nous
avons vu la Prusse après Iéna, la France après 1815 et
1870, les États-Unis après la guerre de sécession, se
reconstituer rapidement et reprendre bientôt leur état
normal.

On peut donc admettre que la modificabilité des phénomènes sociaux s'accentuera en proportion de la complication des sociétés, mais se restreindra en même temps
à des fonctionnements plus limités, l'ensemble de l'organisme devenant de plus en plus cohérent et indestruc-
tible.

D'ailleurs il est un point sur lequel on peut rassurer
les adversaires jurés de l'étatisme : une action sur la

société n'implique pas nécessairement l'entremise directe
de l'État ou de ses organismes secondaires, ni la création
de nouveaux fonctionnements publics. Bien avant d'en
arriver là, l'homme d'État avisé dispose de mille ressorts
pour susciter, encourager et fortifier les initiatives, ou,
quand elles se produisent d'elles-mêmes, pour les reconnaître, les honorer, les propager dans le pays tout entier.
A mesure que les nations se civilisent, les moyens per-
suasifs de gouvernement deviennent de plus en plus
puissants. J'ajoute même que les hommes d'État ne sont
pas les seuls qui puissent exercer une telle action sociologique. Les publicistes, hommes du livre, du journal ou
de la prédication, qui, d'une part, stimulent les législateurs et les gouvernants et, d'autre part, endoctrinent le
public et forment l'opinion ; les hommes d'action et d'initiative dans toutes les branches de la production, de l'instruction et de la mutualité, peuvent être à un haut degré
des médicateurs sociaux, des artisans du progrès. En
définitive, ce sont eux qui gouvernent un pays encore
plus que les hommes du gouvernement, pourvu qu'ils
aient conscience de la bonne direction sociale que récla-
ment les circonstances.

3. — Les limites et les conditions de l'action de l'homme sur la société.

Cependant il ne suffit pas que les phénomènes sociaux
soient modifiables, il faut en outre que l'agent modificateur puisse exercer assez longtemps son influence pour
que le résultat visé soit obtenu : la durée de l'action modificatrice ne doit pas être plus brève que celle du phénomène qu'il s'agit de modifier.

Lorsque l'homme veut appliquer les lois de la sélection

et de l'hérédité à l'élevage des animaux, il ne peut le
faire aisément que sur des espèces à générations rapides.
Il s'est attaché, par exemple, à transformer les races
du pigeon, parce que, chez cet oiseau, l'incubation ne
dure que seize jours et que la croissance des petits est
très prompte; il n'a pas choisi l'éléphant qui a une gesta-
tion de 620 jours (un an et neuf mois), et qui ne met au
monde qu'un seul rejeton, dont la croissance ne se termine
qu'à vingt-quatre ou vingt-cinq ans. A ce compte, un
éleveur n'aurait jamais sous les yeux qu'une ou deux
générations d'éléphants, tandis qu'il peut obtenir près
d'une centaine de générations de pigeons issues de la
même souche. Conséquemment, il peut modifier le pigeon;
il ne peut point agir sur l'éléphant.

Ce qui est vrai ici de l'action biologique l'est également
de l'action sociologique; et, à cet égard, il faut distinguer, parmi les phénomènes sociaux, entre ceux qui sont
passagers, accidentels, à courte période, et ceux, beaucoup
plus lents, que j'appellerai organiques parce qu'ils tiennent à l'évolution même de la société.

Les phénomènes passagers peuvent être dus à toutes
sortes de circonstances, à des causes externes, intercur-
rentes; ils s'accomplissent dans un laps de quelques
années qu'un homme d'État peut embrasser dans toute
ou presque toute son étendue; telles sont, par exemple:
la crise politico-financière due aux événements de 1870 et
de 1871, la crise viticole due à l'invasion du phylloxéra,
la crise encore plus grave et plus prolongée de l'agriculture et de l'industrie manufacturière due à l'extension
soudaine des transports dans le monde entier. Ces phénomènes sont du domaine de la prévision et de la médication humaines; et l'art des gouvernants pourra les

prévenir ou les atténuer. Les sociologues, en général,
sont enclins à cette intervention ; tandis que les économistes appelés libertaires la récusent opiniâtrément. Ces
derniers ont raison quand il y a présomption d'incapacité
dans l'intervention ou quand le moyen que l'on prétend
employer apparaît comme plus dangereux qu'efficace ;
mais, sur le principe même de l'intervention, je crois
que la négative absolue des libertaires sera de moins en
moins soutenable. Sans doute, les lois naturelles arrivent
toujours à remettre tout en ordre, mais au prix de com-
bie de réactions et de souffrances ! C'est le but précisément de l'art sociologique d'adoucir l'accomplissement
de ces lois, tout en s'y conformant. D'ailleurs, quelle
que soit la supériorité prétendue de la méthode expec-
tante, les peuples s'y résigneront de moins en moins.
Désormais on interviendra toujours : il n'y a donc plus
qu'à choisir entre une intervention opportune, qui peut
être sage et modérée, et une intervention tardive, en
pleine souffrance, en pleine exaspération, qui sera forcément excessive, irraisonnée et généralement aggravante
des maux que l'on voudrait guérir[1].

Enfin nous arrivons aux phénomènes sociaux organiques. Les transformations de cet ordre, dans l'activité
et la solidarité sociales, s'élaborent et s'accomplissent
avec une telle lenteur qu'elles se prolongent durant des

____

(1) Il faut applaudir grandement à des travaux tels que ceux de M. Clément Juglar sur les *Crises commerciales et leur retour périodique en France,
en Angleterre et aux Etats-Unis* (Paris, Guillaumin, 2ᵉ édition, 1889); l'auteur les a poursuivis avec la plus louable persévérance depuis plus de
quarante années (son premier essai a paru dans l'*Annuaire de l'économie
politique et de la statistique* de 1856); mais à quoi servirait l'étude de la
périodicité des crises et l'observation minutieuse de leurs symptômes, si
l'on n'utilisait pas ces connaissances pour conjurer les catastrophes qu'elles
annoncent ? — D'autres crises, non périodiques celles-là, peuvent aussi
être pressenties, quand elles doivent résulter par exemple de grandes dé-

générations. Comment un individu isolé prétendrait-il à les maîtriser? Certes, s'il a une puissance géniale, s'il s'appelle Hildebrand ou Martin Luther, Cromwell, Frédéric ou Napoléon, Colbert, Turgot, Robert Peel ou Cavour, voire Paterson, Pereire ou Lesseps, il pourra donner une impulsion plus vive au mouvement évolutif, mais jamais il ne lui sera donné d'achever son œuvre et de rétablir l'équilibre que son génie même aura ébranlé.

La succession par hérédité ou par adoption peut-elle du moins suppléer à la brièveté de la vie des réformateurs? L'histoire ne semble guère encourager cette espérance. Les séries de gouvernants héréditaires présentent assez rarement la continuité d'intention et d'intelligence réclamée pour une action humaine effective. Toutes les fois que cette continuité s'est produite, le résultat a été notable; mais toujours la série a été close par de déplorables rejetons, dus soit à l'épuisement de la race soit à un aveugle favoritisme. La première série que l'on puisse observer nettement (Jules César, Auguste, Tibère) a fondé l'Empire romain, mais elle a abouti à Caligula et à Néron. Une seconde série de filiation adoptive (Nerva, Trajan, Hadrien, Antonin, Marc-Aurèle), a porté l'Empire à son apogée; elle s'est terminée à Commode. Une troisième série (Pépin d'Héristal, Charles Martel, Pépin

couvertes ou inventions et de leurs applications de plus en plus étendues. Comment n'a-t-on pas prévu, quelques années à l'avance, l'explosion de concurrence internationale qui devait résulter de la multiplication des chemins de fer, de la navigation à vapeur et du percement de l'isthme de Suez? Et comment ne s'est-on pas efforcé, au moyen des dégrèvements à l'intérieur, du crédit agricole et industriel et de l'instruction professionnelle, d'opposer à la concurrence étrangère de nouveaux progrès dans l'agriculture et l'industrie nationales? Si la chose était impossible, pourquoi alors les économistes se sont-ils tant étonnés de l'avènement irrésistible du protectionnisme, et se sont-ils vainement épuisés à le combattre?

le Bref, Charlemagne) a rétabli l'Empire d'occident ; elle est tombée dans la nullité des derniers carolingiens. Une quatrième série, intermittente celle-là, efficace néanmoins (Louis le Gros, Philippe-Auguste, saint Louis, Philippe le Bel) a fondé le royaume de France ; finalement, elle s'est perdue dans les derniers capétiens et les funestes Valois.

Somme toute, la succession héréditaire ou adoptive n'est qu'une exception ; et Michelet a justement parlé de la « terrible instabilité du gouvernement monarchique ». On la touche du doigt après la mort de Louis XI, quand Charles VIII, Louis XII et François Ier gaspillent les ressources de la France et anéantissent les patientes acquisitions du Tibère français. Un autre exemple, non moins frappant, se produit à la mort de Henri IV. « Ce qui succède, dit l'historien, c'est l'envers de ce qu'il a voulu : la France retournée comme un gant [1]. »

A l'hérédité par consanguinité ou par adoption, on peut opposer la succession par cooptation, sorte d'adoption par une élite qui prépare et favorise la tradition intellectuelle. On ne peut nier qu'elle ait eu sa grande efficacité sociale ; témoins : la papauté et l'épiscopat, les ordres religieux, les corporations, les corps moraux, voire certaines grandes compagnies de commerce ou de finance.

En dépit de la valeur très variable des chefs qui se succèdent, et malgré les intrigues qui accompagnent toutes les promotions, il paraît évident que, par l'élection cooptative, l'unité des vues traditionnelles est mieux assurée que par l'hérédité. Seulement, dans ce cas-là, l'action sur la société se trouve ordinairement restreinte

---

(1) Michelet, *Hist. de France, Henri IV et Richelieu*, t. XIII, ch. xiii.

à une fonction particulière : tantôt la religion ou l'instruction ou l'assistance, tantôt telle ou telle branche de l'activité économique. Il s'opère ainsi une division de l'action modificatrice de la société en autant de parties qu'il y a de fonctionnements distincts.

Cependant la question principale se pose toujours : à qui doit incomber la direction d'ensemble du mouvement social? Eh bien, pour parler net, je crois que nous sommes parvenus, comme on dit, à un tournant de l'histoire, où il s'opère un échange de rôles entre le pouvoir central et les individus, ou plutôt leurs libres associations. Auparavant, c'était le pouvoir central qui donnait, qui imposait son impulsion ; alors les sujets s'adaptaient plus ou moins péniblement aux législations nouvelles, et travaillaient, en définitive, à rétablir l'équilibre troublé par en haut. Désormais les rapports seront, je crois, renversés : les individus ou leurs groupements prendront l'initiative des progrès et tendront sans cesse à modifier l'organisme social; et c'est, au contraire, le pouvoir central qui résistera dans une certaine mesure aux mouvements particuliers, quelque peu divergents, et qui, par cela même, les conciliera, les coordonnera et les maintiendra dans un équilibre nécessaire.

Qu'on ne s'y trompe pas, cela ne veut pas dire que l'action modificatrice de l'homme sur la société dans le sens du progrès tende à s'annuler et à disparaître. Tout au contraire, en se multipliant et en se spécialisant, elle échappera davantage aux perversions des hérédités, des adoptions et des cooptations ; du moins ces *processus*, qui subsisteront en vertu de la survivance des fonctions, se particulariseront au point de ne plus pouvoir être nuisibles. Mais l'action des hommes sur la société gagnera toujours en puissance. A mesure que l'idéologie, sous sa triple forme, morale, philosophique et esthétique, se répandra dans les esprits et dans les cœurs, l'unanimité plus grande des intelligences et des volontés, à travers toute la diversité des applications, créera une force incomparablement plus efficace que celle des anciens détenteurs du pouvoir, empereurs, papes ou rois, grands-maîtres, cardinaux ou ministres. La multitude pensante les remplacera. Il n'y a pas de puissance plus irrésistible que le vent : il soulève l'océan, il fait mouvoir d'énormes navires, il déracine des arbres centenaires, il renverse de grands édifices... Qu'est-ce pourtant? L'unanimité des bulles d'air et des poussières imperceptibles.

CHAPITRE XXII

Me voici au bout de ma tâche. J'ai ramassé en un court volume tout ce qui m'a paru se rattacher aux *principes* d'une sociologie objective ; les questions de fait viendront ensuite à l'appui et comme développement, s'il y a lieu. Je n'ai anticipé sur cette seconde partie que dans la mesure indispensable pour éclairer les questions primordiales.

Le présent ouvrage peut se résumer ici en quelques lignes.

Il y a deux ordres de faits historiques : les uns corrélatifs entre eux et avec le progrès de la population ; les autres sans filiation régulière ni corrélation exacte avec l'état social, parce qu'ils sont dus à l'originalité prime-sautière des grandes personnalités.

Ces deux ordres de faits forment la matière de deux sciences, qu'il est, à mon avis, avantageux de laisser distinctes. Les premiers faits, afférents au gouvernement, à la production, à la croyance et à la solidarité sociale, se développent et s'harmonisent suivant des lois que la sociologie a pour objet de décrire. Les seconds, dont la progression n'est ni continue ni régulière, et qu'on ne peut jamais restreindre à une seule race ou à une seule nation, forment un ordre intellectuel (philosophie et science pure, morale, esthétique) qui est du ressort de l'idéologie. Certes, il y a concours réciproque entre ces deux sciences, mais il y a aussi opposition quelquefois. En tout cas, elles se différencient par leurs éléments et par leur méthode générale.

La sociologie apparaît ainsi comme une science *sui generis*, qui ne se confond ni avec la biologie ni avec les sciences morales et politiques, fragments actuels de l'idéologie. Si elle emprunte secondairement les procédés d'investigation ou de systématisation de toutes les autres sciences, notamment la méthode comparative de la biologie et la méthode objectivo-subjective de l'idéologie, elle a en propre sa méthode fondamentale, qui est la méthode historique.

Dans les faits concernant la sociologie, nous découvrons une évolution continue ; quel en est le sens ? Auguste Comte avait voulu le retracer par sa fameuse « loi des trois états ». Je me suis rangé derrière les critiques qui n'ont pas reconnu à cette loi toute la généralité que Comte croyait pouvoir lui attribuer. Mais je me suis rattaché résolûment à une autre conception du même penseur, à sa série encyclopédique des sciences fondamentales. J'ai cru voir dans la hiérarchie des sciences positives, dans leurs trois familles superposées (sciences mathématiques, sciences physiques, sciences organiques), l'ordre même suivant lequel ont apparu les arts utiles, qui furent les instruments de la croissance sociale et les préparations empiriques des sciences. La loi des trois états m'a dès lors semblé n'être qu'un cas particulier de la loi générale du développement successif des connaissances humaines.

Le *processus* de l'évolution étant reconnu, il importait surtout d'en préciser le moteur. Je l'ai montré dans l'extension des populations soumises à une même discipline. Ce phénomène tout objectif, qui se révèle par le nombre et l'importance croissante des villes, est, suivant moi, le fait évolutif primordial, qui détermine, au sein de chaque peuple, la diversification progressive des fonctionnements actifs de la société, dans les trois ordres du gouvernement, de la croyance et de la production.

D'autre part, l'activité se reflète dans la solidarité ; la diversification des fonctions entraîne la multiplicité des relations individuelles, elle efface de plus en plus les inégalités primitives. J'ai tâché de montrer qu'à chaque période de l'évolution il se forme, corrélativement à l'état de l'activité, un sentiment public qui est la condition principale de l'équilibre social et l'agent essentiel de la solidarité. Il y a là évidemment un phénomène mixte, une traduction de la sociologie en psychologie ; mais on ne saurait s'en autoriser pour dire que la sociologie est fondée sur la psychologie. La solidarité sociale n'est, en effet, je le répète, qu'une conséquence de l'activité sociale ; et celle-ci est directement commandée par l'importance de la population disciplinée.

La population, voilà le phénomène fondamental et initial ! Il me paraît si décisif que j'ai cru pouvoir mesurer l'avancement social des peuples à leur concentration urbaine, et leur force comparative à cette concentration multipliée par l'importance absolue de la population.

En dernier lieu, j'ai abordé les trois applications principales de la sociologie : la reconstitution du passé, la critique sociale du présent, l'action modificatrice de l'homme sur la société.

Toute société est modifiable. Scientifiquement, cela ne paraît pas contestable. Mais l'agent modificateur doit durer

aussi longtemps que les phénomènes sur lesquels il veut
agir. C'est là ce qui, en fait, a rendu presque toujours les
hommes impuissants à modifier les sociétés dont ils fai-
saient partie. Même investis de pouvoirs souverains, ils
ne pouvaient individuellement opérer que sur des phénomènes partiels, promptement accomplis; pour tous les
autres, la supériorité du génie chez l'opérateur ne suffisait pas à remplacer la durée de l'action. Il aurait fallu,
pour en corriger la brièveté, qu'une continuité de vues et
de facultés pût se transmettre à une succession d'individus
dirigeants. Malheureusement les dynasties héréditaires,
adoptives ou cooptatives, remplissant les conditions vou-
lues, ont toujours été rares, et ont inévitablement abouti à
des successeurs pervers ou incapables, qui détruisaient
plus ou moins ce que leurs prédécesseurs avaient édifié.
La seule continuité d'action vraiment féconde ne semble
donc pouvoir définitivement résulter que de la transmission des traditions, éclairées par le savoir, au plus grand
nombre possible de citoyens orientés vers un même but.
Ce sont alors leurs libres associations qui travaillent
incessamment aux divers progrès sociaux ; et l'État passe
de plus en plus du rôle d'initiateur à celui de modérateur.

Tel est, en raccourci, l'essai que je livre à la critique
de mes lecteurs.

Chemin faisant, je me suis demandé si l'étude de la
sociologie, comme je la comprends, pouvait être salutaire
ou risquait d'être nuisible à la jeunesse. En donnant conscience aux jeunes gens du caractère transitoire et provisoire des faits sociaux (quoique chaque phase doive durer
des siècles), ne s'expose-t-on pas à provoquer des incertitudes sur les notions fondamentales de la vie, et n'y a-t-il
pas à craindre d'affaiblir les mobiles de l'action ?

A la réflexion, mes scrupules se sont évanouis.

L'homme, me suis-je dit, est de nature si impulsive, il reste tellement soumis à ses passions, sa conscience intervient si peu dans ses déterminations, que le développement d'une raison contradictoire ne peut sensiblement atténuer l'énergie de l'homme d'action. Tout au plus l'hypertrophie de la conscience pourrait-elle atteindre le douteur prédisposé ; mais, alors même, à celui-ci la sociologie apporterait le remède, en lui fournissant un critérium de la vérité sociale et une règle de conduite. Si le douteur est un infirme dont la volonté est boiteuse, la science seule peut lui procurer quelque chose comme des membres artificiels.

Je me suis pris moi-même comme sujet d'expérience. Or, quoique je reconnaisse, en toute sincérité scientifique, que la république est une *forme* qui ne préjuge rien de la bonté réelle du gouvernement, quoique je me rende compte que mon pays a des infériorités sociales par rapport à d'autres pays plus avancés dans les libertés effectives, quoique je sois tenté de conclure à l'utilité d'une réforme religieuse (pour la bourgeoisie encore plus que pour le peuple), je n'en reste pas moins, comme devant, républicain, patriote et libre penseur. Quand on se trouve du côté des faits accomplis, il faut être optimiste, parce que le temps travaille dans notre sens. D'année en année, il élimine les éléments de discorde, il adapte les générations nouvelles à l'état social existant, et le régime qui pouvait paraître d'abord prématuré, gagne peu à peu en force et en stabilité.

Chacun, au surplus, demeure ce que sa constitution cérébrale, son éducation et son expérience personnelle l'ont fait. Il n'y a donc aucun risque à étudier la sociologie. On n'y perdra rien de son énergie, mais on y gagnera peut-être une toute petite lueur de conscience, une modique aperception de la relativité des choses.

Il n'y aurait qu'à se féliciter, à mon sens, si ce peu de lumière pouvait accroître notre résignation aux choses inévitables, notre tolérance des opinions contraires, notre respect d'un passé qui eut sa raison d'être, notre indulgence pour les états mentaux encore retardataires, notre altruisme, en un mot, pour les idées comme pour les hommes ! Sans crainte aucune, nous pouvons cultiver cette sympathie, certains que nous sommes qu'elle n'arrivera jamais à supplanter les formes innombrables, incompressibles et nécessaires d'ailleurs du personnalisme.

TABLE DES MATIÈRES

ÉVREUX, IMPRIMERIE DE CHARLES HÉRISSEY

PHILOSOPHIE — HISTOIRE

CATALOGUE

DES

Livres de Fonds

On peut se procurer tous les ouvrages qui se trouvent dans ce Catalogue par l'intermédiaire des libraires de France et de l'Étranger.

On peut également les recevoir franco par la poste, sans augmentation des prix désignés, en joignant à la demande des TIMBRES-POSTE FRANÇAIS ou un MANDAT sur Paris.

PARIS

108, BOULEVARD SAINT-GERMAIN, 108

Au coin de la rue Hautefeuille

NOVEMBRE 1898

Les titres précédés d'un *astérisque* sont recommandés par le Ministère de l'Instruction publique pour les Bibliothèques des élèves et des professeurs et pour les distributions de prix des lycées et collèges.

BIBLIOTHÈQUE

DE

PHILOSOPHIE CONTEMPORAINE

Volumes in-12, brochés, à 2 fr. 50.

Cartonnés toile, 3 francs. — En demi-reliure, plats papier, 4 francs.

ALAUX, professeur à la Faculté des lettres d'Alger. **Philosophie de M. Cousin.**

ALLIER (R.). ***La Philosophie d'Ernest Renan. 1895.**

ARRÉAT (L.). *** La Morale dans le drame, l'épopée et le roman. 2e édition.**

— ***Mémoire et imagination** (Peintres, Musiciens, Poètes, Orateurs). 1895.

— **Les Croyances de demain. 1898.**

AUBER (Ed.). **Philosophie de la médecine.**

BALLET (G.). **Le Langage intérieur** et les diverses formes de l'aphasie. **2e édit.**

BEAUSSIRE, de l'Institut. *** Antécédents de l'hégél. dans la philos. française.**

BERSOT (Ernest), de l'Institut. *** Libre philosophie.**

BERTAULD. **De la Philosophie sociale.**

BERTRAND (A.), professeur à l'Université de Lyon. **La Psychologie de l'effort et les doctrines contemporaines.**

BINET (A.), directeur du lab. de psych. physiol de la Sorbonne. **La Psychologie du raisonnement, expériences par l'hypnotisme. 2e édit.**

BOST. **Le Protestantisme libéral.**

BOUGLÉ, maître de conférences à l'Université de Montpellier. **Les Sciences sociales en Allemagne.**

BOUTROUX, de l'Institut. *** De la contingence des lois de la nature. 3e éd. 1896.**

CARUS (P.). *** Le Problème de la conscience du moi**, trad. par M. A. MONOD.

COIGNET (Mme). **La Morale indépendante.**

CONTA (B.). ***Les Fondements de la métaphysique**, trad. du roumain par D. TESCANU.

COQUEREL FILS (Ath.). **Transformations historiques du christianisme.**

— **Histoire du Credo.**

— **La Conscience et la Foi.**

COSTE (Ad.). *** Les Conditions sociales du bonheur et de la force. 3e édit.**

CRESSON (A.), agrégé de philosophie. **La Morale de Kant.** 1897. Couronné par l'Institut.

DAURIAC (L.), professeur au lycée Janson-de-Sailly. **La Psychologie dans l'Opéra français** (Auber, Rossini, Meyerbeer). 1897.

DANVILLE (Gaston). **Psychologie de l'amour. 1894.**

DELBŒUF (J.), prof. à l'Université de Liège. **La Matière brute et la Matière vivante.**

DUGAS, docteur ès lettres. *** Le Psittacisme et la pensée symbolique. 1896.**

— **La Timidité. 1898.**

DUMAS (G.), agrégé de philosophie. ***Les états intellectuels dans la Mélancolie. 1894.**

DUNAN, docteur ès lettres. **La théorie psychologique de l'Espace. 1895.**

DURKHEIM (Émile), professeur à l'Université de Bordeaux. *** Les règles de la méthode sociologique. 1895.**

ESPINAS (A.), prof. à la Sorbonne. *** La Philosophie expérimentale en Italie.**

FAIVRE (E.). **De la Variabilité des espèces.**

FÉRÉ (Ch.). **Sensation et Mouvement. Étude de psycho-mécanique, avec figures.**

— **Dégénérescence et Criminalité, avec figures. 2e édit.**

FERRI (E.). **Les Criminels dans l'Art et la Littérature. 1897.**

FIERENS-GEVAERT. **Essai sur l'Art contemporain. 1897.** (Couronné par l'Académie française.)

FLEURY (Maurice de). **L'Ame du criminel. 1898.**

Suite de la *Bibliothèque de philosophie contemporaine*, format in-12, à 2 fr. 50 le vol.

FONSEGRIVE, professeur au lycée Buffon. La Causalité efficiente. 1893.
FONTANÈS. Le Christianisme moderne.
FONVIELLE (W. de). L'Astronomie moderne.
FRANCK (Ad.), de l'Institut. * Philosophie du droit pénal. 4ᵉ édit.
— Des Rapports de la Religion et de l'État. 2ᵉ édit.
— La Philosophie mystique en France au XVIIIᵉ siècle.
GAUCKLER. Le Beau et son histoire.
GREEF (de). Les Lois sociologiques. 2ᵉ édit.
GUYAU. * La Genèse de l'idée de temps.
HARTMANN (E. de). La Religion de l'avenir. 4ᵉ édit.
— Le Darwinisme, ce qu'il y a de vrai et de faux dans cette doctrine. 6ᵉ édit.
HERCKENRATH. (C.-R.-C.) Problèmes d'Esthétique et de Morale. 1897.
HERBERT SPENCER. * Classification des sciences. 6ᵉ édit.
— L'Individu contre l'État. 4ᵉ édit.
JAELL (Mᵐᵉ). * La Musique et la psycho-physiologie. 1895.
JANET (Paul), de l'Institut. * Le Matérialisme contemporain. 6ᵉ édit.
— * Philosophie de la Révolution française. 5ᵉ édit.
— * Les Origines du socialisme contemporain. 3ᵉ édit. 1896.
— * La Philosophie de Lamennais.
LACHELIER, de l'Institut. Du fondement de l'induction, suivi de psychologie et métaphysique. 3ᵉ édit. 1898.
LAMPÉRIÈRE (Mᵐᵉ A.). Rôle social de la femme, son éducation. 1898.
LANESSAN (J.-L. de). La Morale des philosophes chinois. 1896.
LANGE, professeur à l'Université de Copenhague. Les émotions, étude psycho physiologique, traduit par G. Dumas. 1895.
LAUGEL (Auguste). L'Optique et les Arts.
— * Les Problèmes de l'âme.
— Problème de la nature.
LE BLAIS. Matérialisme et Spiritualisme.
LE BON (Dʳ Gustave). * Lois psychol. de l'évolution des peuples. 2ᵉ édit. 1895.
— * Psychologie des foules. 3ᵉ édit. 1898.
LÉCHALAS. * Etude sur l'espace et le temps. 1895.
LE DANTEC, docteur ès sciences. Le Déterminisme biologique et la Personnalité consciente. 1897.
— L'Individualité et l'Erreur individualiste. 1898.
LEFÈVRE, docteur ès lettres. Obligation morale et idéalisme. 1895.
LEOPARDI. Opuscules et Pensées, traduit de l'italien par M. Aug. Dapples.
LEVALLOIS (Jules). Déisme et Christianisme.
LIARD, de l'Institut. * Les Logiciens anglais contemporains. 3ᵉ édit.
— Des définitions géométriques et des définitions empiriques. 2ᵉ édit.
LICHTENBERGER (Henri), professeur adjoint à l'Université de Nancy. La philosophie de Nietzsche. 3ᵉ édit. 1899.
LOMBROSO. L'Anthropologie criminelle et ses récents progrès. 3ᵉ édit. 1896.
— Nouvelles recherches d'anthropologie criminelle et de psychiatrie. 1892.
— Les Applications de l'anthropologie criminelle. 1892.
LUBBOCK (Sir John). * Le Bonheur de vivre. 2 volumes. 5ᵉ édit.
— * L'Emploi de la vie. 2ᵉ éd. 1897.
LYON (Georges), maître de conf. à l'École normale. * La Philosophie de Hobbes.
MARIANO. La Philosophie contemporaine en Italie.
MARION, professeur à la Sorbonne. * J. Locke, sa vie, son œuvre. 2ᵉ édit.
MAUS (I.), avocat à la Cour d'appel de Bruxelles. De la Justice pénale.
MILHAUD (G.), chargé de cours à l'Université de Montpellier. Essai sur les conditions et les limites de la Certitude logique. 2ᵉ édit. 1898.
— Le Rationnel. 1898.
MOSSO. * La Peur. Étude psycho-physiologique (avec figures). 2ᵉ édit.
— * La fatigue intellectuelle et physique, traduit de l'italien par P. Langlois. 2ᵉ édit. 1896, avec grav.

F. ALCAN. — 4 —

Suite de la *Bibliothèque de philosophie contemporaine*, format in-12, à 2 fr. 50 le vol.

NORDAU (Max). * Paradoxes psychologiques, trad. Dietrich. 3e édit. 1898.
— Paradoxes sociologiques, trad. Dietrich. 2e édit. 1898.
— Psycho-physiologie du Génie et du Talent. 2e édit. 1898.
NOVICOW (J.). L'Avenir de la Race blanche. 1897.
OSSIP-LOURIÉ. Pensées de Tolstoï. 1898.
PAULHAN (Fr.). Les Phénomènes affectifs et les lois de leur apparition.
— * Joseph de Maistre et sa philosophie. 1893.
PILLON (F.). La Philosophie de Ch. Secrétan. 1898.
PILO (Mario), professeur au lycée de Bellune (Italie). * La psychologie du Beau
et de l'Art, trad. par Aug. Dietrich. 1895.
PIOGER (Dr Julien). Le Monde physique, essai de conception expérimentale. 1893.
QUEYRAT (Fr.), professeur de l'Université. * L'imagination et ses variétés chez
l'enfant. 2e édit. 1896.
— * L'abstraction, son rôle dans l'éducation intellectuelle. 1894.
— Les Caractères et l'éducation morale. 1896.
REGNAUD (P.), professeur à l'Université de Lyon. Logique évolutionniste. *L'En-
tendement dans ses rapports avec le langage.* 1897.
— Comment naissent les mythes. 1897.
RÉMUSAT (Charles de), de l'Académie française. * Philosophie religieuse.
RENARD (Georges), professeur à l'Université de Lausanne. Le régime socialiste,
son organisation politique et économique. 2e édit. 1898.
RIBOT (Th.), professeur au Collège de France, directeur de la *Revue philoso-
phique.* La Philosophie de Schopenhauer. 6e édition.
— * Les Maladies de la mémoire. 12e édit.
— * Les Maladies de la volonté. 11e édit.
— * Les Maladies de la personnalité. 7e édit.
— * La Psychologie de l'attention. 4e édit.
RICHARD (G.), docteur ès lettres. * Le Socialisme et la Science sociale. 1897.
RICHET (Ch.). Essai de psychologie générale (avec figures). 3e édit. 1898.
ROBERTY (E. de). L'Inconnaissable, sa métaphysique, sa psychologie.
— L'Agnosticisme. Essai sur quelques théories pessim. de la connaissance. 2e édit.
— La Recherche de l'Unité. 1 vol. 1893
— Auguste Comte et Herbert Spencer. 2e édit.
— * Le Bien et le Mal. 1896.
— Le Psychisme social. 1897.
— Les Fondements de l'Ethique. 1898.
ROISEL. De la Substance.
— L'Idée spiritualiste. 1897.
SAIGEY. La Physique moderne. 2e édit.
SAISSET (Émile), de l'Institut. * L'Ame et la Vie.
— * Critique et Histoire de la philosophie (fragm. et disc.).
SCHŒBEL. Philosophie de la raison pure.
SCHOPENHAUER. * Le Libre arbitre, traduit par M. Salomon Reinach. 7e édit.
— * Le Fondement de la morale, traduit par M. A. Burdeau. 6e édit.
— Pensées et Fragments, avec intr. par M. J. Bourdeau. 13e édit.
SELDEN (Camille). La Musique en Allemagne, étude sur Mendelssohn.
SIGHELE. La Foule criminelle, essai de psychologie collective.
STRICKER. Le Langage et la Musique, traduit de l'allemand par M. Schwiedland.
STUART MILL. * Auguste Comte et la Philosophie positive. 6e édit.
— * L'Utilitarisme. 2e édit.
— Correspondance inédite avec Gustave d'Eichthal (1828-1842) — (1864-1871),
avant-propos et trad. par Eug. d'Eichthal. 1898.
TAINE (H.), de l'Académie française. * Philosophie de l'art dans les Pays-Bas.
TARDE. La Criminalité comparée. 4e édition. 1898.
— * Les Transformations du Droit. 2e édit. 1894.
— Les Lois sociales. 1898.
THAMIN (R.), professeur au lycée Condorcet, docteur ès lettres. * Éducation et
positivisme. 2e édit. 1895. Ouvrage couronné par l'Institut.

Suite de la *Bibliothèque de philosophie contemporaine*, format in-12, à 2 fr. 50 le vol.

THOMAS (P. Félix), docteur ès lettres. * **La suggestion,** son rôle dans l'éducation intellectuelle. 2ᵉ édit. 1898.

TISSIÉ. * **Les Rêves,** avec préface du professeur Azam. 2ᵉ éd. 1898.

VIANNA DE LIMA. **L'Homme selon le transformisme.**

WUNDT. **Hypnotisme et suggestion.** Étude critique, traduit par M. Keller.

ZELLER. **Christian Baur et l'École de Tubingue,** traduit par M. Ritter.

ZIEGLER. **La Question sociale est une Question morale,** traduit par M. Palante. 2ᵉ éd. 1894.

BIBLIOTHÈQUE DE PHILOSOPHIE CONTEMPORAINE
Volumes in-8.

Br. à 5 fr., 7 fr. 50 et 10 fr.; Cart. angl., 1 fr. en plus par vol.; Demi-rel. en plus 2 fr. par vol.

ADAM (Ch.), recteur de l'Académie de Dijon. * **La Philosophie en France** (première moitié du xixᵉ siècle). 7 fr. 50

AGASSIZ.* **De l'Espèce et des Classifications.** 5 fr.

ARRÉAT. * **Psychologie du peintre.** 5 fr.

AUBRY (le Dʳ P.). **La contagion du meurtre.** 1896. 3ᵉ édit. 5 fr.

BAIN (Alex.). **La Logique inductive et déductive.** Traduit de l'anglais par M. G. Compayré. 2 vol. 3ᵉ édition. 20 fr.

— * **Les Sens et l'Intelligence.** 1 vol. Traduit par M. Cazelles. 3ᵉ édit. 10 fr.

— * **Les Émotions et la Volonté.** Trad. par M. Le Monnier. 10 fr.

BALDWIN (Mark), professeur à l'Université de Princeton (États-Unis). **Le Développement mental chez l'enfant et dans la race.** Trad. Nourry, préface de L. Marillier. 1897. 7 fr. 50

BARNI (Jules). * **La Morale dans la démocratie.** 2ᵉ édit. 5 fr.

BARTHÉLEMY-SAINT-HILAIRE, de l'Institut. **La Philosophie dans ses rapports avec les sciences et la religion.** 5 fr.

BERGSON (H.), maître de conférences à l'École normale sup. **Matière et mémoire,** essai sur les relations du corps à l'esprit. 1896. 5 fr.

— **Essai sur les données immédiates de la concience.** 2ᵉ édit. 1898. 3 fr. 75

BERTRAND, prof. à l'Université de Lyon. **L'Enseignement intégral.** 1898. 5 fr.

BOIRAC (Émile), prof. à l'Université de Dijon. * **L'idée du Phénomène.** 1894. 5 fr.

BOURDEAU (L.). **Le Problème de la mort,** ses solutions imaginaires et la science positive. 2ᵉ édition. 1896. 5 fr.

BOURDON, professeur à l'Université de Rennes. * **L'expression des émotions et des tendances dans le langage.** 1892. 7 fr. 50

BOUTROUX (Em.), de l'Institut. **Etudes d'hist. de la philos.** 1898. 7 fr. 50

BROCHARD (V.), professeur à la Sorbonne. **De l'Erreur.** 1 vol. 2ᵉ édit. 1897. 5 fr.

BRUNSCHWICG (E.), docteur ès lettres. * **Spinoza.** 1894. 3 fr. 75

— **La modalité du jugement.** 5 fr.

CARRAU (Ludovic), professeur à la Sorbonne. **La Philosophie religieuse en Angleterre,** depuis Locke jusqu'à nos jours. 5 fr.

CHABOT (Ch.), docteur ès lettres. **Nature et Moralité.** 1897. 5 fr.

CLAY (R.). * **L'Alternative,** *Contribution à la psychologie.* 2ᵉ édit. 10 fr.

COLLINS (Howard). * **La Philosophie de Herbert Spencer,** avec préface de M. Herbert Spencer, traduit par H. de Varigny. 2ᵉ édit. 1895. 10 fr.

COMTE (Aug.). **La Sociologie,** résumé par E. Rigolage. 1897. 7 fr. 50

CONTA (B.). **Théorie de l'ondulation universelle.** 1894. 3 fr. 75

CRÉPIEUX-JAMIN. **L'Écriture et le Caractère.** 4ᵉ édit. 1897. 7 fr. 50

DEWAULE, docteur ès lettres. * **Condillac et la Psych. anglaise contemp.** 5 fr.

DUPROIX (P.), professeur à l'Université de Genève. * **Kant et Fichte et le problème de l'éducation.** 2ᵉ édit. 1897. (Ouvrage couronné par l'Académie française.). 5 fr.

DURAND (de Gros). **Aperçus de taxinomie générale.** 1898. 5 fr.

DURKHEIM, professeur à l'Université de Bordeaux. * **De la division du travail social.** 1893. 7 fr. 50

— **Le Suicide,** *étude sociologique.* 1897. 7 fr. 50

Suite de la *Bibliothèque de philosophie contemporaine*, format in-8.

DURKHEIM. L'Année sociologique. 8ᵉ année, 1896-1897, avec la collaboration de MM. Simmel, Bouglé, Mauss, Hubert, Lapie, Em. Lévy, Richard, A. Milhaud, Simiaud, Muffang, Fauconnet et Parodi. 10 fr.

ESPINAS (A.), professeur à la Sorbonne. La philosophie sociale du XVIIIᵉ siècle et la révolution française. 1898. 7 fr. 50

FERRERO (G.). Les lois psychologiques du symbolisme. 1895. 5 fr.

FERRI (Louis), professeur à l'Université de Rome. **La Psychologie de l'association**, depuis Hobbes jusqu'à nos jours. 7 fr. 50

FLINT, prof. à l'Univ. d'Edimbourg. *La Philos. de l'histoire en Allemagne*. 7 fr. 50

FONSEGRIVE, professeur au lycée Buffon. *Essai sur le libre arbitre*. Ouvrage couronné par l'Académie des sciences morales et politiques. 2ᵉ éd. 1895. 10 fr.

FOUILLÉE (Alf.), de l'Institut. *La Liberté et le Déterminisme*. 1 vol. 2ᵉ édit. 7 fr. 50

— **Critique des systèmes de morale contemporains**. 2ᵉ édit. 7 fr. 50

— *La Morale, l'Art, la Religion*, d'après Guyau. 2ᵉ édit. 3 fr. 75

— L'Avenir de la Métaphysique fondée sur l'expérience. 5 fr.

— * L'Évolutionnisme des idées-forces. 7 fr. 50

— * La Psychologie des idées-forces. 2 vol. 1893. 15 fr.

— * Tempérament et caractère. 1895. 7 fr. 50

— Le Mouvement positiviste et la conception sociol. du monde. 1896. 7 fr. 50

— Le Mouvement idéaliste et la réaction contre la science posit. 1896. 7 fr. 50

— Psychologie du peuple français. 7 fr. 50

FRANCK (A.), de l'Institut. Philosophie du droit civil. 5 fr.

FULLIQUET. Essai sur l'Obligation morale. 1898. 7 fr. 50

GAROFALO, agrégé de l'Université de Naples. La Criminologie. 4ᵉ édit. 7 fr. 50

— La superstition socialiste. 1895. 5 fr.

GOBLOT (E.), docteur ès lettres. Essai sur la Classif. des sciences. 1898. 5 fr.

GODFERNAUX (A.), docteur ès lettres. *Le sentiment et la pensée et leurs principaux aspects physiologiques. 1894. 5 fr.

GORY (G.), docteur ès lettres. L'Immanence de la raison dans la connaissance sensible. 1896. 5 fr.

GREEF (de), prof. à la nouvelle Université libre de Bruxelles. **Le transformisme social.** Essai sur le progrès et le regrès des sociétés. 1895. 7 fr. 50

GURNEY, MYERS et PODMORE. Les Hallucinations télépathiques, traduit et abrégé des *Phantasms of The Living* par L. Marillier, préf. de Ch. Richet. 3ᵉ éd. 7 fr. 50

GUYAU (M.). * La Morale anglaise contemporaine. 4ᵉ édit. 7 fr. 50

— Les Problèmes de l'esthétique contemporaine. 5 fr.

— Esquisse d'une morale sans obligation ni sanction. 3ᵉ édit. 5 fr.

— L'Irréligion de l'avenir, étude de sociologie. 5ᵉ édit. 7 fr. 50

— * L'Art au point de vue sociologique. 7 fr. 50

— * Hérédité et Education, étude sociologique. 3ᵉ édit. 5 fr.

HERBERT SPENCER.*Les Premiers principes.Traduc. Cazelles. 8ᵉ éd. 10 fr.

— * Principes de biologie. Traduit par M. Cazelles. 4ᵉ édit. 2 vol. 20 fr.

— * Principes de psychologie. Trad. par MM. Ribot et Espinas. 2 vol. 20 fr.

— *Principes de sociologie. 4 vol., traduits par MM. Cazelles et Gerschel : Tome I. 10 fr. — Tome II. 7 fr. 50. — Tome III. 15 fr. — Tome IV. 3 fr. 75

— * Essais sur le progrès. Traduit par M. A. Burdeau. 4ᵉ édit. 7 fr. 50

— Essais de politique. Traduit par M. A. Burdeau. 4ᵉ édit. 7 fr. 50

— Essais scientifiques. Traduit par M. A. Burdeau. 3ᵉ édit. 7 fr. 50

— * De l'Education physique, intellectuelle et morale. 10ᵉ édit. 5 fr.
(Voy. p. 3, 20 et 21.)

HIRTH (G.). *Physiologie de l'Art. Trad. et introd. de M. L. Arréat. 5 fr.

HUXLEY, de la Société royale de Londres. * Hume, sa vie, sa philosophie. Traduit de l'anglais et précédé d'une introduction par M. G. Compayré. 5 fr.

IZOULET (J.), professeur au Collège de France. * La Cité moderne, métaphysique de la sociologie. 4ᵉ édit. 1897. 10 fr.

JANET (Paul), de l'Institut. * Les Causes finales. 3ᵉ édit. 10 fr.

— * Histoire de la science politique dans ses rapports avec la morale. 2 forts vol. 3ᵉ édit., revue, remaniée et considérablement augmentée. 20 fr.

Suite de la *Bibliothèque de philosophie contemporaine*, format in-8.

JANET (Paul). * **Victor Cousin et son œuvre.** 3e édition.   7 fr. 50
JANET (Pierre), professeur au lycée Condorcet. * **L'Automatisme psychologique,** essai sur les formes inférieures de l'activité mentale. 2e édit. 1894.   7 fr. 50
LANG (A.). * **Mythes, Cultes et Religion.** Traduit par MM. Marillier et Durr, introduction de Marillier. 1896.   10 fr.
LAVELEYE (de), correspondant de l'Institut. * **De la Propriété et de ses formes primitives.** 4e édit. revue et augmentée.   10 fr.
— * **Le Gouvernement dans la démocratie.** 2 vol. 3e édit. 1896.   15 fr.
LE BON (Dr Gustave). **Psychologie du socialisme.** 1898.   7 fr. 50
LÉVY-BRUHL, docteur ès lettres. * **La Philosophie de Jacobi.** 1894.   5 fr.
LIARD, de l'Institut. * **Descartes.**   5 fr.
— * **La Science positive et la Métaphysique.** 4e édit.   7 fr. 50
LICHTENBERGER (H.), professeur à l'Université de Nancy. **Richard Wagner, poète et penseur.** 2e édit. 1899.   10 fr.
LOMBROSO. * **L'Homme criminel** (criminel-né, fou-moral, épileptique), précédé d'une préface de M. le docteur LETOURNEAU. 3e éd. 2 vol. et atlas. 1895.   36 fr.
LOMBROSO ET FERRERO. **La Femme criminelle et la prostituée.** Avec planches hors texte. 1896.   15 fr.
LOMBROSO et LASCHI. **Le Crime politique et les Révolutions.** 2 vol. avec 13 planches hors texte.   15 fr.
LYON (Georges), maître de conférences à l'École normale supérieure. * **L'Idéalisme en Angleterre au XVIIIe siècle.**   7 fr. 50
MALAPERT (P.), docteur ès lettres. **Les Eléments du caractère et leurs lois de combinaison.** 1897.   5 fr.
MARION (H.), professeur à la Sorbonne. * **De la Solidarité morale.** Essai de psychologie appliquée. 6e édit. 1897.   5 fr.
MARTIN (Fr.), docteur ès lettres. **La perception extérieure et la science positive,** essai de philosophie des sciences. 1894.   5 fr.
MATTHEW ARNOLD. **La Crise religieuse.**   7 fr. 50
MAX MULLER, prof. à l'Université d'Oxford. **Nouvelles études de mythologie,** trad. de l'anglais par L. Job, docteur ès lettres. 1898.   12 fr. 50
NAVILLE (E.), correspond. de l'Institut. **La physique moderne.** 2e édit.   5 fr.
— * **La Logique de l'hypothèse.** 2e edit.   5 fr.
— * **La définition de la philosophie.** 1894.   5 fr.
— **Le Libre arbitre.** 2e édit. 1898.   5 fr.
NORDAU (Max). * **Dégénérescence,** traduit de l'allemand par Aug. Dietrich. 5e éd. 1898. 2 vol. Tome I. 7 fr. 50. Tome II.   10 fr.
— **Les Mensonges conventionnels de notre civilisation,** trad. Dietrich.   5 fr.
NOVICOW. **Les Luttes entre Sociétés humaines** et leurs phases successives. 2e édit.   10 fr.
— * **Les gaspillages des sociétés modernes.** 2e éd. 1899.   5 fr.
OLDENBERG, professeur à l'Université de Kiel. * **Le Bouddha, sa Vie, sa Doctrine, sa Communauté,** trad. par P. Foucher. Préf. de Lucien Lévy. 1894.   7 fr. 50
PAULHAN (Fr.). **L'Activité mentale et les Éléments de l'esprit.**   10 fr.
— **Les types intellectuels : esprits logiques et esprits faux.** 1896.   7 fr. 50
PAYOT (J.), inspecteur d'académie, docteur ès lettres. * **L'Éducation de la volonté.** 8e édit. 1898.   5 fr.
— **De la croyance.** 1896.   5 fr.
PÉRÈS (Jean), docteur ès lettres. **L'Art et le Réel,** essai de métaphysique fondé sur l'esthétique. 1898.   3 fr. 75
PÉREZ (Bernard). **Les Trois premières années de l'enfant.** 5e édit.   5 fr.
— **L'Enfant de trois à sept ans.** 3e édit.   5 fr.
— **L'Éducation morale dès le berceau.** 3e édit. 1896.   5 fr.
— * **L'éducation intellectuelle dès le berceau.** 1896.   5 fr.
PIAT (l'abbé C.), docteur ès lettres. **La Personne humaine.** 1898. (Couronné par l'Institut).   7 fr. 50
— **Destinée de l'homme.** 1898   5 fr.

PICAVET (E.), maître de conférences à l'École des hautes études. * **Les Idéologues,** essai sur l'histoire des idées, des théories scientifiques, philosophiques, religieuses, etc., en France, depuis 1789. (Ouvr. couronné par l'Académie française.) 10 fr.

PIDERIT. **La Mimique et la Physiognomonie.** Trad. par M. Girot. 5 fr.

PILLON (F.), ***L'Année philosophique,** 8 années : 1890, 1891, 1892, 1893 (épuisé), 1894, 1895, 1896 et 1897. 8 vol. Chaque volume séparément. 5 fr.

PIOGER (J.). La Vie et la Pensée, essai de conception expérimentale. 1894. 5 fr.

— 'La vie sociale, la morale et le progrès. 1894. 5 fr.

PREYER, prof. à l'Université de Berlin. **Éléments de physiologie.** 5 fr.

—* L'Ame de l'enfant. Développement psychique des premières années. 10 fr.

PROAL. * Le Crime et la Peine. 2ᵉ édit. (Couronné par l'Institut). 10 fr.

— * La criminalité politique. 1895. 5 fr.

RAUH, professeur à l'Université de Toulouse. De la méthode dans la psychologie des sentiments. 1899. 5 fr.

RÉCEJAC, docteur ès lettres. Essai sur les Fondements de la Connaissance mystique. 1897. 5 fr.

RIBOT (Th.). * **L'Hérédité psychologique.** 5ᵉ édit. 7 fr. 50

— * **La Psychologie anglaise contemporaine.** 3ᵉ édit. 7 fr. 50

— * **La Psychologie allemande contemporaine.** 4ᵉ édit. 7 fr. 50

— La psychologie des sentiments. 2ᵉ édit. 1897. 7 fr. 50

— L'Evolution des idées générales. 1897. 5 fr.

RICARDOU (A.), docteur ès lettres. * **De l'Idéal.** (Couronné par l'Institut.) 5 fr.

ROBERTY (E. de). L'Ancienne et la Nouvelle philosophie. 7 fr. 50

—* La Philosophie du siècle (positivisme, criticisme, évolutionnisme). 5 fr.

ROMANES. * L'Evolution mentale chez l'homme. 7 fr. 50

SAIGEY (E.). *Les Sciences au XVIIIᵉ siècle. La Physique de Voltaire. 5 fr.

SANZ Y ESCARTIN. L'Individu et la réforme sociale, traduit de l'espagnol par Aug. Dietrich. 1898. 7 fr. 50

SCHOPENHAUER. Aphorismes sur la sagesse dans la vie. 6ᵉ édit. Traduit par M. Cantacuzène. 5 fr.

—* De la Quadruple racine du principe de la raison suffisante, suivi d'une *Histoire de la doctrine de l'idéal et du réel.* Trad. par M. Cantacuzène. 5 fr.

—* Le Monde comme volonté et comme représentation. Traduit par M. A. Burdeau. 2ᵉ éd. 3 vol. Chacun séparément. 7 fr. 50

SÉAILLES (G.), maître de conférences à la Sorbonne. Essai sur le génie dans l'art. 2ᵉ édit. 1897. 5 fr.

SERGI, professeur à l'Université de Rome. La Psychologie physiologique, traduit de l'italien par M. Mouton. Avec figures. 7 fr. 50

SOLLIER (Dʳ P.). *Psychologie de l'idiot et de l'imbécile. 5 fr.

SOURIAU (Paul), prof. à l'Univ. de Nancy. L'Esthétique du mouvement. 5 fr.

— * La suggestion dans l'art. 5 fr.

STUART MILL. * Mes Mémoires. Histoire de ma vie et de mes idées. 3ᵉ éd. 5 fr.

— * Système de logique déductive et inductive. 4ᵉ édit. 2 vol. 20 fr.

— * Essais sur la religion. 2ᵉ édit. 5 fr.

— Lettres inédites à Aug. Comte et réponses d'Aug. Comte, publiées et précédées d'une introduction par L. Lévy Bruhl. 1899. 10 fr.

SULLY (James). Le Pessimisme. Trad. Bertrand. 2ᵉ édit. 7 fr. 50

— Études sur l'enfance. Trad. A. Monod, préface de G. Compayré. 1898. 10 fr.

TARDE (G.). *La logique sociale. 2ᵉ édit. 1898. 7 fr. 50

— *Les lois de l'imitation. 2ᵉ édit. 1895. 7 fr. 50

— L'Opposition universelle. *Essai d'une théorie des contraires.* 1897. 7 fr. 50

THOMAS (P F.), docteur ès lettres. L'Éducation des sentiments. 1898. 5 fr.

THOUVEREZ (Émile), docteur ès lettres. Le Réalisme métaphysique. 1894. Couronné par l'Institut. 5 fr.

VACHEROT (Et.), de l'Institut. * Essais de philosophie critique. 7 fr. 50

— La Religion. 7 fr. 50

WUNDT. Eléments de psychologie physiologique. 2 vol. avec figures. 20 fr.

COLLECTION HISTORIQUE DES GRANDS PHILOSOPHES

PHILOSOPHIE ANCIENNE

ARISTOTE (Œuvres d'), traduction de J. Barthélemy-Saint-Hilaire, de l'Institut.
— *** Rhétorique**. 2 vol. in-8. 16 fr.
— *** Politique**. 1 vol. in-8... 10 fr.
— **La Métaphysique d'Aristote**. 3 vol. in-8 .... 30 fr.
— **De la Logique d'Aristote**, par M. Barthélemy-Saint-Hilaire. 2 vol. in-8 .... 10 fr.
— **Table alphabétique des matières de la traduction générale d'Aristote**, par M. Barthélemy-Saint-Hilaire, 2 forts vol. in-8. 1892 .... 30 fr.
— **L'Esthétique d'Aristote**, par M. Bénard. 1 vol. in-8. 1889. 5 fr.
SOCRATE. *** La Philosophie de Socrate**, par Alf. Fouillée. 2 vol. in-8 .... 16 fr.
— **Le Procès de Socrate**, par G. Sorel. 1 vol. in-8...... 3 fr. 50
PLATON. **Études sur la Dialectique dans Platon et dans Hegel**, par Paul Janet. 1 vol. in-8. 6 fr.
—*** Platon, sa philosophie**, sa vie et de ses œuvres, par Ch. Bénard. 1 vol. in-8. 1893....... 10 fr.
— **La Théorie platonicienne des Sciences**, par Élie Halévy. In-8. 1895.................. 5 fr.
PLATON. **Œuvres**, traduction Victor Cousin revue par J. Barthélemy-Saint-Hilaire : Socrate et Platon ou le Platonisme — Eutyphron — Apo-

logie de Socrate — Criton — Phédon. 1 vol. in-8. 1896. 7 fr. 50
ÉPICURE.*** La Morale d'Épicure et ses rapports avec les doctrines contemporaines**, par M. Guyau. 1 volume in-8. 3ᵉ édit...... 7 fr. 50
BÉNARD. **La Philosophie ancienne**, histoire de ses systèmes. *La Philosophie et la Sagesse orientales. — La Philosophie grecque avant Socrate. — Socrate et les socratiques. — Études sur les sophistes grecs.* 1 v. in-8.......... 9 fr.
FABRE (Joseph). * **Histoire de la philosophie, antiquité et moyen âge**. 1 vol. in-18. .... 3 fr. 50
FAVRE (Mᵐᵉ Jules), née Velten. **La Morale des stoïciens**. In-18. 3 fr. 50
— **La Morale de Socrate**. In-18. 3 fr. 50
— **La Morale d'Aristote**. In-18. 3 fr. 50
OGEREAU. **Système philosophique des stoïciens**. In-8..... 5 fr.
RODIER (G.). *** La Physique de Straton de Lampsaque**. In-8. 3 fr.
TANNERY (Paul), **Pour l'histoire de la science hellène** (de Thalès à Empédocle). 1 v. in-8. 1887.............. 7 fr. 50
MILHAUD (G.).*** Les origines de la science grecque**. 1 vol. in-8. 1893.................. 5 fr.

PHILOSOPHIE MODERNE

* DESCARTES, par L. Liard. 1 vol. in-8.................. 5 fr.
— **Essai sur l'Esthétique de Descartes**, par E. Krantz. 1 vol. in-8. 2ᵉ éd. 1897.......... 6 fr.
SPINOZA. **Benedicti de Spinoza opera**, quotquot reperta sunt, recognoverunt J. Van Vloten et J.-P.-N. Land. 2 forts vol. in-8 sur papier de Hollande.......... 45 fr.
Le même en 3 volumes élégamment reliés............ 18 fr.
— **Inventaire des livres formant sa bibliothèque**, publié d'après un document inédit avec des notes biographiques et bibliographi-

ques et une introduction par A.-J. Servaas van Rvoijen. 1 v. in-4 sur papier de Hollande....... 15 fr.
GEULINCK (Arnoldi). **Opera philosophica** recognovit J.-P.-N. Land, 3 volumes, sur papier de Hollande, gr. in-8. Chaque vol... 17 fr. 75
GASSENDI. **La Philosophie de Gassendi**, par P.-F. Thomas. In-8. 1889................... 6 fr.
LOCKE. *** Sa vie et ses œuvres**, par Marion. In-18. 3ᵉ éd... 2 fr. 50
MALEBRANCHE. *** La Philosophie de Malebranche**, par Ollé-Laprune, de l'Institut. 2 volumes. in-8................... 16 fr.

PASCAL. **Études sur le scepticisme de Pascal,** par DROZ. 1 vol. in-8............ 6 fr.

VOLTAIRE. **Les Sciences au XVIIIᵉ siècle.** Voltaire physicien, par Em. SAIGEY. 1 vol. in-8. 5 fr.

FRANCK (Ad.), de l'Institut. **La Philosophie mystique en France au XVIIIᵉ siècle.** 1 volume in-18............ 2 fr. 50

DAMIRON. **Mémoires pour servir à l'histoire de la philosophie au XVIIIᵉ siècle.** 3 vol. in-8. 15 fr.

J.-J. ROUSSEAU. **Du Contrat social,** édition comprenant avec le texte définitif les versions primitives de l'ouvrage d'après les manuscrits de Genève et de Neuchâtel, avec introduction, par EDMOND DREYFUS-BRISAC. 1 fort volume grand in-8. 12 fr.

PHILOSOPHIE ÉCOSSAISE

DUGALD STEWART. *****Éléments de la philosophie de l'esprit humain.** 3 vol. in-12..... 9 fr.

HUME. *****Sa vie et sa philosophie,** par Th. HUXLEY. 1 vol. in-8. 5 fr.

BACON. **Étude sur François Bacon,** par J. BARTHÉLEMY-SAINT-HILAIRE. In-18........ 2 fr. 50

BACON. *****Philosophie de François Bacon,** par CH. ADAM. (Couronné par l'Institut). In-8..... 7 fr. 50

BERKELEY. **Œuvres choisies.** *Essai d'une nouvelle théorie de la vision. Dialogues d'Hylas et de Philonoüs.* Traduit de l'anglais par MM. BEAULAVON (G.) et PARODI (D.). In-8. 1895............ 5 fr.

PHILOSOPHIE ALLEMANDE

KANT. **La Critique de la raison pratique,** traduction nouvelle avec introduction et notes, par M. PICAVET. 1 vol. in-8........ 6 fr.

— **Éclaircissements sur la Critique de la raison pure,** trad. TISSOT. 1 vol. in-8....... 6 fr.

— *****Principes métaphysiques de la morale,** et *Fondements de la métaphysique des mœurs,* traduct. TISSOT. In-8............. 8 fr.

— **Doctrine de la vertu,** traduction BARNI. 1 vol. in-8........ 8 fr.

— *****Mélanges de logique,** traduction TISSOT. 1 v. in-8..... 6 fr.

— *****Prolégomènes à toute métaphysique future** qui se présentera comme science, traduction TISSOT. 1 vol. in-8........ 6 fr.

— *****Anthropologie,** suivie de divers fragments relatifs aux rapports du physique et du moral de l'homme, et du commerce des esprits d'un monde à l'autre, traduction TISSOT. 1 vol. in-8....... 6 fr.

— **Traité de pédagogie,** trad. J. BARNI; préface et notes par M. Raymond THAMIN. 1 vol. in-12. 1 fr. 50

— **Essai critique sur l'Esthétique de Kant,** par V. BASCH. 1 vol. in-8. 1896....... 10 fr.

— **Sa morale,** par CRESSON. 1 vol. in-12.............. 2 fr. 50

KANT et FICHTE **et le problème de l'éducation,** par PAUL DUPROIX. 1 vol. in-8. 1897....... 5 fr.

SCHELLING. **Bruno,** ou du principe divin. 1 vol. in-8....... 3 fr. 50

HEGEL. *****Logique.** 2 vol. in-8. 14 fr.

— *****Philosophie de la nature.** 3 vol. in-8............. 25 fr.

— *****Philosophie de l'esprit.** 2 vol. in-8................. 18 fr.

— *****Philosophie de la religion.** 2 vol. in-8............ 20 fr.

— **La Poétique,** trad. par M. Ch. BÉNARD. Extraits de Schiller, Gœthe, Jean-Paul, etc., 2 v. in-8. 12 fr.

— **Esthétique.** 2 vol. in-8, trad. BÉNARD................ 16 fr.

— **Antécédents de l'hégélianisme dans la philosophie française,** par E. BEAUSSIRE. 1 vol. in-18.......... 2 fr. 50

— **Introduction à la philosophie de Hegel,** par VÉRA. 1 vol. in-8. 2ᵉ édit............... 6 fr. 50

— **La logique de Hegel,** par EUG. NOEL. In-8. 1897........ 3 fr.

HERBART. **Principales œuvres pédagogiques,** trad. A. PINLOCHE. In-8. 1894.......... 7 fr. 50

HUMBOLDT (G. de). **Essai sur les limites de l'action de l'État.** in-8............... 3 fr. 50

MAUXION (M.). **La métaphysique de Herbart et la critique de Kant.** 1 vol. in-8..... 7 fr. 50

RICHTER (Jean-Paul-Fr.). **Poétique ou Introduction à l'Esthétique.** 2 vol. in-8. 1862....... 15 fr.

SCHILLER. **Son esthétique,** par Fr. MONTARGIS. In-8..... 4 fr.

PHILOSOPHIE ANGLAISE CONTEMPORAINE

(Voir *Bibliothèque de philosophie contemporaine*, pages 2 et 5.)

ARNOLD (Matt.). — BAIN (Alex). — CARRAU (Lud.). — CLAY (R.). — COLLINS (H.). — CARUS. — FERRI (L.). — FLINT. — GUYAU. — GURNEY, MYERS et PODMOR. — HERBERT-SPENCER. — HUXLEY. — LIARD. — LANG, — LUBBOCK (Sir John). — LYON (Georges). — MARION. — MAUDSLEY. — STUART-MILL (JOHN). — ROMANES. — SULLY (James).

PHILOSOPHIE ALLEMANDE CONTEMPORAINE

(Voir *Bibliothèque de philosophie contemporaine*, pages 2 et 5.)

BOUGLÉ — HARTMANN (E. de). — NORDAU (Max). — NIETZSCHE. — OLDENBERG. — PIDERIT. — PREYER. — RIBOT (Th.). — SCHMIDT (O.). — SCHOEBEL. — SCHOPENHAUER. — SELDEN (C.). — STRICKER. — WUNDT. — ZELLER. — ZIEGLER.

PHILOSOPHIE ITALIENNE CONTEMPORAINE

(Voir *Bibliothèque de philosophie contemporaine*, pages 2 et 5.)

ESPINAS. — FERRERO. — FERRI (Enrico). — FERRI (L.). — GAROFALO. — LÉOPARDI. — LOMBROSO. — LOMBROSO et FERRERO. — LOMBROSO et LASCHI. — MARIANO. — MOSSO. — PILO (Marco). — SERGI. — SIGHELE.

LES GRANDS PHILOSOPHES
Publié sous la direction de M. l'Abbé PIAT

Sous ce titre, M. L'ABBÉ PIAT, agrégé de philosophie, docteur ès lettres, professeur à l'Ecole des Carmes, va publier, avec la collaboration de savants et de philosophes connus, une série d'études consacrées aux grands philosophes : *Socrate, Platon, Aristote, Philon, Plotin* et *Saint Augustin; Saint Anselme, Saint Bonaventure, Saint Thomas d'Aquin* et *Dunsscot, Malebranche, Pascal, Spinoza, Leibniz, Kant, Hégel, Herbert Spencer,* etc.

Chaque étude formera un volume in-8º carré de 300 pages environ, du prix de 5 francs.

PARAITRONT DANS LE COURANT DE L'ANNÉE 1899 :

Avicenne, par le baron CARRA DE VAUX.

Saint Anselme, par M. DOMET DE VORGES, ancien ministre plénipotentiaire.

Socrate, par M. l'abbé PIAT.

Saint Augustin, par M. l'abbé JULES MARTIN.

Descartes, par M. le baron Denys COCHIN, député de Paris.

Saint Thomas d'Aquin, par Mgr MERCIER, directeur de l'Institut supérieur de philosophie de l'Université de Louvain, et par M. DE WULF, professeur au même Institut.

Malebranche, par M. Henri JOLY, ancien doyen de la Faculté des lettres de Dijon.

Saint Bonaventure, par Mgr DADOLLE, recteur des Facultés libres de Lyon.

Maine de Biran, par M. Marius COUAILHAC, docteur ès lettres.

Rosmini, par M. BAZAILLAS, agrégé de l'Université, professeur au collège Stanislas.

Pascal, par M. HATZFELD, professeur honoraire au lycée Louis-le-Grand.

Kant, par M. RUYSSEN, agrégé de l'Université, professeur au lycée de La Rochelle.

Spinoza, par M. G. FONSEGRIVE, professeur au lycée Buffon.

Dunsscot, par le R. P. DAVID FLEMING, définiteur général de l'ordre des Franciscains.

BIBLIOTHÈQUE GÉNÉRALE
DES
SCIENCES SOCIALES

SECRÉTAIRE DE LA RÉDACTION :

DICK MAY, Secrétaire général du Collège libre des Sciences sociales.

L'éditeur de la *Bibliothèque de philosophie contemporaine* a toujours réservé dans cette collection une place à la science sociale : les rapports de celle-ci avec la psychologie des peuples et avec la morale justifient ce classement et, à ces titres divers, elle intéresse les philosophes.

Mais, depuis plusieurs années, le cercle des études sociales s'est élargi ; elles sont sorties du domaine de l'observation pour entrer dans celui des applications pratiques et de l'histoire, qui s'adressent à un plus nombreux public.

Aussi ont-elles pris leur place dans le haut enseignement ; elles ont leurs représentants dans les Facultés des lettres et de droit, au Collège de France, à l'École libre des sciences politiques. La récente fondation du *Collège libre des sciences sociales* a montré la diversité et l'utilité des questions qui font partie de leur domaine ; les nombreux auditeurs qui en suivent les cours et conférences prouvent par leur présence que cette nouvelle institution répond à un besoin de curiosité générale.

C'est pour répondre à ce même besoin que l'éditeur de la *Bibliothèque de philosophie contemporaine* fonde la *Bibliothèque générale des sciences sociales*. Les premiers volumes de cette *Bibliothèque* seront la reproduction des leçons professées dans ces deux dernières années au Collège libre. La collaboration de son distingué secrétaire général assure à la *Bibliothèque* la continuation du concours de ses professeurs et conférenciers.

La *Bibliothèque générale des sciences sociales* sera d'ailleurs ouverte à tous les travaux intéressants, quelles que soient les opinions des sociologues qui leur apporteront leur concours, et l'école à laquelle ils appartiendront.

Les volumes, dont les titres suivent, seront publiés dans le courant de l'année 1898, les trois premiers devant paraître aux mois de mars et avril prochains :

VOLUMES PUBLIÉS :

L'individualisation de la peine, par R. SALEILLES, professeur agrégé à la Faculté de droit de l'Université de Paris.

L'idéalisme social, par Eugène FOURNIÈRE, député, professeur au Collège libre des sciences sociales.

Ouvriers du temps passé (XVᵉ et XVIᵉ siècles), par H. HAUSER, professeur à l'Université de Clermont-Ferrand.

Chaque volume in-8° carré de 300 pages environ, cartonné à l'anglaise..... 6 fr.

EN PRÉPARATION :

La méthode historique appliquée aux sciences sociales, par Charles SEIGNOBOS, maître de conférences à la Faculté des lettres de l'Université de Paris.

La formation de la démocratie socialiste en France, par Albert MÉTIN, agrégé de l'Université.

Le mouvement social catholique depuis l'encyclique *Rerum novarum,* par Max TURMANN.

La méthode géographique appliquée aux sciences sociales, par Jean BRUNHES, professeur à l'Université de Fribourg (Suisse).

Les Bourses, par THALLER, professeur à la Faculté de droit de l'Université de Paris.

La décomposition du Marxisme, par Ch. ANDLER, maître de conférences à l'École normale supérieure.

La statique sociale, par le Dʳ DELBET, député, directeur du Collège libre des sciences sociales.

Le monisme économique (sociologie marxiste), par DE KELLÈS-KRAUZ.

L'organisation industrielle moderne. Ses caractères, son développement, par Maurice DUFOURMENTELLE.

Précis d'économie sociale. *Le Play et la méthode d'observation,* par Alexis DELAIRE, secrétaire général de la Société d'économie sociale.

Les enquêtes (théorie et pratique), par M. P. DU MAROUSSEM, docteur en droit.

BIBLIOTHÈQUE
D'HISTOIRE CONTEMPORAINE

Volumes in-12 brochés à 3 fr. 50. — Volumes in-8 brochés de divers prix

Cartonnage anglais, 50 cent. par vol. in-12; 1 fr. par vol. in-8.

Demi-reliure, 1 fr. 50 par vol. in-12; 2 fr. par vol. in-8.

EUROPE

SYBEL (H. de). * **Histoire de l'Europe pendant la Révolution française,** traduit de l'allemand par Mlle DOSQUET. Ouvrage complet en 6 vol. in-8. 42 fr.

DEBIDOUR, *inspecteur général de l'Instruction publique.* * **Histoire diplomatique de l'Europe, de 1815 à 1878. 2 vol. in-8.** (Ouvrage couronné par l'Institut.) 18 fr.

FRANCE

AULARD, *professeur à la Sorbonne.* * **Le Culte de la Raison et le Culte de l'Être suprême,** étude historique (1793-1794). 1 vol. in-12. 3 fr. 50

— * **Études et leçons sur la Révolution française. 2 vol. in-12.** Chacun. 3 fr. 50

DESPOIS (Eug.). * **Le Vandalisme révolutionnaire.** Fondations littéraires, scientifiques et artistiques de la Convention. 4ᵉ édition, précédée d'une notice sur l'auteur par M. Charles BIGOT. 1 vol. in-12. 3 fr. 50

DEBIDOUR, *inspecteur général de l'instruction publique.* **Histoire des rapports de l'Église et de l'État en France (1789-1870). 1 fort vol. in-8. 1898.** 12 fr.

ISAMBERT (G.). * **La vie à Paris pendant une année de la Révolution (1791-1792). 1 vol. in-12. 1896.** 3 fr. 50

MARCELLIN PELLET, ancien député. **Variétés révolutionnaires. 3 vol. in-12,** précédés d'une préface de A. RANC. Chaque vol. séparém. 3 fr. 50

BONDOIS (P.), agrégé de l'Université. * **Napoléon et la société de son temps (1793-1821). 1 vol. in-8.** 7 fr.

CARNOT (H.), sénateur. * **La Révolution française,** résumé historique. 1 volume in-12. Nouvelle édit. 3 fr. 50

BLANC (Louis). * **Histoire de Dix ans (1830-1840). 5 vol. in-8.** 25 fr.

— 25 pl. en taille-douce. Illustrations pour l'*Histoire de Dix ans.* 6 fr.

ÉLIAS REGNAULT. **Histoire de Huit ans (1840-1848). 3 vol. in-8.** 15 fr.

— 14 planches en taille-douce. Illustrations pour l'*Histoire de Huit ans.* 4 fr.

GAFFAREL (P.), professeur à l'Université de Dijon. * **Les Colonies françaises. 1 vol. in-8. 5ᵉ édit.** 5 fr.

LAUGEL (A.). * **La France politique et sociale. 1 vol. in-8.** 5 fr.

ROCHAU (de). **Histoire de la Restauration. 1 vol. in-12.** 3 fr. 50

SPULLER (E.), ancien ministre de l'Instruction publique. * **Figures disparues,** portraits contemp., littér. et politiq. 3 vol. in-12. Chacun. 3 fr. 50

— **Histoire parlementaire de la deuxième République. 1 volume in-12.** 2ᵉ édit. 3 fr. 50

— **Hommes et choses de la Révolution. 1 vol. in-12. 1896.** 3 fr. 50

TAXILE DELORD. * **Histoire du second Empire (1848-1870). 6 v. in-8.** 42 fr.

ZEVORT (E.), recteur de l'Académie de Caen. **Histoire de la troisième République:**

    Tome I. * **La présidence de M. Thiers** 1 vol. in-8. 1896. 7 fr.

    Tome II. * **La présidence du Maréchal.** 1 vol. in-8. 1897. 7 fr.

    Tome III. **La présidence de Jules Grévy.** 1 vol. in-8. 7 fr.

    Tome IV. **La présidence de Sadi-Carnot.** 1 vol. in-8. (*Sous presse.*) 7 fr.

WAHL, inspecteur général honoraire de l'Instruction aux colonies. * **L'Algérie.** 1 vol. in-8. 3° édit. refondue. (Ouvrage couronné par l'Institut.) **5 fr.**

LANESSAN (de). **L'Expansion coloniale de la France.** Étude économique, politique et géographique sur les établissements français d'outre-mer. 1 fort vol. in-8, avec cartes. 1886. **12 fr.**

— ***L'Indo-Chine française.** Étude économique, politique et administrative sur *la Cochinchine, le Cambodge, l'Annam et le Tonkin.* (Ouvrage couronné par la Société de géographie commerciale de Paris, médaille Dupleix.) 1 vol. in-8, avec 5 cartes en couleurs hors texte. **15 fr.**

— * **La colonisation française en Indo-Chine.** 1 vol. in-12, avec une carte de l'Indo-Chine. 1895. **3 fr. 50**

LAPIE (P.), agrégé de l'Université. **Les Civilisations tunisiennes** (Musulmans, Israélites, Européens). 1 v. in-12. 1898. (Couronné par l'Académie française.) **3 fr. 50**

SILVESTRE (J.). **L'Empire d'Annam et les Annamites,** publié sous les auspices de l'administration des colonies. 1 v. in-12, avec 1 carte de l'Annam. 3 fr. 50

WEILL (Georges), agrégé de l'Université, docteur ès lettres. **L'École saint-simonienne,** son histoire, son influence jusqu'à nos jours. 1 vol. in-12. 1896. **3 fr. 50**

ANGLETERRE

LAUGEL (Aug.). * **Lord Palmerston et lord Russell.** 1 vol. in-12. 3 fr. 50

SIR CORNEWAL LEWIS. * **Histoire gouvernementale de l'Angleterre depuis 1770 jusqu'à 1830.** Traduit de l'anglais. 1 vol. in-8. **7 fr.**

REYNALD (H.), doyen de la Faculté des lettres d'Aix. * **Histoire de l'Angleterre,** depuis la reine Anne jusqu'à nos jours. 1 vol. in-12. 2° éd. 3 fr. 50

MÉTIN (Albert). **Le Socialisme en Angleterre.** 1 vol. in-12. 1897. 3 fr. 50

ALLEMAGNE

VÉRON (Eug.). * **Histoire de la Prusse,** depuis la mort de Frédéric II jusqu'à la bataille de Sadowa. 1 vol. in-12. 6° édit., augmentée d'un chapitre nouveau contenant le résumé des événements jusqu'à nos jours, par P. BONDOIS, professeur agrégé d'histoire au lycée Buffon. **3 fr. 50**

— * **Histoire de l'Allemagne,** depuis la bataille de Sadowa jusqu'à nos jours. 1 vol. in-12. 3° éd., mise au courant des événements par P. BONDOIS. 3 fr. 50

ANDLER (Ch.), maître de conférences à l'École normale. **Les origines du socialisme d'état en Allemagne.** 1 vol. in-8. 1897. **7 fr.**

AUTRICHE-HONGRIE

ASSELINE (L.). * **Histoire de l'Autriche,** depuis la mort de Marie-Thérèse jusqu'à nos jours. 1 vol. in-12. 3° édit. **3 fr. 50**

SAYOUS (Ed.), professeur à la Faculté des lettres de Toulouse. **Histoire des Hongrois** et de leur littérature politique, de 1790 à 1815. 1 vol. in-18. 3 fr. 50

BOUHLIER (J.). * **Les Tchèques et la Bohème contemporaine,** avec préface de M. FLOURENS, ancien ministre des Affaires étrangères. 1 vol. in-12. 1897. **3 fr. 50**

AUERBACH, professeur à la Faculté des lettres de Nancy. **Les races et les nationalités en Autriche-Hongrie.** 1 vol. in-8, avec une carte hors texte. 1898. **5 fr.**

ITALIE

SORIN (Élie). * **Histoire de l'Italie,** depuis 1815 jusqu'à la mort de Victor-Emmanuel. 1 vol. in-12. 1888. **3 fr. 50**

GAFFAREL (P.), professeur à la Faculté des lettres de Dijon. * **Bonaparte et les Républiques italiennes** (1796-1799). 1895. 1 vol. in-8. **5 fr.**

ESPAGNE

REYNALD (H.). * **Histoire de l'Espagne,** depuis la mort de Charles III jusqu'à nos jours. 1 vol. in-12. **3 fr. 50**

RUSSIE

CRÉHANGE (M.), agrégé de l'Université. *Histoire contemporaine de la Russie, depuis la mort de Paul Ier jusqu'à l'avènement de Nicolas II (1801-1894). 1 vol. in-12. 2e édit. 1895.   3 fr. 50

SUISSE

DAENDLIKER. *Histoire du peuple suisse. Trad. de l'allem. par Mme Jules FAVRE et précédé d'une Introduction de Jules FAVRE. 1 vol. in-8.   5 fr.

GRÈCE & TURQUIE

BÉRARD (V.), docteur ès lettres. * La Turquie et l'Hellénisme contemporain. (Ouvrage cour. par l'Acad. française). 1 v. in-12. 2e éd. 1895. 3 fr. 50

AMÉRIQUE

DEBERLE (Alf.). * Histoire de l'Amérique du Sud, depuis sa conquête jusqu'à nos jours. 1 vol. in-12. 3e édit., revue par A. MILHAUD, agrégé de l'Université.   3 fr. 50

BARNI (Jules). * Histoire des idées morales et politiques en France au XVIIIe siècle. 2 vol. in-12. Chaque volume.   3 fr. 50
— * Les Moralistes français au XVIIIe siècle. 1 vol. in-12 faisant suite aux deux précédents.   3 fr. 50
BEAUSSIRE (Émile), de l'Institut. La Guerre étrangère et la Guerre civile. 1 vol. in-12.   3 fr. 50
BOURDEAU (J.). *Le Socialisme allemand et le Nihilisme russe. 1 vol. in-12. 2e édit. 1894.   3 fr. 50
D'EICHTHAL (Eug.). Souveraineté du peuple et gouvernement. 1 vol. in-12. 1895.   3 fr. 50
DEPASSE (Hector). Transformations sociales. 1894. 1 vol. in-12.   3 fr. 50
— Du Travail et de ses conditions (Chambres et Conseils du travail). 1 vol. in-12. 1895.   3 fr. 50
DRIAULT (E.). La question d'Orient, préface de G. MONOD, de l'Institut 1 vol. in-8. 1898.   7 fr.
GUÉROULT (G.). * Le Centenaire de 1789, évolution polit., philos., artist. et scient. de l'Europe depuis cent ans. 1 vol. in-12. 1889.   3 fr. 50
LAVELEYE (E. de), correspondant de l'Institut. Le Socialisme contemporain. 1 vol. in-12. 10e édit. augmentée.   3 fr. 50
LICHTENBERGER (A). Le Socialisme utopique, étude sur quelques précurseurs du Socialisme. 1 vol. in-12. 1898.   3 fr. 50
— Le Socialisme et la Révolution française. 1 vol. in-8.   5 fr.
MATTER (P.). La dissolution des assemblées parlementaires, étude de droit public et d'histoire. 1 vol. in-8. 1898.   5 fr.
REINACH (Joseph). Pages républicaines. 1894. 1 vol. in-12.   3 fr. 50
SPULLER (E.).* Éducation de la démocratie. 1 vol. in-12. 1892.   3 fr. 50
— L'Évolution politique et sociale de l'Église. 1 vol. in-12. 1893. 3 fr. 50

BIBLIOTHÈQUE HISTORIQUE ET POLITIQUE

DESCHANEL (E.), sénateur, professeur au Collège de France. * Le Peuple et la Bourgeoisie. 1 vol. in-8. 2e édit.   5 fr.
DU CASSE. Les Rois frères de Napoléon Ier. 1 vol. in-8.   10 fr.
LOUIS BLANC. Discours politiques (1848-1881). 1 vol. in-8.   7 fr. 50
PHILIPPSON. La Contre-révolution religieuse au XVIe siècle. 1 vol. in-8.   10 fr.
HENRARD (P.). Henri IV et la princesse de Condé. 1 vol. in-8. 6 fr.
NOVICOW. La Politique internationale. 1 fort vol. in-8.   7 fr.
REINACH (Joseph). * La France et l'Italie devant l'histoire. 1 vol. in-8. 1893.   5 fr.
LORIA (A.). Les Bases économiques de la constitution sociale. 1 vol. in-8. 1893.   7 fr. 50

BIBLIOTHÈQUE DE LA FACULTÉ DES LETTRES DE L'UNIVERSITÉ DE PARIS

De l'authenticité des épigrammes de Simonide, par AM. HAUVETTE, professeur adjoint. 1 vol. in-8. 5 fr.

* **Antinomies linguistiques**, par VICTOR HENRY, professeur à la Faculté. 1 vol. in-8. 2 fr.

Mélanges d'histoire du moyen âge, par MM. le Prof. LUCHAIRE, DUPONT, FERRIER et POUPARDIN. 1 vol. in-8. 3 fr. 50

Études linguistiques sur la Basse-Auvergne, phonétique historique du patois de Vinzelles (Puy-de-Dôme), par ALBERT DAUZAT, préface de M. le Prof. ANT. THOMAS. 1 vol. in-8. 6 fr.

De la flexion dans Lucrèce, par A. CARTAULT, professeur à la Faculté. 1 vol. in-8. 4 fr.

Le treize vendémiaire an IV, par HENRY ZIVY. 1 vol. in-8, avec 2 pl. hors texte. 4 fr.

TRAVAUX DE L'UNIVERSITÉ DE LILLE

PAUL FABRE. **La polyptyque du chanoine Benoît — Étude sur un manuscrit de la bibliothèque de Cambrai.** 3 fr. 50

MÉDÉRIC DUFOUR. **Sur la constitution rythmique et métrique du drame grec.** 1re série, 4 fr.; 2e série, 2 fr. 50; 3e série, 2 fr. 50.

A. PINLOCHE. * **Principales œuvres de Herbart.** (Pédagogie générale. — Esquisse de leçons pédagogiques. — Aphorismes et extraits divers). 7 fr. 50

A. PENJON. **Pensée et réalité**, de A. SPIR, trad. de l'allem. in-8°. 10 fr.

ANNALES DE L'UNIVERSITÉ DE LYON

Lettres intimes de J.-M. Alberoni adressées au comte J. Rocca, ministre des finances du duc de Parme, par Émile BOURGEOIS, maître de conférences à l'École normale. 1 vol. in-8. 10 fr.

Sur l'hypothèse des atomes dans la science contemporaine, par Arthur HANNEQUIN, professeur à la Faculté des lettres. 1 v. in-8. 7 fr. 50

Saint Ambroise et la morale chrétienne au IVe siècle, par Raymond THAMIN, professeur au lycée Condorcet. 1 vol. in-8. 7 fr. 50

La république des Provinces-Unies, la France et les Pays-Bas espagnols, de 1630 à 1650, par A. WADDINGTON, professeur à la Faculté des lettres.

TOME I (1630-42). 1 vol. in-8. 6 fr. — TOME II (1642-50). 1 vol. in-8. 6 fr.

Le Vivarais, essai de géographie régionale, par BURDIN. 1 vol. in-8. 1898. 6 fr.

PUBLICATIONS HISTORIQUES ILLUSTRÉES

* **HISTOIRE ILLUSTRÉE DU SECOND EMPIRE**, par Taxile DELORD. 6 vol. in-8 colombier avec 500 gravures de FERAT, Fr. REGAMEY, etc. Chaque vol. broché, 8 fr. — Cart. doré, tr. dorées. 11 fr. 50

HISTOIRE POPULAIRE DE LA FRANCE, depuis les origines jusqu'en 1815. — 4 vol. in-8 colombier avec 1323 gravures. Chaque vol. broché, 7 fr. 50. — Cart. toile, tr. dorées. 11 fr.

*De Saint-Louis à Tripoli
Par le Lac Tchad

Par le Lieutenant-Colonel MONTEIL

1 beau volume in-8 colombier, précédé d'une préface de M. de Vogüé, de l'Académie française, illustrations de RIOU. 1895. 20 fr.

Ouvrage couronné par l'Académie française (Prix Montyon)

RECUEIL DES INSTRUCTIONS

DONNÉES

AUX AMBASSADEURS ET MINISTRES DE FRANCE

DEPUIS LES TRAITÉS DE WESTPHALIE JUSQU'A LA RÉVOLUTION FRANÇAISE

Publié sous les auspices de la Commission des archives diplomatiques
au Ministère des Affaires étrangères.

Beaux volumes in-8 raisin, imprimés sur papier de Hollande,
avec Introduction et notes.

I. — **AUTRICHE**, par M. Albert SOREL, de l'Académie française.   **20 fr·**
II. — **SUÈDE**, par M. A. GEFFROY, de l'Institut..............   **20 fr.**
III. — **PORTUGAL**, par le vicomte DE CAIX DE SAINT-AYMOUR.....   **20 fr.**
IV et V. — **POLOGNE**, par M. LOUIS FARGES, 2 vol.............   **30 fr.**
VI. — **ROME**, par M. G. HANOTAUX, de l'Académie française.....   **20 fr.**
VII. — **BAVIÈRE, PALATINAT ET DEUX-PONTS**, par M. André LEBON.   **25 fr.**
VIII et IX. — **RUSSIE**, par M. Alfred RAMBAUD, de l'Institut. 2 vol.
Le 1er vol. 20 fr. Le second vol..................   **25 fr.**
X. — **NAPLES ET PARME**, par M. Joseph REINACH..............   **20 fr.**
XI. — **ESPAGNE (1649-1750)**, par MM. MOREL-FATIO et LÉONARDON
(tome I) ....   **20 fr.**
XII et XII *bis*. — **ESPAGNE (1750-1789)** (t. II et III), par les mêmes (*sous presse*).
XIII. — **DANEMARK**, par A. GEFFROY, de l'Institut..............   **14 fr.**
XIV et XV. — **SAVOIE-MANTOUE**, par M. HORRIC de BEAUCAIRE (*sous presse*).

---

*INVENTAIRE ANALYTIQUE

DES

ARCHIVES DU MINISTÈRE DES AFFAIRES ÉTRANGÈRES

PUBLIÉ

Sous les auspices de la Commission des archives diplomatiques

I. — **Correspondance politique de MM. de CASTILLON et de
MARILLAC, ambassadeurs de France en Angleterre (1588-
1540)**, par M. JEAN KAULEK, avec la collaboration de MM. Louis Farges
et Germain Lefèvre-Pontalis. 1 vol. in-8 raisin.............. **15 fr.**

II. — **Papiers de BARTHÉLEMY, ambassadeur de France en
Suisse, de 1792 à 1797 (année 1792)**, par M. Jean KAULEK. 1 vol.
in-8 raisin..................................... **15 fr.**

III. — **Papiers de BARTHÉLEMY (janvier-août 1793)**, par M. JEAN
KAULEK. 1 vol. in-8 raisin................................ **15 fr.**

IV. — **Correspondance politique de ODET DE SELVE, ambassadeur de France en Angleterre (1546-1549)**, par M. G. LEFÈVRE-
PONTALIS. 1 vol. in-8 raisin .... **15 fr.**

V. — **Papiers de BARTHÉLEMY (septembre 1793 à mars 1794)**, par
M. Jean KAULEK. 1 vol. in-8 raisin................... **18 fr.**

VI. — **Papiers de BARTHÉLEMY (avril 1794 à février 1795)**, par
M. JEAN KAULEK. 1 vol. in-8 raisin .... **20 fr.**

VII. — **Papiers de BARTHÉLEMY (mars 1795 à septembre 1796)**.
Négociations de la paix de Bâle, par M. Jean KAULEK. 1 volume in-8
raisin.................................... **20 fr.**

**Correspondance des Deys d'Alger avec la Cour de France
(1579-1833)**, recueillie par Eug. PLANTET, attaché au Ministère des Affaires
étrangères. 2 vol. in-8 raisin avec 2 planches en taille-douce hors texte.   **30 fr.**

**Correspondance des Beys de Tunis et des Consuls de France avec
la Cour (1577-1830)**, recueillie par Eug. PLANTET, publiée sous les auspices
du Ministère des Affaires étrangères. TOME I. In-8 raisin. (*Épuisé.*)
TOME II. 1 fort vol. in-8 raisin.............................   **20 fr.**
TOME III. 1 fort vol. in-8 raisin (*sous presse*).

BIBLIOTHÈQUE SCIENTIFIQUE
INTERNATIONALE
Publiée sous la direction de M. Émile ALGLAVE

La *Bibliothèque scientifique internationale* est une œuvre dirigée par les auteurs mêmes, en vue des intérêts de la science, pour la populariser sous toutes ses formes, et faire connaître immédiatement dans le monde entier les idées originales, les directions nouvelles, les découvertes importantes qui se font chaque jour dans tous les pays. Chaque savant expose les idées qu'il a introduites dans la science et condense pour ainsi dire ses doctrines les plus originales.

On peut ainsi, sans quitter la France, assister et participer au mouvement des esprits en Angleterre, en Allemagne, en Amérique, en Italie, tout aussi bien que les savants mêmes de chacun de ces pays.

La *Bibliothèque scientifique internationale* ne comprend pas seulement des ouvrages consacrés aux sciences physiques et naturelles ; elle aborde aussi les sciences morales, comme la philosophie, l'histoire, la politique et l'économie sociale, la haute législation, etc. ; mais les livres traitant des sujets de ce genre se rattachent encore aux sciences naturelles, en leur empruntant les méthodes d'observation et d'expérience qui les ont rendues si fécondes depuis deux siècles.

Cette collection paraît à la fois en français et en anglais : à Paris, chez Félix Alcan ; à Londres, chez C. Kegan, Paul et Cⁱᵉ ; à New-York, chez Appleton.

LISTE DES OUVRAGES PAR ORDRE D'APPARITION
91 VOLUMES IN-8, CARTONNÉS A L'ANGLAISE. CHAQUE VOLUME : 6 FRANCS.

1. J. TYNDALL. * **Les Glaciers et les Transformations de l'eau**, avec figures. 1 vol. in-8. 6ᵉ édition. 6 fr.
2. BAGEHOT. * **Lois scientifiques du développement des nations** dans leurs rapports avec les principes de la sélection naturelle et de l'hérédité. 1 vol. in-8. 5ᵉ édition. 6 fr.
3. MAREY. * **La Machine animale**, locomotion terrestre et aérienne, avec de nombreuses fig. 1 vol. in-8. 5ᵉ édit. augmentée. 6 fr.
4. BAIN. * **L'Esprit et le Corps.** 1 vol. in-8. 6ᵉ édition. 6 fr.
5. PETTIGREW. * **La Locomotion chez les animaux**, marche, natation. 1 vol. in-8, avec figures. 2ᵉ édit. 6 fr.
6. HERBERT SPENCER. * **La Science sociale.** 1 v. in-8. 12ᵉ édit. 6 fr.
7. SCHMIDT (O.). * **La Descendance de l'homme et le Darwinisme.** 1 vol. in-8, avec fig. 6ᵉ édition. 6 fr.
8. MAUDSLEY. * **Le Crime et la Folie.** 1 vol. in-8. 6ᵉ édit. 6 fr.
9. VAN BENEDEN. * **Les Commensaux et les Parasites dans le règne animal.** 1 vol. in-8, avec figures. 3ᵉ édit. 6 fr.
10. BALFOUR STEWART. * **La Conservation de l'énergie**, suivi d'une Étude sur la *nature de la force*, par M. P. de SAINT-ROBERT, avec figures. 1 vol. in-8. 5ᵉ édition. 6 fr.
11. DRAPER. **Les Conflits de la science et de la religion.** 1 vol. in-8. 9ᵉ édition. 6 fr.
12. L. DUMONT. * **Théorie scientifique de la sensibilité.** 1 vol. in-8. 4ᵉ édition. 6 fr.
13. SCHUTZENBERGER. * **Les Fermentations.** 1 vol. in-8, avec fig. 6ᵉ édit. 6 fr.
14. WHITNEY. * **La Vie du langage.** 1 vol. in-8. 4ᵉ édit. 6 fr.
15. COOKE et BERKELEY. * **Les Champignons.** 1 vol. in-8, avec figures. 4ᵉ édition. 3 fr.
16. BERNSTEIN. * **Les Sens.** 1 vol. in-8, avec 91 fig. 5ᵉ édit. 6 fr.

17. BERTHELOT. **La Synthèse chimique. 1 vol. in-8, 8ᵉ édit.**   6 fr.
18. NIEWENGLOWSKI (H.). **La photographie et la photochimie.** 1 vol. in-8, avec gravures et une planche hors texte.   6 fr.
19. LUYS. **Le Cerveau et ses fonctions**, avec figures. 1 vol. in-8, 7ᵉ édition.   6 fr.
20. STANLEY JEVONS. **La Monnaie et le Mécanisme de l'échange.** 1 vol. in-8. 5ᵉ édition.   6 fr.
21. FUCHS. **Les Volcans et les Tremblements de terre. 1 vol. in-8,** avec figures et une carte en couleur. 5ᵉ édition.   6 fr.
22. GÉNÉRAL BRIALMONT. **Les Camps retranchés et leur rôle dans la défense des États,** avec fig. dans le texte et 2 planches hors texte. 3ᵉ édit.   6 fr.
23. DE QUATREFAGES. **L'Espèce humaine. 1 v. in-8. 12ᵉ édit.**   6 fr.
24. BLASERNA et HELMHOLTZ. **Le Son et la Musique. 1 vol. in-8,** avec figures. 5ᵉ édition.   6 fr.
25. ROSENTHAL. **Les Nerfs et les Muscles. 1 vol. in-8, avec 75 figures. 3ᵉ édition. *Épuisé.***
26. BRUCKE et HELMHOLTZ. **Principes scientifiques des beaux-arts. 1 vol. in-8, avec 39 figures. 4ᵉ édition.**   6 fr.
27. WURTZ. **La Théorie atomique. 1 vol. in-8. 8ᵉ édition.**   6 fr.
28-29. SECCHI (le père). **Les Étoiles. 2 vol. in-8, avec 63 figures dans le** texte et 17 pl. en noir et en couleur hors texte. 3ᵉ édit.   12 fr.
30. JOLY. **L'Homme avant les métaux. 1 vol. in-8, avec figures. 4ᵉ édi-**tion.   6 fr.
31. A. BAIN. **La Science de l'éducation. 1 vol. in-8. 8ᵉ édit.**   6 fr.
32-33. THURSTON (R.). **Histoire de la machine à vapeur,** précédée d'une Introduction par M. HIRSCH. 2 vol. in-8, avec 140 figures dans le texte et 16 planches hors texte. 3ᵉ édition.   12 fr.
34. HARTMANN (R.). **Les Peuples de l'Afrique.** 1 vol. in-8, avec figures. 2ᵉ édition.   6 fr.
35. HERBERT SPENCER. **Les Bases de la morale évolutionniste.** 1 vol. in-8. 5ᵉ édition.   6 fr.
36. HUXLEY. **L'Écrevisse,** introduction à l'étude de la zoologie. 1 vol. in-8, avec figures. 2ᵉ édition.   6 fr.
37. DE ROBERTY. **De la Sociologie. 1 vol. in-8. 3ᵉ édition.**   6 fr.
38. ROOD. **Théorie scientifique des couleurs. 1 vol. in-8,** avec figures et une planche en couleur hors texte. 2ᵉ édition.   6 fr.
39. DE SAPORTA et MARION. **L'Évolution du règne végétal** (les Crypto-games). 1 vol. in-8 avec figures.   6 fr.
40-41. CHARLTON BASTIAN. **Le Cerveau, organe de la pensée chez l'homme et chez les animaux.** 2 vol. in-8, avec figures. 2ᵉ éd. 12 fr.
42. JAMES SULLY. **Les Illusions des sens et de l'esprit. 1 vol. in-8,** avec figures. 2ᵉ édit.   6 fr.
43. YOUNG. **Le Soleil. 1 vol. in-8,** avec figures.   6 fr.
44. DE CANDOLLE. **L'Origine des plantes cultivées. 4ᵉ édition. 1 vol.** in-8.   6 fr.
45-46. SIR JOHN LUBBOCK. **Fourmis, abeilles et guêpes.** Études expérimentales sur l'organisation et les mœurs des sociétés d'insectes hyménoptères. 2 vol. in-8, avec 65 figures dans le texte et 13 planches hors texte, dont 5 coloriées.   12 fr.
47. PERRIER (Edm.). **La Philosophie zoologique avant Darwin.** 1 vol. in-8. 3ᵉ édition.   6 fr.
48. STALLO. **La Matière et la Physique moderne. 1 vol. in-8, 2ᵉ éd.,** précédé d'une Introduction par CH. FRIEDEL.   6 fr.
49. MANTEGAZZA. **La Physionomie et l'Expression des sentiments.** 1 vol. in-8. 3ᵉ édit., avec huit planches hors texte.   6 fr.
50. DE MEYER. **Les Organes de la parole et leur emploi pour la formation des sons du langage. 1 vol. in-8,** avec 51 figures, précédé d'une Introd. par M. O. CLAVEAU.   6 fr.

51. DE LANESSAN. ***Introduction à l'Étude de la botanique** (le Sapin.) 1 vol. in-8, 2ᵉ édit., avec 143 figures dans le texte. 6 fr.

52-53. DE SAPORTA et MARION. ***L'Évolution du règne végétal** (les Phanérogames). 2 vol. in-8, avec 136 figures. 12 fr.

54. TROUESSART. ***Les Microbes, les Ferments et les Moisissures.** 1 vol. in-8, 2ᵉ édit., avec 107 figures dans le texte. 6 fr.

55. HARTMANN (R.). ***Les Singes anthropoïdes, et leur organisation comparée à celle de l'homme.** 1 vol. in-8, avec figures. 6 fr.

56. SCHMIDT (O.). ***Les Mammifères dans leurs rapports avec leurs ancêtres géologiques.** 1 vol. in-8 avec 51 figures. 6 fr.

57. BINET et FÉRÉ. **Le Magnétisme animal.** 1 vol. in-8. 4ᵉ édit. 6 fr.

58-59. ROMANES. ***L'Intelligence des animaux.** 2 v. in-8. 2ᵉ édit. 12 fr.

60. F. LAGRANGE. **Physiologie des exercices du corps.** 1 vol. in-8. 7ᵉ édition. 6 fr.

61. DREYFUS. ***Évolution des mondes et des sociétés.** 1 vol. in-8. 3ᵉ édit. 6 fr.

62. DAUBRÉE. * **Les Régions invisibles du globe et des espaces célestes.** 1 vol. in-8 avec 85 fig. dans le texte. 2ᵉ édit. 6 fr.

63-64. SIR JOHN LUBBOCK. ***L'Homme préhistorique.** 2 vol. in-8, avec 228 figures dans le texte. 4ᵉ édit. 12 fr.

65. RICHET (Ch.). **La Chaleur animale.** 1 vol. in-8, avec figures. 6 fr.

66. FALSAN (A.). ***La Période glaciaire principalement en France et en Suisse.** 1 vol. in-8, avec 105 figures et 2 cartes. 6 fr.

67. BEAUNIS (H.). **Les Sensations internes.** 1 vol. in-8. 6 fr.

68. CARTAILHAC (E.). **La France préhistorique**, d'après les sépultures et les monuments. 1 vol. in-8, avec 162 figures. 2ᵉ édit. 6 fr.

69. BERTHELOT. ***La Révolution chimique, Lavoisier.** 1 vol. in-8. 6 fr.

70. SIR JOHN LUBBOCK. * **Les Sens et l'instinct chez les animaux,** principalement chez les insectes. 1 vol. in-8, avec 150 figures. 6 fr.

71. STARCKE. ***La Famille primitive.** 1 vol. in-8. 6 fr.

72. ARLOING. * **Les Virus.** 1 vol. in-8, avec figures. 6 fr.

73. TOPINARD. * **L'Homme dans la Nature.** 1 vol. in-8, avec fig. 6 fr.

74. BINET (Alf.). * **Les Altérations de la personnalité.** 1 vol. in-8 avec figures. 6 fr.

75. DE QUATREFAGES (A.). ***Darwin et ses précurseurs français.** 1 vol. in-8. 2ᵉ édition refondue. 6 fr.

76. LEFÈVRE (A.). * **Les Races et les langues.** 1 vol. in-8. 6 fr.

77-78. DE QUATREFAGES. * **Les Émules de Darwin.** 2 vol. in-8 avec préfaces de MM. E. Perrier et Hamy. 12 fr.

79. BRUNACHE (P.). ***Le Centre de l'Afrique. Autour du Tchad.** 1 vol. in-8, avec figures. 1894. 6 fr.

80. ANGOT (A.). ***Les Aurores polaires.** 1 vol. in-8, avec figures. 6 fr.

81. JACCARD. **Le pétrole, le bitume et l'asphalte** au point de vue géologique. 1 vol. in-8 avec figures. 6 fr.

82. MEUNIER (Stan.). **La Géologie comparée.** 1 vol. in-8, avec fig. 6 fr.

83. LE DANTEC. **Théorie nouvelle de la vie.** 1 vol. in-8, avec fig. 6 fr.

84. DE LANESSAN. **Principes de colonisation.** 1 vol. in-8. 6 fr.

85. DEMOOR, MASSART et VANDERVELDE. **L'évolution régressive en biologie et en sociologie.** 1 vol. in-8 avec gravures. 6 fr.

86. MORTILLET (G. de). **Formation de la Nation française.** 1 vol. in-8, avec 150 gravures et 18 cartes. 6 fr.

87. ROCHÉ (G.). **La Culture des Mers** (piscifacture, pisciculture, ostréiculture). 1 vol. in-8, avec 84 gravures. 6 fr.

88. COSTANTIN (J.). **Les Végétaux et les Milieux cosmiques** (adaptation, évolution). 1 vol. in-8, avec 171 gravures. 6 fr.

89. LE DANTEC. **L'évolution individuelle et l'hérédité.** 1 vol. in-8. 6 fr.

90. GUIGNET et GARNIER. **La Céramique ancienne et moderne.** 1 vol. avec grav. 6 fr.

91. GELLÉ (E.-M.). **L'audition et ses organes.** 1 v. in-8 avec grav. 6 fr.

LISTE PAR ORDRE DE MATIÈRES
DES 89 VOLUMES PUBLIÉS
DE LA BIBLIOTHÈQUE SCIENTIFIQUE INTERNATIONALE
Chaque volume in-8, cartonné à l'anglaise..... 6 francs.

SCIENCES SOCIALES

* **Introduction à la science sociale**, par HERBERT SPENCER. 1 vol. in-8. 12ᵉ édit.   6 fr.
* **Les Bases de la morale évolutionniste**, par HERBERT SPENCER. 1 vol. in-8. 4ᵉ édit.   6 fr.

Les Conflits de la science et de la religion, par DRAPER, professeur à l'Université de New-York. 1 vol. in-8. 8ᵉ édit.   6 fr.

* **Le Crime et la Folie**, par H. MAUDSLEY, professeur de médecine légale à l'Université de Londres. 1 vol. in-8. 5ᵉ édit.   6 fr.
* **La Monnaie et le Mécanisme de l'échange**, par W. STANLEY JEVONS, professeur à l'Université de Londres. 1 vol. in-8. 5ᵉ édit.   6 fr.
* **La Sociologie**, par DE ROBERTY. 1 vol. in-8. 3ᵉ édit.   6 fr.
* **La Science de l'éducation**, par Alex. BAIN, professeur à l'Université d'Aberdeen (Écosse). 1 vol. in-8. 7ᵉ édit.   6 fr.
* **Lois scientifiques du développement des nations** dans leurs rapports avec les principes de l'hérédité et de la sélection naturelle, par W. BAGEHOT. 1 vol. in-8. 5ᵉ édit.   6 fr.
* **La Vie du langage**, par D. WHITNEY, professeur de philologie comparée à Yale-Collège de Boston (États-Unis). 1 vol. in-8. 3ᵉ édit.   6 fr.
* **La Famille primitive**, par J. STARCKE, professeur à l'Université de Copenhague. 1 vol. in-8.   6 fr.

PHYSIOLOGIE

* **Les Illusions des sens et de l'esprit**, par James SULLY. 1 v. in-8. 2ᵉ édit. 6 fr.
* **La Locomotion chez les animaux** (marche, natation et vol), par J.-B. PETTIGREW, professeur au Collège royal de chirurgie d'Édimbourg (Écosse). 1 vol. in-8, avec 140 figures dans le texte. 2ᵉ édit.   6 fr.
* **La Machine animale**, par E.-J. MAREY, membre de l'Institut, prof. au Collège de France. 1 vol. in-8, avec 117 figures. 4ᵉ édit.   6 fr.
* **Les Sens**, par BERNSTEIN, professeur de physiologie à l'Université de Halle (Prusse). 1 vol. in-8, avec 91 figures dans le texte. 4ᵉ édit.   6 fr.
* **Les Organes de la parole**, par H. DE MEYER, professeur à l'Université de Zurich, traduit de l'allemand et précédé d'une introduction sur l'*Enseignement de la parole aux sourds-muets*, par O. CLAVEAU, inspecteur général des établissements de bienfaisance. 1 vol. in-8, avec 51 grav. 6 fr.

La Physionomie et l'Expression des sentiments, par P. MANTEGAZZA, professeur au Muséum d'histoire naturelle de Florence. 1 vol. in-8, avec figures et 8 planches hors texte. 3ᵉ édit.   6 fr.

* **Physiologie des exercices du corps**, par le docteur F. LAGRANGE. 1 vol. in-8. 7ᵉ édit. (Ouvrage couronné par l'Institut.)   6 fr.

La Chaleur animale, par CH. RICHET, professeur de physiologie à la Faculté de médecine de Paris. 1 vol. in-8, avec figures dans le texte. 6 fr.

Les Sensations internes, par H. BEAUNIS. 1 vol. in-8.   6 fr.

* **Les Virus**, par M. ARLOING, professeur à la Faculté de médecine de Lyon, directeur de l'école vétérinaire. 1 vol. in-8, avec fig.   6 fr.

Théorie nouvelle de la vie, par F. LE DANTEC, docteur ès sciences, 1 vol. in-8, avec figures.   6 fr.

L'évolution individuelle et l'hérédité, par *le même*. 1 vol. in-8.   6 fr.

L'audition et ses organes, par le Doctʳ E.-M. GELLÉ, membre de la Société de biologie. 1 vol. in-8 avec grav.   6 fr.

PHILOSOPHIE SCIENTIFIQUE

* **Le Cerveau et ses fonctions**, par J. LUYS, membre de l'Académie de médecine, médecin de la Charité. 1 vol. in-8, avec fig. 7ᵉ édit.   6 fr.
* **Le Cerveau et la Pensée chez l'homme et les animaux**, par CHARLTON BASTIAN, professeur à l'Université de Londres. 2 vol. in-8, avec 184 fig. dans le texte. 2ᵉ édit.   12 fr.
* **Le Crime et la Folie**, par H. MAUDSLEY, professeur à l'Université de Londres. 1 vol. in-8. 6ᵉ édit.   6 fr.
* **L'Esprit et le Corps**, considérés au point de vue de leurs relations, suivi d'études sur les *Erreurs généralement répandues au sujet de l'esprit*, par Alex. BAIN, prof. à l'Université d'Aberdeen (Écosse). 1 v. in-8. 6ᵉ éd.   6 fr.
* **Théorie scientifique de la sensibilité** : *le Plaisir et la Peine*, par Léon DUMONT. 1 vol. in-8. 3ᵉ édit.   6 fr.

* **La Matière et la Physique moderne**, par Stallo, précédé d'une préface par M. Ch. Friedel, de l'Institut. 1 vol. in-8. 2e édit.   **6 fr.**
Le Magnétisme animal, par Alf. Binet et Ch. Féré. 1 vol. in-8, avec figures dans le texte. 4e édit.   **6 fr.**
* **L'Intelligence des animaux**, par Romanes. 2 v. in-8. 2e éd. précédée d'une préface de M. E. Perrier, prof. au Muséum d'histoire naturelle.   **12 fr.**
* **L'Évolution des mondes et des sociétés**, par C. Dreyfus. In-8.   **6 fr.**
L'évolution régressive en biologie et en sociologie, par Demoor, Massart et Vandervelde, prof. des Univ. de Bruxelles. 1 v. in-8, avec grav. **6 fr.**
* **Les Altérations de la personnalité**, par Alf. Binet, directeur du laboratoire de psychologie à la Sorbonne. In-8, avec gravures.   **6 fr.**

ANTHROPOLOGIE

* **L'Espèce humaine**, par A. de Quatrefages, de l'Institut, professeur au Muséum d'histoire naturelle de Paris. 1 vol. in-8. 12e édit.   **6 fr.**
* **Ch. Darwin et ses précurseurs français**, par A. de Quatrefages. 1 v. in-8. 2e édition.   **6 fr.**
* **Les Émules de Darwin**, par A. de Quatrefages, avec une préface de M. Edm. Perrier, de l'Institut, et une notice sur la vie et les travaux de l'auteur par E.-T. Hamy, de l'Institut. 2 vol. in-8.   **12 fr.**
* **L'Homme avant les métaux**, par N. Joly, correspondant de l'Institut. 1 vol. in-8, avec 150 gravures. 4e édit.   **6 fr.**
* **Les Peuples de l'Afrique**, par R. Hartmann, professeur à l'Université de Berlin. 1 vol. in-8, avec 93 figures dans le texte. 2e édit.   **6 fr.**
* **Les Singes anthropoïdes** et leur organisation comparée à celle de l'homme, par R. Hartmann, prof. à l'Univ. de Berlin. 1 vol. in-8, avec 63 fig. **6 fr.**
* **L'Homme préhistorique**, par Sir John Lubbock, membre de la Société royale de Londres. 2 vol. in-8, avec 228 gravures dans le texte. 3e édit. **12 fr.**
La France préhistorique, par E. Cartailhac. In-8, avec 150 gr. 2e édit. **6 fr.**
* **L'Homme dans la Nature**, par Topinard, ancien secrétaire général de la Société d'Anthropologie de Paris. 1 vol. in-8, avec 101 gravures.   **6 fr.**
* **Les Races et les Langues**, par André Lefèvre, professeur à l'École d'Anthropologie de Paris. 1 vol. in-8.   **6 fr.**
* **Le centre de l'Afrique. Autour du Tchad**, par P. Brunache, administrateur à Aïn-Fezza (Algérie). 1 vol. in-8 avec gravures.   **6 fr.**
Formation de la Nation française, par G. de Mortillet, professeur à l'École d'Anthropologie. In-8, avec 150 grav. et 18 cartes. **6 fr.**

ZOOLOGIE

* **La Descendance de l'homme et le Darwinisme**, par O. Schmidt, professeur à l'Université de Strasbourg. 1 vol. in-8, avec figures. 6e édit. **6 fr.**
* **Les Mammifères dans leurs rapports avec leurs ancêtres géologiques**, par O. Schmidt. 1 vol. in-8, avec 51 figures dans le texte.   **6 fr.**
* **Fourmis, Abeilles et Guêpes**, par sir John Lubbock, membre de la Société royale de Londres. 2 vol. in-8, avec figures dans le texte, et 13 planches hors texte dont 5 coloriées.   **12 fr.**
* **Les Sens et l'instinct chez les animaux**, et principalement chez les insectes, par Sir John Lubbock. 1 vol. in-8 avec grav.   **6 fr.**
* **L'Écrevisse**, introduction à l'étude de la zoologie, par Th.-H. Huxley, membre de la Société royale de Londres. 1 vol. in-8, avec 82 grav.   **6 fr.**
* **Les Commensaux et les Parasites** dans le règne animal, par P.-J. Van Beneden, professeur à l'Université de Louvain (Belgique). 1 vol. in-8, avec 82 figures dans le texte. 3e édit.   **6 fr.**
* **La Philosophie zoologique avant Darwin**, par Edmond Perrier, de l'Institut, prof. au Muséum. 1 vol. in-8. 2e édit.   **6 fr.**
* **Darwin et ses précurseurs français**, par A. de Quatrefages, de l'Institut. 1 vol. in-8. 2e édit.   **6 fr.**
La Culture des mers en Europe (Pisciculture, piscifacture, ostréiculture), par G. Roché, insp. gén. des pêches maritimes. In-8, avec 81 grav. **6 fr.**

BOTANIQUE — GÉOLOGIE

* **Les Champignons**, par Cooke et Berkeley. 1 v. in-8, avec 110 fig. 4e éd. **6 fr.**
* **L'Évolution du règne végétal**, par G. de Saporta et Marion, prof. à la Faculté des sciences de Marseille :
* I. *Les Cryptogames*. 1 vol. in-8, avec 85 figures dans le texte.   **6 fr.**
* II. *Les Phanérogames*. 2 vol. in-8, avec 136 fig. dans le texte.   **12 fr.**

* **Les Volcans et les Tremblements de terre**, par FUCHS, prof. à l'Univ. de Heidelberg. 1 vol. in-8, avec 36 fig. 5ᵉ éd. et une carte en couleur. 6 fr.
* **La Période glaciaire**, principalement en France et en Suisse, par A. FALSAN. 1 vol. in-8, avec 105 gravures et 2 cartes hors texte. 6 fr.
* **Les Régions invisibles du globe et des espaces célestes**, par A. DAUBRÉE, de l'Institut. 1 vol. in-8, 2ᵉ édit., avec 89 gravures. 6 fr.
* **Le Pétrole, le Bitume et l'Asphalte**, par M. JACCARD, professeur à l'Académie de Neuchâtel (Suisse). 1 vol. in-8, avec figures. 6 fr.
* **L'Origine des plantes cultivées**, par A. DE CANDOLLE, correspondant de l'Institut. 1 vol. in-8. 4ᵉ édit. 6 fr.
* **Introduction à l'étude de la botanique** (*le Sapin*), par J. DE LANESSAN, professeur agrégé à la Faculté de médecine de Paris. 1 vol. in-8. 2ᵉ édit., avec figures dans le texte. 6 fr.
* **Microbes, Ferments et Moisissures**, par le docteur L. TROUESSART. 1 vol. in-8, avec 108 figures dans le texte. 2ᵉ édit. 6 fr.
* **La Géologie comparée**, par STANISLAS MEUNIER, professeur au Muséum. 1 vol. in-8, avec figures. 6 fr.
Les Végétaux et les milieux cosmiques (adaptation, évolution), par J. COSTANTIN, maître de conférences, à l'École normale supérieure. 1 vol. in-8 avec 171 gravures. 6 fr.

CHIMIE

* **Les Fermentations**, par P. SCHUTZENBERGER, memb. de l'Institut. 1 v. in-8, avec fig. 6ᵉ édit. 6 fr.
* **La Synthèse chimique**, par M. BERTHELOT, secrétaire perpétuel de l'Académie des sciences. 1 vol. in-8. 8ᵉ édit. 6 fr.
* **La Théorie atomique**, par Ad. WURTZ, membre de l'Institut. 1 vol. in-8. 8ᵉ édit., précédée d'une introduction sur *la Vie et les Travaux* de l'auteur, par M. Ch. FRIEDEL, de l'Institut. 6 fr.
La Révolution chimique (*Lavoisier*), par M. BERTHELOT. 1 vol. in-8. 6 fr.
* **La Photographie et la Photochimie**, par H. NIEWENGLOWSKI. 1 vol. avec gravures et une planche hors texte. 6 fr.

ASTRONOMIE — MÉCANIQUE

* **Histoire de la Machine à vapeur, de la Locomotive et des Bateaux à vapeur**, par R. THURSTON, professeur à l'Institut technique de Hoboken, près de New-York, revue, annotée et augmentée d'une introduction par M. HIRSCH, professeur à l'École des ponts et chaussées de Paris. 2 vol. in-8, avec 160 figures et 16 planches hors texte. 3ᵉ édit. 12 fr.
* **Les Etoiles**, notions d'astronomie sidérale, par le P. A. SECCHI, directeur de l'Observatoire du Collège Romain. 2 vol. in-8, avec 68 figures dans le texte et 16 planches en noir et en couleurs. 2ᵈ édit. 12 fr.
* **Le Soleil**, par C.-A. YOUNG, professeur d'astronomie au Collège de New-Jersey. 1 vol. in-8, avec 87 figures. 6 fr.
* **Les Aurores polaires**, par A. ANGOT, membre du Bureau central météorologique de France. 1 vol. in-8 avec figures. 6 fr.

PHYSIQUE

La Conservation de l'énergie, par BALFOUR STEWART, prof. de physique au collège Owens de Manchester (Angleterre). 1 vol. in-8 avec fig. 4ᵉ édit. 6 fr.
* **Les Glaciers et les Transformations de l'eau**, par J. TYNDALL, suivi d'une étude sur le même sujet, par HELMHOLTZ, professeur à l'Université de Berlin. 1 vol. in-8, avec fig. et 8 planches hors texte. 5ᵉ édit. 6 fr.
* **La Matière et la Physique moderne**, par STALLO, précédé d'une préface par Ch. FRIEDEL, membre de l'Institut. 1 vol. in-8. 2ᵉ édit. 6 fr.

THÉORIE DES BEAUX-ARTS

* **Le Son et la Musique**, par P. BLASERNA, prof. à l'Université de Rome, prof. à l'Université de Berlin. 1 vol. in-8, avec 41 fig. 4ᵉ édit. 6 fr.
* **Principes scientifiques des Beaux-Arts**, par E. BRUCKE, professeur à l'Université de Vienne. 1 vol. in-8, avec fig. 4ᵉ édit. 6 fr.
* **Théorie scientifique des couleurs** et leurs applications aux arts et à l'industrie, par O. N. ROOD, professeur à Colombia-College de New-York. 1 vol. in-8, avec 130 figures et une planche en couleurs. 6 fr.
La Céramique ancienne et moderne, par MM. GUIGNET, directeur des teintures à la Manufacture des Gobelins, et GARNIER, directeur du Musée de la Manufacture de Sèvres. 1 vol. in-8 avec grav. 6 fr.

RÉCENTES PUBLICATIONS

HISTORIQUES, PHILOSOPHIQUES ET SCIENTIFIQUES

qui ne se trouvent pas dans les collections précédentes.

ALAUX. **Esquisse d'une philosophie de l'être.** In-8.   **1 fr.**
— **Les Problèmes religieux au XIXᵉ siècle.** 1 vol. in-8.   **7 fr. 50**
— **Philosophie morale et politique,** in-8. 1893.   **7 fr. 50**
— **Théorie de l'âme humaine.** 1 vol. in-8. 1895. 10 fr. (Voy. p. 2.)
ALTMEYER (J.-J.). **Les Précurseurs de la réforme aux Pays-Bas.**
   2 forts volumes in-8.   **12 fr.**
AMIABLE (Louis). **Une loge maçonnique d'avant 1789.** (La loge des
   Neuf-Sœurs.) 1 vol. in-8. 1897.   **6 fr.**
ANSIAUX (M.). **Heures de travail et salaires,** étude sur l'amélioration
   directe de la condition des ouvriers industriels. 1 vol. in-8. 1896.   **5 fr.**
ARNAUNÉ (A.). **La monnaie, le crédit et le change.** in-8.   **7 fr.**
ARRÉAT. **Une Éducation intellectuelle.** 1 vol. in-18.   **2 fr. 50**
— **Journal d'un philosophe.** 1 vol. in-18. 3 fr. 50 (Voy. p. 2 et 5.)
AZAM. **Hypnotisme et double conscience,** avec préfaces et lettres de
   MM. PAUL BERT, CHARCOT et RIBOT. 1 vol. in-8. 1893.   **9 fr.**
BAETS (Abbé M. de). **Les Bases de la morale et du droit.** In-8. 6 fr.
BALFOUR STEWART et TAIT. **L'Univers invisible.** 1 vol. in-8.   **7 fr.**
BARBÉ (É.). **Le nabab René Madec.** Histoire diplomatique des projets de
   la France sur le Bengale et le Pendjab (1772-1808). 1894. 1 vol. in-8.   **5 fr.**
BARNI. **Les Martyrs de la libre pensée.** 1 vol. in-18. 2ᵉ édit.   **3 fr. 50**
   (Voy. p. 5 ; KANT, p. 10 ; p. 15 et 31.)
BARTHÉLEMY-SAINT-HILAIRE. (Voy. pages 2, 5 et 9, ARISTOTE.)
— *Victor Cousin, sa vie, sa correspondance.** 3 vol. in-8. 1895.   **30 fr.**
BAUTAIN (Abbé). **La Philosophie morale.** 2 vol. in-8.   **12 fr.**
BEAUNIS (H.). **Impressions de campagne** (1870-1871). In-18. 3 fr. 50
BÉNARD (Ch.). **Philosophie dans l'éducation classique.** In-8.   **6 fr.**
   (Voy. p. 9, ARISTOTE et PLATON ; p. 10, HEGEL.)
BLANQUI. **Critique sociale.** 2 vol. in-18.   **7 fr.**
BLONDEAU (C.). **L'absolu et sa loi constitutive.** 1 vol. in-8. 1897. 6 fr.
BOILLEY (P.). **La Législation internationale du travail.** In-12.   **3 fr.**
— **Les trois socialismes :** anarchisme, collectivisme, réformisme. 3 fr. 50
BOURDEAU (Louis). **Théorie des sciences.** 2 vol. in-8.   **20 fr.**
— **La Conquête du monde animal.** In-8.   **5 fr.**
— **La Conquête du monde végétal.** In-8. 1893.   **5 fr.**
— **L'Histoire et les historiens.** 1 vol. in-8.   **7 fr. 50**
— *Histoire de l'alimentation.** 1894. 1 vol. in-8. 5 fr. (V. p. 5.)
BOURDET (Eug.). **Principes d'éducation positive.** In-18.   **3 fr. 50**
— **Vocabulaire de la philosophie positive.** 1 vol. in-18.   **3 fr. 50**
BOUTROUX (Em.). *De l'idée de loi naturelle dans la science et la
   philosophie.** 1 vol. in-8. 1895.   2 fr. 50. (V. p. 2 et 5.)
BOUSREZ (L.). **L'Anjou aux âges de la Pierre et du Bronze.**
   1 vol. gr. in-8, avec pl. h. texte. 1897.   **3 fr. 50**
BUNGE (N.-Ch.). **Esquisses de littérature politico-économique.**
   1 vol. in-8. 1898.   **7 fr. 50**
CARDON (G.). *Les Fondateurs de l'Université de Douai.** In-8. 10 fr.
CASTELAR (Emilio). **La politique européenne.** 2 vol. in-8. 1896, 1898,
   Chacun.   **3 fr.**
CLAMAGERAN. **La Réaction économique et la démocratie.** 1 v. in-8.
   1891.   **1 fr. 25**
— **La lutte contre le mal.** 1 vol. in-18. 1897.   **3 fr. 50**
COIGNET (Mᵐᵉ). *Victor Considérant, sa vie et son œuvre.** in-8.   **2 fr.**

COLLIGNON (A.). *Diderot, sa vie et sa correspondance. In-12. 1895. 3 fr. 50
COMBARIEU (J.). *Les rapports de la musique et de la poésie considérés au point de vue de l'expression. 1893. 1 vol. in-8. 7 fr. 50
COSTE (Ad.). Hygiène sociale contre le paupérisme. In-8. 6 fr.
— Nouvel exposé d'économie politique et de physiologie sociale. In-18. 3 fr. 50 (Voy. p. 2 et 32.)
COUTURAT (Louis). *De l'infini mathématique. In-8. 1896. 12 fr.
DAURIAC. Croyance et réalité. 1 vol. in-18. 1889. 3 fr. 50
— Le Réalisme de Reid. In-8. 1 fr. (V. p. 2.)
DELBŒUF. De la loi psychophysique. In-18. 3 fr. 50 (V. p. 2.)
DENEUS. De la réserve héréditaire des enfants. In-8. 5 fr.
DENIS (Abbé Ch.). Esquisse d'une apologie du Christianisme dans les limites de la nature et de la révélation. 1 vol. in-12. 1898. 4 fr.
DERAISMES (Mlle Maria). Œuvres complètes:
— Tome I. France et progrès. — Conférences sur la noblesse. 1 vol. in-12. 1895. 3 fr. 50. — Tome II. Eve dans l'humanité. — Les droits de l'enfant. 1 vol. in-12. 1896. 3 fr. 50. — Tome III. Nos principes et nos mœurs. — L'ancien devant le nouveau. 1 vol. in-12. 1896. — Tome IV. Lettre au clergé français. Polémique religieuse. 1 vol. in-12. 1898. Chaque volume 3 fr. 50
DESCHAMPS. La Philosophie de l'écriture. 1 vol. in-8. 1892. 3 fr.
DESDOUITS. La philosophie de l'inconscient. 1893. 1 vol. in-8. 3 fr.
DOLLFUS (Ch.). Lettres philosophiques. In-18. 3 fr.
— Considérations sur l'histoire. In-8. 7 fr. 50
— L'Ame dans les phénomènes de conscience. 1 vol. in-18. 3 fr. 50
DROZ (Numa). Etudes et portraits politiques. 1 vol. in-8. 1895. 7 fr. 50
— Essais économiques. 1 vol. in-8. 1896. 7 fr. 50
— La démocratie fédérative et le socialisme d'État. In-12. 1 fr.
DUBUC (P.). *Essai sur la méthode en métaphysique. 1 vol. in-8. 5 fr.
DU CASSE (le Baron). Le 5e corps de l'armée d'Italie en 1859. Br. gr. in-8. 1898. 2 fr.
DUGAS (L.). *L'amitié antique, d'après les mœurs et les théories des philosophes. 1 vol. in-8. 1895. 7 fr. 50 (V. p. 2.)
DUNAN. *Sur les formes à priori de la sensibilité. 1 vol. in-8. 5 fr.
— Les Arguments de Zénon d'Élée contre le mouvement. 1 br. in-8. 1 fr. 50 (V. p. 2.)
DUVERGIER DE HAURANNE (Mme E.). Histoire populaire de la Révolution française. 1 vol. in-18. 4e édit. 3 fr. 50
Éléments de science sociale. 1 vol. in-18. 4e édit. 3 fr. 50
ESPINAS (A.). Les Origines de la technologie. 1 vol. in-8. 1897. 5 fr.
FABRE (J.). Hist. de la philosophie. Antiquité et Moyen âge. In-12. 3 fr. 50
FEDERICI. Les Lois du progrès. 2 vol. in-8. Chacun. 6 fr.
FERRÈRE (F.). La situation religieuse de l'Afrique romaine depuis la fin du IVe siècle jusqu'à l'invasion des Vandales. 1 v. in-8. 1898. 7 fr. 50
FERRIÈRE (Em.). Les Apôtres, essai d'histoire religieuse. 1 vol. in-12. 4 fr. 50
— L'Ame est la fonction du cerveau. 2 volumes in-18. 7 fr.
— Le Paganisme des Hébreux jusqu'à la captivité de Babylone. 1 vol. in-18. 3 fr. 50
— La Matière et l'énergie. 1 vol. in-18. 4 fr. 50
— L'Ame et la vie. 1 vol. in-18. 4 fr. 50
— Les Erreurs scientifiques de la Bible. 1 vol. in-18. 1891. 3 fr. 50
— Les Mythes de la Bible. 1 vol. in-18. 1893. 3 fr. 50
— La cause première d'après les données expérimentales. 1 vol. in-18. 1896. 3 fr. 50
— Étymologie de 400 prénoms usités en France. 1 vol. in-18. 1898. 1 fr. 50 (Voy. p. 32.)
FLEURY (Maurice de). Introduction à la médecine de l'Esprit. 1 vol. in-8, 5e éd. 1898. 7 fr. 50
FLOURNOY. Des phénomènes de synopsie. In-8. 1893. 6 fr.

GAYTE (Claude). **Essai sur la croyance.** 1 vol. in-8. 3 fr.

GOBLET D'ALVIELLA. **L'Idée de Dieu,** d'après l'anthr. et l'histoire. In-8. 6 f.

GOURD. **Le Phénomène.** 1 vol. in-8. 7 fr. 50

GREEF (Guillaume de). **Introduction à la Sociologie.** 2 vol. in-8. 10 fr.

— **L'évolution des croyances et des doctrines politiques.** 1 vol. in-12. 1895. 4 fr. (V. p. 6.)

GRIMAUX (Ed.). *Lavoisier (1743-1794), d'après sa correspondance et divers documents inédits. 1 vol. gr. in-8, avec gravures. 2ᵉ éd. 1896. 15 fr.

GRIVEAU (M.). **Les Éléments du beau.** Préface de M. Sully-Prudhomme. In-18, avec 60 fig. 1893. 4 fr. 50

GUILLY. **La Nature et la Morale.** 1 vol. in-18. 2ᵉ édit. 2 fr. 50

GUYAU. **Vers d'un philosophe.** In-18. 3 fr. 50 (Voy. p. 3, 6 et 9.)

GYEL (le Dʳ E.). **L'être subconscient.** 1 vol. in-8. 4 fr.

HAURIOU (M.). **La science sociale traditionnelle.** 1 v. in-8. 1896. 7 fr. 50

HALLEUX (J.). **Les principes du positivisme contemporain,** exposé et critique. (Ouvrage récompensé par l'Institut). 1 vol. in-12. 1895. 3 fr. 50

HARRACA (J.-M.). **Contributions à l'étude de l'Hérédité et des principes de la formation des races.** 1 vol. in-18. 1898. 2 fr.

HIRTH (G.). **La Vue plastique, fonction de l'écorce cérébrale.** In-8. Trad. de l'allem. par L. Arréat, avec grav. et 34 pl. 8 fr. (Voy. p. 6.)

— **Les localisations cérébrales en psychologie. Pourquoi sommes-nous distraits ?** 1 vol. in-8. 1895. 2 fr.

HOCQUART (E.). **L'Art de juger le caractère des hommes sur leur écriture,** préface de J. Crépieux-Jamin. Br. in-8. 1898. 1 fr.

HUXLEY. *La Physiographie, introduction à l'étude de la nature, traduit et adapté par M. G. Lamy. 1 vol. in-8. 3ᵉ éd., avec fig. 8 fr. (V. p. 6, 21 et 32.)

ICARD (S.). **Paradoxes ou vérités.** 1 vol. in-12. 1895. 3 fr. 50

JOYAU. **De l'invention dans les arts et dans les sciences.** 1 v. in-8. 5 fr.

— **Essai sur la liberté morale.** 1 vol. in-18. 3 fr. 50

— **La Théorie de la grâce et la liberté morale.** In-8. 2 fr. 50

KAUFMAN. **Etude de la cause finale et son importance au temps présent.** Trad. de l'allem. par Deiber. In-12. 1898. 2 fr. 50

KINGSFORD (A.) et MAITLAND (E.). **La Voie parfaite ou le Christ ésotérique,** précédé d'une préface d'Edouard Schuré. 1 vol. in-8. 1892. 6 fr.

KUMS (A.). **Les choses naturelles dans Homère.** 1 vol. in-8. 1897. 5 fr.

LABORDE. **Les Hommes et les Actes de l'insurrection de Paris** devant la psychologie morbide. 1 vol. in-18. 2 fr. 50

LAURENT (O.). **Les Universités des deux mondes.** In-12. 3 fr. 50

LAVELEYE (Em. de). **De l'avenir des peuples catholiques.** In-8. 25 c.

— **L'Italie actuelle.** In-18. 3 fr. 50

— **L'Afrique centrale.** 1 vol. in-12. 3 fr.

— **Essais et Études.** Première série (1861-1875). 1 vol. in-8. 7 fr. 50. — Deuxième série (1875-1882). 1 vol. in-8. 7 fr. 50. — Troisième série (1892-1894). 1 vol. in-8. 7 fr. 50 (Voy. p. 7 et 15.)

LÉGER (C.). **La liberté intégrale,** esquisse d'une théorie des lois républicaines. 1 vol. in-12. 1896. 1 fr. 50

LETAINTURIER (J.). **Le socialisme devant le bon sens.** in-18. 1 fr. 50

LEVY (Albert). *Psychologie du caractère. In-8. 1896. 5 fr.

LÉVY (le Dʳ P.-E.). **L'éducation rationnelle de la volonté.** 1 vol. in-8. 1898. 4 fr.

LICHTENBERGER (A.). **Le socialisme au XVIIIᵉ siècle.** Etudes sur les idées socialistes dans les écrivains français au XVIIIᵉ siècle, avant la Révolution. 1 vol. in-8. 1895. 7 fr. 50 (Voy. p. 15.)

LOURBET (J.). **La femme devant la science contemporaine.** 1 vol. in-12. 1895. 2 fr. 50

MABILLEAU (L.). *Histoire de la philosophie atomistique. 1 vol. in-8. 1895. (Ouvrage couronné par l'Institut.) 12 fr.

MANACÉINE (Marie de). **L'anarchie passive et le comte Léon Tolstoï.** 1 vol. in-18. 2 fr.

    F. ALCAN.

MAINDRON (Ernest). *L'Académie des sciences (Histoire de l'Académie ; fondation de l'Institut national ; Bonaparte, membre de l'Institut). 1 beau vol. in-8 cavalier, avec 53 gravures dans le texte, portraits, plans, etc. 8 planches hors texte et 2 autographes. **12 fr.**

MALON (Benoît). **Le Socialisme intégral.** Première partie : *Histoire des théories et tendances générales.* Grand in-8, 2ᵉ éd. 6 fr. — Deuxième partie : *Des réformes possibles et des moyens pratiques.* Grand in-8. 6 fr.
— **Précis théorique, historique et pratique de socialisme** (lundis socialistes). 1 vol. in-12. 1892. **3 fr. 50**

MARSAUCHE (L.). **La Confédération helvétique d'après la constitution,** préface de M. Frédéric Passy. 1 vol. in-18. 1891. **3 fr. 50**

MERCIER (Mgr). **Les origines de la psychologie contemporaine.** In-12. 1898. **5 fr.**

MISMER (Ch.). **Principes sociologiques.** 1 vol. in-8. 2ᵉ éd. 1897. 5 fr.

MORIAUD (P.). **La question de la liberté et la conduite humaine.** 1 vol. in-12. 1897. **3 fr. 50**

MOSSO (A.). **L'éducation physique de la jeunesse.** 1 vol. in-12, cart., préface du commandant Legros. 1895. **4 fr.**

NAUDIER (Fernand). **Le socialisme et la révolution sociale.** 1894. 1 vol. in-18. **3 fr. 50**

NETTER (A.). **La Parole intérieure et l'âme.** 1 vol. in-18. **2 fr. 50**

NIZET. **L'Hypnotisme,** étude critique. 1 vol. in-12. 1892. **2 fr. 50**

NOTOVITCH. **La Liberté de la volonté.** In-18. **3 fr. 50**

NOVICOW (J.). **La Question d'Alsace-Lorraine,** critique du point de vue allemand. in-8. 1895. **1 fr.** (V. p. 4, 7 et 15.)

NYS (Ernest). **Les Théories politiques et le droit international.** 1 vol. in-8. 1891. **4 fr.**

PARIS (comte de). **Les Associations ouvrières en Angleterre** (Trades-unions). 1 vol. in-18. 7ᵉ édit. 1 fr. — Édition sur papier fort. **2 fr. 50**

PAULHAN (Fr.). **Le Nouveau mysticisme.** 1 vol. in-18. 1891. **2 fr. 50**
(Voy. p. 4, 7 et 32.)

PELLETAN (Eugène). *La Naissance d'une ville (Royan). In-18. **2 fr.**
— *Jarousseau, le pasteur du désert. 1 vol. in-18. **2 fr.**
— *Un Roi philosophe : Frédéric le Grand. In-18. **3 fr. 50**
— **Droits de l'homme.** 1 vol. in-12. **3 fr. 50**
— **Profession de foi du XIXᵉ siècle.** In-12. 3 fr. 50 (V. p. 31.)

PÉREZ (Bernard). **Thiery Tiedmann. Mes deux chats.** In-12. 2 fr.
— **Jacotot et sa Méthode d'émancipation intellect.** In-18. 3 fr.
— **Dictionnaire abrégé de philosophie.** 1893. in-12. 1 fr. 50 (V. p. 7.)

PHILBERT (Louis). **Le Rire.** In-8. (Cour. par l'Académie française.) 7 fr. 50

PHILIPPE (J.). **Lucrèce dans la théologie chrétienne** du IIIᵉ au XIIIᵉ siècle. 1 vol. in-8. 1896. **2 fr. 50**

PIAT (Abbé C.). **L'Intellect actif ou Du rôle de l'activité mentale dans la formation des idées.** 1 vol. in-8. 3 fr. (V. p. 7.)

PICARD (Ch.). **Sémites et Aryens** (1893). In-18. **1 fr. 50**

PICAVET (F.). **L'Histoire de la philosophie,** ce qu'elle a été, ce qu'elle peut être. In-8. **2 fr.**
— **La Mettrie et la critique allemande.** 1889. In-8. 1 fr. (V. p. 8.)

PICTET (Raoul). **Étude critique du matérialisme et du spiritualisme par la physique expérimentale.** 1 vol. gr. in-8. 1896. 10 fr.

POEY. **Le Positivisme.** 1 fort vol. in-12. **4 fr. 50**
— **M. Littré et Auguste Comte.** 1 vol. in-18. **3 fr. 50**

PORT. **La Légende de Cathelineau.** In-8. **5 fr.**

POULLET. **La Campagne de l'Est** (1870-1871). In-8, avec cartes. 7 fr.

*Pour et contre l'enseignement philosophique, par MM. VANDEREM (Fernand), RIBOT (Th.), BOUTROUX (F.), MARION (H.), JANET (P.) et FOUILLÉE (A.) de l'Institut ; MONOD (G.), LYON (Georges), MARILLIER (L.), CLAMADIEU (abbé), BOURDEAU (J.), LACAZE (G.), TAINE (H.). 1894. In-18. **2 fr.**

PRÉAUBERT. **La vie, mode de mouvement,** essai d'une théorie physique des phénomènes vitaux. 1 vol. in-8, 1897. 5 fr.

PRINS (Ad.). **L'organisation de la liberté et le devoir social.** 1 vol in-8. 1895. 4 fr.

PUJO (Maurice). ***Le règne de la grâce. L'idéalisme intégral.** 1894. 1 vol. in-18. 3 fr. 50

RIBOT (Paul). **Spiritualisme et Matérialisme.** 2e éd. 1 vol. in-8. 6 fr.

RUTE (Marie-Letizia de). **Lettres d'une voyageuse.** Vienne, Budapest, Constantinople. 1 vol. in-8. 1896. 3 fr.

SANDERVAL (O. de). **De l'Absolu.** La loi de vie. 1 vol. in-8. 2e éd. 5 fr.
— **Kahel. Le Soudan français.** In-8, avec gravures et cartes. 8 fr.

SECRÉTAN (Ch.). **Études sociales.** 1889. 1 vol. in-18. 3 fr. 50
— **Les Droits de l'humanité.** 1 vol. in-18. 1891. 3 fr. 50
— **La Croyance et la civilisation.** 1 vol. in-18. 2e édit. 1891. 3 fr. 50
— **Mon Utopie.** 1 vol. in-18. 3 fr. 50
— **Le Principe de la morale.** 1 vol. in-8. 2e éd. 7 fr. 50
— **Essais de philosophie et de littérature.** 1 vol. in-12. 1896. 3 fr. 50

SECRÉTAN (H.). **La Société et la morale.** 1 vol. in-12. 1897. 3 fr. 50

SÉE (Paul). **La question monétaire.** Br. gr. in-8. 1898. 2 fr.

SILVA WHITE (Arthur). **Le développement de l'Afrique.** 1894. 1 fort vol. in-8 avec 15 cartes en couleurs hors texte. 10 fr.

SOLOWEITSCHIK (Leonty). **Un prolétariat méconnu,** étude sur la situation sociale et économique des juifs. 1 vol. in-8. 1898. 2 fr. 50

SOREL (Albert). **Le Traité de Paris du 20 novembre 1815.** In-8. 4 fr. 50

SPIR (A.). **Esquisses de philosophie critique.** 1 vol. in-18. 2 fr. 50

STOCQUART (Emile). **Le contrat de travail.** In-12. 1895. 3 fr.

STRADA (J.). **La loi de l'histoire.** 1 vol. in-8. 1894. 5 fr.
— **Jésus et l'ère de la science.** 1 vol. in-8. 1896. 5 fr.
— **Ultimum organum,** constitution scientifique de la méthode générale. Nouvelle édition. 2 vol. in-12. 1897. 7 fr.
— **La religion de la science et de l'esprit pur,** constitution scientifique de la religion. 2 vol. in-8. 1897. Chacun séparément. 7 fr.

TERQUEM (A.). **Science romaine à l'époque d'Auguste.** in-8. 3 fr.

THURY. **Le chômage moderne,** causes et remèdes. 1 v. in-12. 1895. 2 fr. 50

TISSOT. **Principes de morale.** 1 vol. in-8. 6 fr. (Voy. KANT, p. 10.)

ULLMO (L.). **Le Problème social.** 1897. 1 vol. in-8. 3 fr.

VACHEROT. **La Science et la Métaphysique.** 3 vol. in-18. 10 fr. 50

VAN BIERVLIET (J.-J.). **Éléments de Psychologie humaine.** 1 vol. in-8. 1895. 8 fr.
— **La Mémoire.** Br. in-8. 1893. 2 fr.

VIALLET (C.-Paul). **Je pense, donc je suis.** Introduction à la méthode cartésienne. 1 vol. in-12. 1896. 2 fr. 50

VIGOUREUX (Ch.). **L'Avenir de l'Europe** au double point de vue de la politique de sentiment et de la politique d'intérêt. 1892. 1 vol. in-18. 3 fr. 50

WEIL (Denis). **Le Droit d'association et le Droit de réunion** devant les chambres et les tribunaux. 1893. 1 vol. in-12. 3 fr. 50
— **Les Élections législatives.** Histoire de la législation et des mœurs. 1 vol. in-18. 1895. 3 fr. 50

WUARIN (L.). **Le Contribuable.** 1 vol. in-16. 3 fr. 50

WULF (M. de). **Histoire de la philosophie scolastique dans les Pays-Bas et la principauté de Liège jusqu'à la Révol. franç.** In-8. 5 fr.
— **Sur l'esthétique de saint Thomas d'Aquin.** In-8. 1 fr. 50

ZIESING (Th.). **Érasme ou Salignac.** Étude sur la lettre de François Rabelais. 1 vol. gr. in-8. 4 fr.

ZOLLA (D.). **Les questions agricoles d'hier et d'aujourd'hui.** 1894, 1895. 2 vol. in-12. Chacun. 3 fr. 50

BIBLIOTHÈQUE UTILE

120 VOLUMES PARUS

Le volume de 192 pages, broché, 60 centimes.
Cartonné à l'anglaise, 1 fr.

La plupart des livres de cette collection ont été adoptés par le *Ministère de l'Instruction publique* pour les Bibliothèques des Lycées et Collèges de garçons et de jeunes filles, celles des Écoles normales, les Bibliothèques populaires et scolaires.

Les livres adoptés par la Commission consultative des Bibliothèques des Lycées sont marqués d'un astérisque.

HISTOIRE DE FRANCE

Les Mérovingiens, par BUCHEZ.

Les Carlovingiens, par BUCHEZ.

Les Luttes religieuses des premiers siècles, par J. BASTIDE. 4e édit.

Les Guerres de la Réforme, par J. BASTIDE. 4e édit.

La France au moyen âge, par F. MORIN.

Jeanne d'Arc, par Fréd. LOCK.

Décadence de la monarchie française, par Eug. PELLETAN, sénateur. 4e édit.

La Révolution française, par H. CARNOT (2 volumes).

La Défense nationale en 1792, par P. GAFFAREL, professeur à la Faculté des lettres de Dijon.

Napoléon Ier, par Jules BARNI. 3e édit.

Histoire de la Restauration, par Fréd. LOCK. 3e édit.

Histoire de Louis-Philippe, par Edgar ZEVORT, recteur de l'Académie de Caen. 2e édit.

Mœurs et Institutions de la France, par P. BONDOIS, prof. au lycée Buffon, 2 vol.

Léon Gambetta, par J. REINACH.

Histoire de l'armée française, par L. BÈRE.

Histoire de la marine française, par DONEAUD, prof. à l'École navale, 2e édit.

Histoire de la conquête de l'Algérie, par QUESNEL.

Les Origines de la guerre de 1870, par Ch. DE LARIVIÈRE.

Histoire de la littérature française, par Georges MEUNIER, agrégé de l'Université.

Histoire de l'Art ancien et moderne, par le même.

PAYS ÉTRANGERS

L'Espagne et le Portugal, par E. RAYMOND. 2e édition.

Histoire de l'Empire ottoman, par L. COLLAS. 2e édition.

Les Révolutions d'Angleterre, par Eug. DESPOIS. 3e édition.

Histoire de la maison d'Autriche, par Ch. ROLLAND. 2e édition.

L'Europe contemporaine (1789-1879), par P. BONDOIS, prof. au lycée Buffon.

Histoire contemporaine de la Prusse, par Alfr. DONEAUD.

Histoire contemporaine de l'Italie, par Félix HENNEGUY.

Histoire contemporaine de l'Angleterre, par A. REGNARD.

HISTOIRE ANCIENNE

La Grèce ancienne, par L. COMBES.

L'Asie occid. et l'Égypte, par A. OTT.

L'Inde et la Chine, par A. OTT.

Histoire romaine, par CREIGHTON.

L'Antiquité romaine, par WILKINS.

L'Antiquité grecque, par MAHAFFY.

GÉOGRAPHIE

Torrents, fleuves et canaux de la France, par H. BLERZY.

Les Colonies anglaises, par H. BLERZY.

Les Iles du Pacifique, par le capitaine de vaisseau JOUAN (avec une carte).

Les Peuples de l'Afrique et de l'Amérique, par GIRARD DE RIALLE.

Les Peuples de l'Asie et de l'Europe, par GIRARD DE RIALLE.

L'Indo-Chine française, par FAQUE.

Géographie physique, par GEIKIE.

Continents et Océans, par GROVE (avec figures).

Les Frontières de la France, par P. GAFFAREL, prof. à la Faculté de Dijon.

L'Afrique française, par A. JOYEUX.

Madagascar, par A. MILHAUD, prof. agrégé d'histoire et de géographie (avec carte).

Les grands ports de commerce, par D. BELLET.

COSMOGRAPHIE

Les Entretiens de Fontenelle sur la pluralité des mondes, mis au courant de la science, par BOILLOT.

Le Soleil et les Étoiles, par le P. SECCHI, BRIOT, WOLF et DELAUNAY. 2e édition (avec figures).

Les Phénomènes célestes, par ZURCHER et MARGOLLÉ.

A travers le ciel, par AMIGUES, proviseur du lycée de Toulon.

Origines et Fin des mondes, par Ch. RICHARD. 3e édition.

Notions d'astronomie, par L. CATALAN. 4e édition (avec figures).

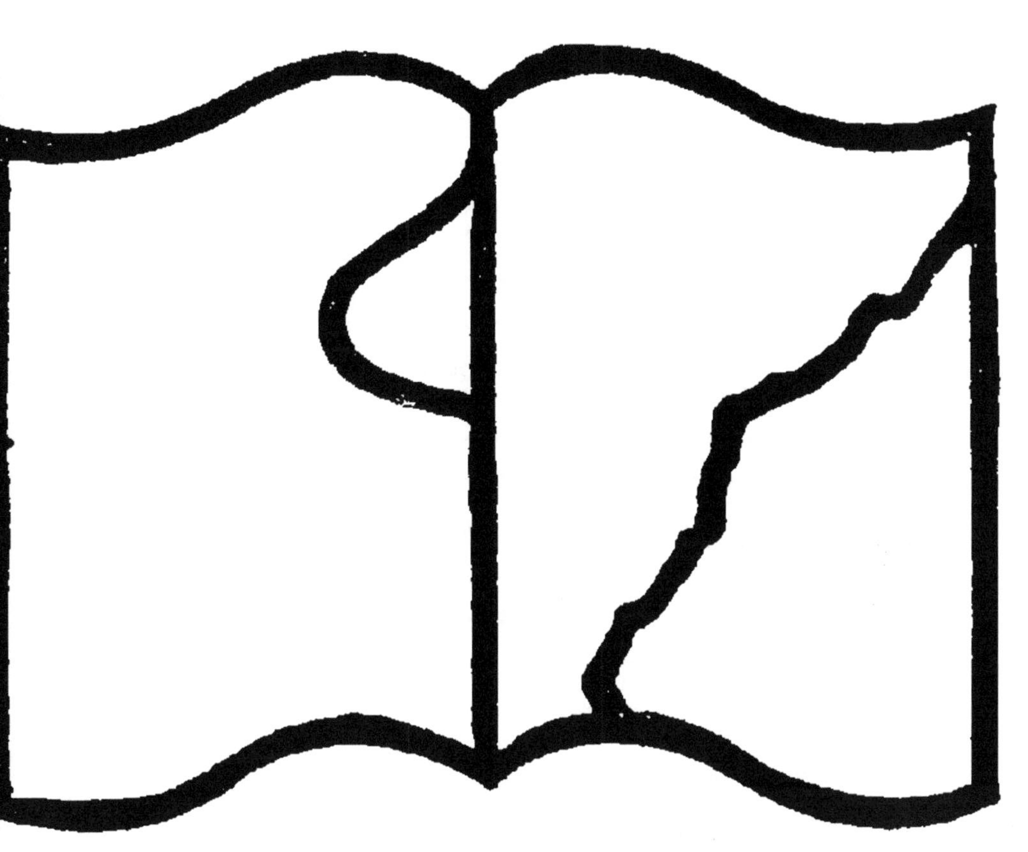

Texte détérioré — reliure défectueuse

NF Z 43-120-11

SCIENCES APPLIQUÉES

Le Génie de la science et de l'industrie, par B. GASTINEAU.

Causeries sur la mécanique, par BROTHIER. 2e édit.

Médecine populaire, par le Dr TURCK.

La Médecine des accidents, par le Dr BROQUÈRE.

Les Maladies épidémiques (Hygiène et Prévention), par le Dr L. MONIN.

Hygiène générale, par le Dr CRUVEILHIER.

La tuberculose, son traitement hygiénique, par P. MERKLEN, interne des hôpitaux

Petit Dictionnaire des falsifications, par DUFOUR, pharmacien de 1re classe.

L'Hygiène de la cuisine, par le Dr LAUMONIER.

Les Mines de la France et de[s] colonies, par P. MAIGNE.

Les Matières premières et leur emp[loi] par le Dr H. GENEVOIX, pharmacien de 1re

Les Procédés industriels, du mê[me]

La Photographie, par H. GOSSIN.

La Machine à vapeur, du même (avec fi[g]

La Navigation aérienne, par G. DALL[

L'Agriculture française, par A. L[AR]BALÉTRIER, prof. d'agriculture (avec figures

La Culture des plantes d'appar[te]ment, par A. LARBALÉTRIER (avec figure[s]

La Viticulture nouvelle, par A. BER[G

Les Chemins de fer, p. G. MAYER (av. fi[g]

Les grands ports maritimes de co[m]merce, par D. BELLET (avec figures).

SCIENCES PHYSIQUES ET NATURELLES

Télescope et Microscope, par ZURCHER et MARGOLLÉ.

Les Phénomènes de l'atmosphère, par ZURCHER. 7e édit.

Histoire de l'air, par ALBERT-LÉVY.

Histoire de la terre, par BROTHIER.

Principaux faits de la chimie, par BOUANT, prof. au lycée Charlemagne.

Les Phénomènes de la mer, par E. MARGOLLÉ. 5e édit.

L'Homme préhistorique, par ZABOROWSKI. 2e édit.

Les Mondes disparus, du même.

Les grands Singes, du même.

Histoire de l'eau, par BOUANT, prof. au lycée Charlemagne (avec grav.).

Introduction à l'étude des scien[ces] physiques, par MORAND. 5e édit.

Le Darwinisme, par E. FERRIÈRE.

Géologie, par GEIKIE (avec figures).

Les Migrations des animaux et Pigeon voyageur, par ZABOROWSKI.

Premières Notions sur les scien[ces] par Th. HUXLEY.

La Chasse et la Pêche des ani[maux] marins, par JOUAN.

Zoologie générale, par H. BEAUREG[ARD

Botanique générale, par E. GÉRAR[D] (avec figures).

La Vie dans les mers, par H. COU[

Les Insectes nuisibles, par A. ACLO[

PHILOSOPHIE

La Vie éternelle, par ENFANTIN. 2e éd.

Voltaire et Rousseau, par E. NOËL. 3e éd.

Histoire populaire de la philosophie, par L. BROTHIER. 3e édit.

La Philosophie zoologique, par Victor MEUNIER. 3e édit.

L'Origine du langage, par ZABOROWS[KI

Physiologie de l'esprit, par PAUL[(avec figures).

L'Homme est-il libre? par G. RENA[

La Philosophie positive, par le doc[teur] ROBINET. 2e édition.

ENSEIGNEMENT. — ÉCONOMIE DOMESTIQUE

De l'Éducation, par H. SPENCER. 8e édit.

La Statistique humaine de la France, par Jacques BERTILLON.

Le Journal, par HATIN.

De l'Enseignement professionnel, par CORBON. 3e édit.

Les Délassements du travail, par Maurice CRISTAL. 2e édit.

Le Budget du foyer, par H. LENEVEUX.

Paris municipal, par H. LENEVEUX.

Histoire du travail manuel en France, par H. LENEVEUX.

L'Art et les Artistes en France, par Laurent PICHAT, sénateur. 4e édit.

Premiers principes des beaux-arts,

par J. COLLIER (avec gravures).

Économie politique, par STANLEY JEV[ONS

Le Patriotisme à l'école, par JOU[colonel d'artillerie.

Histoire du libre-échange en An[gle]terre, par MONGREDIEN.

Économie rurale et agricole, par P[

La Richesse et le Bonheur, par COSTE.

Alcoolisme ou épargne, le dile[mme] social, par Ad. COSTE.

L'Alcool et la lutte contre l'alc[oo]lisme, par les Drs SÉRIEUX et MATHIEU.

Les plantes d'appartement, de fe[nê]tres et de balcons, par A. LARBALÉT[RIER

DROIT

La Loi civile en France, par MORIN. 3e édit.

La Justice criminelle en France, G. JOURDAN. 3e édit.

Documents manquants (pages, cahiers...)
NF Z 43-120-13